pmv

PETER MEYER VERLAG

eBike-Erlebnis RHEIN-MAIN

Die schönsten Touren für Elektro- und Trekkingrad

VON ALEXANDER KRAFT

Nachhaltig urlauben mit dem richtigen Reiseführer

WALD & REBEN

TOUREN 1 – 2

BERG & TAL

TOUREN 3 – 5

SEEN & MEHR

TOUREN 6 – 8

KELTEN, KINZIG & KULTUR

TOUREN 9 – 11

SAGENHAFTE GESCHICHTE

TOUREN 12 – 14

für Reise & Region

PMV PETER MEYER VERLAG 100 % GRÜN

seit 1976

pmv-Reiseführer werden nach ökologischen Grundsätzen hergestellt. Zu unseren inhaltlichen Kriterien gehören regionale, mit ÖPNV erreichbare Reiseziele sowie Ausflüge und Aktivitäten, die Natur und Umwelt schonen. Darüber hinaus helfen wir durch achtsamen Umgang mit Rohstoffen, Vermeidung von Plastik, Nutzung von Recyclingpapier und grünem Strom sowie kurzen Transportwegen, die Natur zu bewahren. Mit unserer konsequenten Haltung setzen wir im Buch- und Reiseführerbereich Maßstäbe.
Inhalt und Umschlag dieses Buches wurden auf umweltfreundlichen Papieren, die zu 100 % aus Altpapier bestehen, gedruckt. Die Druckfarben aus Pflanzenölen sind frei von Mineralölen und tierischen Inhaltsstoffen. Unsere obligatorische Klimaspende für dennoch verursachtes CO_2 fließt einem Wiederaufforstungsprojekt im Harz zu. Die Nachhaltigkeit dieses Buches wird durch seine Auszeichnung mit dem Blauen Engel garantiert.
Genießen Sie Ihren grünen Urlaub!

Preisträger Deutscher Verlagspreis 22

IMPRESSUM

© 2023, 1. Auflage, pmv Peter Meyer Verlag, Annette Sievers, Am Weidenberg 18, 55291 Saulheim in Rheinhessen, ✆ 06732/6000491. www.PeterMeyerVerlag.de, info@PeterMeyerVerlag.de.
 | **Druck & Bindung:** Umweltdruckerei oeding print GmbH, Braunschweig, www.oeding-print.de | **Fotos:** Alle Rechte beim Verlag. Cover: mauritius images. | **Karten & Piktogramme:** pmv.
print-ISBN 978-3-89859-332-8 | **eBook-ISBN** 978-3-89859-093-8 (PDF)
GPX kostenlos: https://www.petermeyerverlag.de/programm/reise-freizeit/rerm-gps-und-navigation.

Unsere Inhalte werden von den AutorInnen an Ort und Stelle recherchiert, zudem ständig gepflegt, aktualisiert und erweitert. Für die Genauigkeit, Gültigkeit und Korrektheit der Daten und Angaben, insbesondere der Tourbeschreibungen und Adressen, kann der Verlag jedoch keine Haftung übernehmen. Sie radeln stets auf eigene Gefahr, aber hoffentlich immer mit großer Freude. Durch die Corona-Pandemie müssen Sie mit Veränderungen und aktuell angepassten Vorschriften rechnen.
Ohne Werbung: Die Aufnahme und Beschreibung von Adressen und Aktivitäten in diesem Buch unterliegt der Auswahl durch Autor und Verlag und kann nicht erkauft werden.

INHALT

Zeichenerklärung

- eBike-Tour
- Tourstart/-ende
- eBike-Ladestation
- Tourlänge, Tourdauer
- Schwierigkeitsgrad
- Höhenmeter (Tour)
- Hess. Fernradwege, Regionalparkrundtour
- Limes, Limesradweg
- Gipfel mit hm
- Campingplatz
- Hotel, Gästehaus, Jugendherberge
- Aussicht
- Laden, Buchhandlung
- Museum
- Turm, Sender
- Archäolog. Fundstätte
- Denkmal
- Kirche, Kloster, Kapelle
- Burg, Schloss, Burgruine
- Ruine
- Stadion, Sportplatz
- Bergwerk, Steinbruch
- Museumsbahn
- Quelle, Brunnen
- Zoo
- Vogel-, Wildtierpark
- Umweltinfo, Lehrpfad
- Natursehenswürdigkeit
- Golfplatz
- Frei-/Hallenbad
- Badestelle
- Altstadt
- Höhle
- Industrie, Betriebsbesichtigung

KLEINE ABENTEUER GANZ GROSS

Es ist kein Trend mehr, es ist ein Megatrend. Deutschland entdeckt sich. Und zwar vor der Haustür. Ob in den großen Ferien oder bei den kleinen Fluchten am Wochenende: Die Menschen gehen mit größter Freude auf Entdeckungsreise. Ob es als Auslöser dafür Pandemien und Zeitenwenden brauchte oder ob es einfach in der Luft lag – müßig, darüber zu spekulieren. Für den Trend jedenfalls, den Megatrend, haben die Tourismusexperten schon einen Namen gefunden: Microadventures.

Genau zu solchen kleinen Abenteuern wollen wir Sie, liebe Leserinnen und Leser, einladen. 14 Stück sind es, um genau zu sein. 14 Ausflüge in der Rhein-Main-Region, die Sie Neues entdecken lassen, Altbekanntes mit neuem Blickwinkel vorstellen, oder Sie ganz einfach zur vielleicht verführerischsten Form des Reisens bitten: der Fortbewegung mit dem eBike. Denn verführerisch ist das ohne Zweifel. Jeder, der schon viele Kilometer derart locker und entspannt durch die Landschaft geschwebt ist, unterschreibt das sofort. Und jenen, die dieses Vergnügen noch nicht teilten, sei gesagt: Von der Leichtigkeit des Radler-Seins abgesehen, gibt es einen zweiten ungeheuren Vorteil. So viel von einer Region wie auf einem schön ausgetüftelten Tagesausflug per Rad – das sehen Sie bei keiner anderen Art der individuellen Bewegung! Auto? Fliegt alles vorbei. Zu Fuß? Vielleicht ist man da noch näher dran, doch wenn der Wanderer sein Tagwerk vollbracht hat, legt der eBiker erst richtig los. 60, 70 km plus Hügel rauf und runter – alles kein Thema mit dem „Rückenwind aus der Steckdose“.

Bei der Recherche: Alexander Kraft
© pmv, Timo Gravrides

Aber im „eBike- Erlebnis Rhein-Main" geht es um viel mehr als Kilo- und Höhenmeter. Mit den 14 Touren lernen Sie diese so wechselvolle Region von ihrer besten Seite kennen. Zu den Kultur- und Besichtigungs-Highlights gehören Grube Messel, Keltenfürst vom Glauberg, Kühkopf, Burg Frankenstein, Opel-Zoo, Ronneburg, Mathildenhöhe oder die Kurstadt Wiesbaden – die Liste ließe sich locker fortsetzen. Dabei durchstreifen Sie die unterschiedlichsten Naturlandschaften, aussichtsreiche Höhen und Winkel im Flachland, die man der Rhein-Main-Ebene kaum zutraut.
Zwei Beispiele seien genannt. Mit Tour 4 schicke ich Sie hinauf zu den „Taunus-Klassikern": Hohemark, Fuchstanz, Hessenpark, Saalburg und in die Kurstadt Bad Homburg. Den Extrakick bringen die Entdeckungsreise durch die Landgräfliche Parklandschaft und der Pelagiusplatz, einer der reizvollsten Aussichtspunkte im Vordertaunus. Der flache Gegenentwurf dazu ist die Runde durch die Wälder und Felder im Rodgau. Tour 11 verbindet die „eBike-City" Babenhausen mit dem heiteren Gersprenztal, macht Rast am Bio-Hofgut Patershausen und lädt bei Römer-Historie und der Landschaftskunst „Keltenzug an der Bulau" zum Lernen und Sinnieren ein, um am Ende auf dem filigranen „Ballett der Bewegung", einem einzigartigen Aussichtsturm oberhalb von Dietzenbach, ganz neue Blickachsen auf Rhein-Main zu eröffnen. Und ganz nebenbei können Sie auch noch die Badehose einpacken – fürs Strandbad Nieder-Roden, verewigt von den Rodgau Monotones als „St. Tropez am Baggersee".
Wer so viel zu Schauen (und zu Radeln) hat, bekommt früher oder später Durst. Und vielleicht ein bisschen Hunger. Möglicherweise meldet sich auch noch der Akku des eBikes und verlangt nach einer „Tankstelle". Dann ist Zeit für eine Rast. Ausgewählte Einkehrmöglichkeiten sowie Hinweise, wo Sie der Batterie mal ein paar Wattstunden spendieren können, habe ich für jede der Touren ausgekundschaftet. Sie sind gut getaktet an den Routen platziert. Wir wollen Sie ja nicht ins wilde Abenteuer schicken, sondern für 14 charmante *Microadventures* begeistern. Und wenn Sie schließlich das Rhein-Main-Gebiet kreuz und quer durchstreift haben, werden Sie mir gewiss beipflichten: Manchmal haben auch Experten Recht mit dem Ausrufen von Trends und Megatrends.

Alexander Kraft, im September 2022

Zum Gebrauch

Das „eBike Erlebnis Rhein-Main“ ist in **5 Griffmarken-Kapitel** aufgeteilt: Das erste ist im Westen angesiedelt und entführt Sie nach **Wiesbaden.** Die Kapitel 2 bis 4 umkreisen **Frankfurt,** schön geografisch gegliedert in die Naturräume im Norden, Süden und Osten von der Kernstadt. Im Teil 5 schließlich lernen Sie die Landschaft rund um **Darmstadt** kennen. Alle Touren sind als **Rundkurse** angelegt mit Start und Ziel an einem **Bahnhof.** Für jede der 14 Routen haben wir eine eigene **Tourenkarte** angefertigt. Auf der sind alle wichtigen Informationen festgehalten. Neben Start und Ziel betrifft das die Richtung, die **Bahnanbindungen** und die **Besichtigungsstopps.** Dasselbe gilt für die **Einkehr-Stationen,** an denen Mensch und Rad den Tank wieder auffüllen können. Zum Teil sind sie im Überfluss vorhanden wie bei Tour 13 im Osten von Darmstadt. Für die anderen Touren haben wir strategisch günstige Punkte ausgewählt. Die **Piktogramme** für Einkehr- und Lademöglichkeiten finden Sie übrigens auch auf den Höhenprofilen und in den Navigatoren wieder. Auf die Art haben Sie im Zusammenspiel der Grafiken stets im Blick, ob es nur ein Hupfer bis zur nächsten Rast ist oder ob Berg, Einkehr und Sehenswürdigkeit noch an Tachostand und Uhr drehen.

Von Etappenzielen, Navigatoren & Wegen

Als **Intro** zu jeder Tour finden Sie auf einer Seite alles Relevante kompakt zusammengefasst. Das betrifft Daten wie Länge in Kilometern, Höhenmeter und ungefähre Fahrzeit. Letztere versteht sich ohne Pausen, die Sie für Besichtigungsstopps oder Einkehr individuell einplanen. Dazu kommen die **Etappenziele** sowie ein kurzer informativer Text über den Streckencharakter. Zur schnellen Orientierung fließen diese Eckdaten in ein Punktesystem ein, das die Touren **von „leicht“ bis „schwer“** einordnet. Ebenfalls der flotten Orientierung dienen die Namen der **Hauptradwege,** auf die Sie jeweils stoßen werden. Die „Anschlüsse“ geben Auskunft zur Anfahrt mit der Bahn, aber auch welche großen Velorouten – wie der Vulkanradweg – Schnittstellen mit der Tour haben. Da, wo es sich anbietet, wird zudem auf Möglichkeiten zum Abkürzen hingewiesen – denn

Das Tourtelegramm: Alles auf einen Blick

Zu jeder Tour finden Sie alles Relevante kompakt zusammengefasst:

◐ Start/Ziel

➲ Länge in Kilometern, km

◷ Fahrzeit ohne Pausen, die Sie für Besichtigungsstopps oder Rast und Einkehr individuell einplanen.

Zur schnellen Orientierung fließen alle Eckdaten in ein Punktesystem ein, das die Touren von „leicht" bis „schwer" einordnet.

❑❑❑ sehr leicht

❑❑■ leicht

❑■■ mittel

■■■ schwer

▲ Höhenmeter (kulminiert), hm

Anfahrt mit ÖPNV

Tipps für die Autoanfahrt

Radweg-Anschluss

eBike-Lademöglichkeiten

Markierungen für Ihren Weg

Einkehr unterwegs

manchmal wird ein Tag heißer als gedacht oder die Beine schneller schwer als vorhergesehen.

Wie lese ich die Tourdaten?

Die **Kilometerangaben** sind sehr exakt angegeben, die **Höhenmeter** können aufgrund der luftdruckbasierten Messung geringfügig abweichen. Vor allem aber die **Fahrzeit** ist eine Circa-Angabe. Sie ist eine Rechnung mit mehreren Variablen. Wenn man beispielsweise am Main Richtung Wiesbaden starken Westwind hat, ist man froh über jede Unterstützung durch den Rückenwind aus der Steckdose. Umgekehrt erleichtert natürlich jeder natürliche Rückenwind die Sache und schont die Akkukapazität. Die Reisegeschwindigkeit verdoppeln wird das jedoch auch nicht: Oberhalb von 25 km/h hört der Motor ja auf, mit anzuschieben. Wer sein eBike jenseits dieser Schallmauer bewegt, muss schon sportlich in die Pedale treten.

Alles schön variabel

Beim Blick auf die Touren werden Sie schnell feststellen, dass sie einige Berührungspunkte haben. Das lädt ein zum **Kombinieren** oder – wenn Zeit und Ausdauer es zulassen – auch zusätzliche Abstecher einzubauen.

Als Beispiel seien die Touren aus Darmstadt heraus genannt. Da können Sie mit Hilfe der Karte ganz einfach ein bisschen Touren-Hopping unternehmen und zusätzliche Besichtigungsstopps ansteuern. Ebenfalls eine hübsche Einladung versprechen die Touren in den Wäldern zwischen Frankfurt und Darmstadt. Da könnten Sie zum Beispiel die Routen von Tour 7, 8 und 13 kombinieren, um von der Mainmetropole zur Mathildenhöhe zu gelangen. Und am Ende natürlich vom Hauptbahnhof Darmstadt zurück nach Frankfurt. Alle 14 Touren sind als **Rundkurs** konzipiert. Sie können also auch gerne an anderer Stelle einsteigen, als am vorgegebenen Start/Zielort. Allerdings sollten Sie dann darauf achten, wo die vorgesehenen Einkehr- und Akku-Stopps liegen.

Immer auf eigenen Wegen

Im Unterschied zu üblichen Radtourenführern folgen Sie mit den pmv-Touren nie nur einem einzelnen, durchgeschilderten Weg. Immer wieder laden wir zu **spektakulären Abstechern** ein. Um möglichst viele Sehenswürdigkeiten wie an einer Perlenkette aufzureihen, wechseln wir gelegentlich die Beschilderung. Ein schönes Beispiel ist Tour 5: Regionalpark-

Fotomotive gibt es genug: Alexander unterwegs in Frankfurt

GPX-Daten und die **Navigatoren** als PDF können Sie von der Verlags-Webseite herunterladen. Vorteil: Die können Sie in DIN A4 ausdrucken und es schont den Buchrücken.

Rundroute, Hohe Straße, Vulkanradweg und Nidda-Radweg sorgen für viel Abwechslung bei diesem aussichts- und einsichtsreichen Erkundungszug in der östlichen Wetterau. Mit den **GPX-Tracks** von der pmv-Webseite geht das **Routen-Hopping** ganz leicht – und für alle, die analog unterwegs sind, hat der Autor mit den **Navigatoren** eine ganz eigene, sehr übersichtliche Form der Wegbeschreibung kreiert!

Kurs halten dank Navigatoren-Karte

Die **Navigatoren** sind sozusagen **Mini-Landkarten.** Sie zeigen alle wesentlichen Abzweige, aber auch die Wechsel von einem Rad(themen)weg auf einen anderen. Sie werden feststellen: Bei den Navigatoren müssen Sie Ihren Tourenführer nicht drehen und wenden. Vielmehr zeigt er stets die Situation so, wie man sie realiter vor dem Lenker hat (und wie man es vom

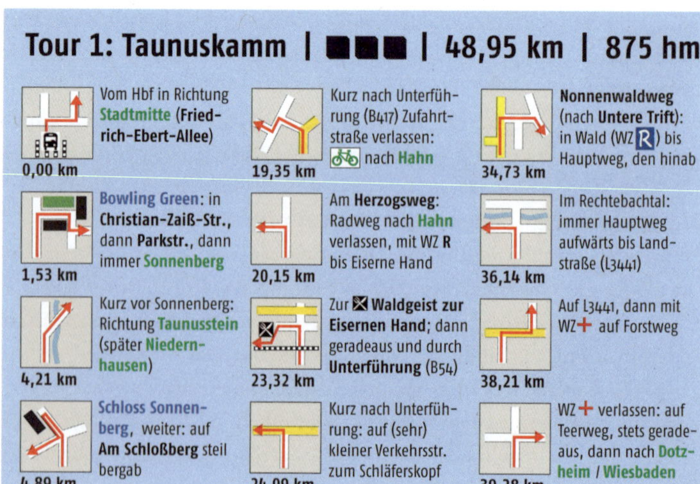

Navi im Auto kennt). Daneben verdeutlichen kurze Stichworte 1.) wo genau Sie stehen, und 2.) versorgt der beigefügte Text Sie mit klar gegliederten Fahrtanweisungen. **Fett blau** sind die Sehenswürdigkeiten hervorgehoben und **Fett grün** greift sozusagen buchstabengetreu die Richtungsangaben der Radwegbeschilderung auf. **Fett schwarz** verweist auf weitere Ausschilderungen am Wegesrand, zum Beispiel Straßennamen.
Die hervorgehobenen **Sehenswürdigkeiten** finden Sie im Haupttext jeder Tour wieder. Neben den klassischen Fakten mit Daten und Zahlen dürfen viele Orte ihre eigene Geschichte erzählen und das Besondere vorstellen. Denn darauf kommt es schließlich an: Eine schöne Tour machen, viel sehen – und noch viel mehr davon berichten können!

Tipps zum eBiken

eBike ready

Die **Streckenführungen** haben wir gezielt so gestaltet, dass Sie auf dem eBike die passende Infrastruktur vorfinden. An den Bahnhöfen, die stets Start- und Zielpunkt der pmv-Touren sind, kommen Sie gut mit Ihrem ja etwas schwereren Drahtesel aus dem Zug heraus und wieder hinein. Das Motto „keine Treppen“ (oder steile Schieberampen) gilt natürlich auch für den Rest der Strecke. Und vor allem: Für jede der 14 Touren haben wir mindestens eine Station ausgekundschaftet, an der Sie Ihrem hungrigen Untersatz ein paar Wattstunden in den Akku packen können.

Das ist wichtig: Lademöglichkeitem für den Akku

Zum Laden müssen Sie Ihr eigenes **Ladegerät** mit an Bord haben. Vor Ort gibt es nur eine Steckdose. Wo es geht, haben wir öffentlich zugängliche Ladestationen in die Routen eingebunden. Die Lademöglichkeiten bei Gastronomie und anderen Anbietern sind dagegen ein freiwilliges Angebot! Das haben wir bei den entsprechenden Adressen auch genau so vermerkt, in der Regel mit dem Hinweis „bei Einkehr und auf Anfrage“. Wer als Gast die Spielregeln beachtet, wird feststellen: Es ist ein Geben und Nehmen. Wer freundlich fragt, trifft auf offene Ohren. Und, mal ehrlich:

Zahlenmagie: 1000 km auf dem Tacho erreicht!
© Annette Sievers

Was können Sie in der halben oder dreiviertel Stunde, die es für das Aufladen braucht, Besseres tun, als den eigenen Speicher wieder aufzufüllen?
So entgegenkommend, wie uns viele Wirte gesagt haben „Klar, bei uns sind eBiker willkommen“, dürften sich auch viele zeigen, die wir für diesen Tourenführer nicht eigens gefragt haben. Und falls sich einer sorgt, dass man ihm teuer Strom abzapft, können Sie ihm entspannt vorrechnen: In einen Fahrrad-Akku passt nicht mal eine Kilowattstunde. Die kostet rund 50 Cent. Um einen Akku komplett zu füllen, braucht es in der Regel mehrere Stunden. In einer halben Stunde ... kann ein hungriger und durstiger Radler die Bedienung problemlos auf Trab halten und die paar Cent sind für den Gastgeber locker wieder drin.

Die ewige Diskussion: Akku-Reichweite

Entscheidend für die Reichweite ist, welche Unterstützungsstufe Sie wählen. Die Angaben der Radhersteller zur Reichweite sind zwar keine geschönten Zahlen (wie der Spritverbrauch beim Auto). Aber sie sind unter ziemlich idealen Bedingungen ermittelt. Ein Tipp deshalb für alle, die ein ganz neues eBike ihr Eigen nennen: Zuerst mal auf heimischem Terrain und bekannten Wegen auskundschaften, wie der Stromverbrauch tatsächlich aussieht und wie sich das neue Gefährt insgesamt verhält. Als Faustregel für unterwegs gilt: Lieber früher und auch öfter laden. Das gilt insbesondere, wenn die Tour absehbar am letzten Viertel oder Fünftel der Akkukapazität kratzen wird. Den Akkus der jüngeren Generation macht übrigens ein häufiges Teilaufladen nichts.
Nicht zu unterschätzen bei der Tourplanung sind die unterschiedlichen Charakteristika der eBikes (auch bedingt durchs Baujahr). Neuere haben

e Regelrechte **eBike-Verleihstationen** sind im Rhein-Main-Gebiet praktisch nicht vorhanden – da begreift sich die Region wahrlich nicht als touristisch zusammengehörende Destination. Und selbst dort, wo es so ein Angebot wie im Taunus-Informationszentrum (Tour 4) einmal gab, ist im Sommer 2022 Ebbe: Wegen der Lieferkettenprobleme sind die neu bestellten Räder auch nach Monaten noch nicht da.

am Berg echt „Wumms" und sind dabei noch halbwegs sparsam. Bei anderen hat man Not, auf 15 km/h zu kommen und kann trotzdem der Ladestandanzeige beim Absinken zugucken.

… und ohne eBike?

Auch ganz einfach: Sie können die hier vorgeschlagenen Touren mit genauso großem Vergnügen erradeln. Einziger Unterschied: Sie brauchen etwas mehr Kondition, um das Rhein-Main-Gebiet zu erkunden. Aber wer beispielsweise schon mal mit dem ADFC auf Tour war, kennt das. Ausflüge mit 50, 60 oder 70 Kilometern sind gut zu bewältigen – wenn sie wie hier mit dem notwendigen Know-how um eine sinnvolle Streckenführung geplant wurden! Hübscher Nebeneffekt: Wenn Sie in Gruppen oder als Paar mit unterschiedlichem Leistungsvermögen unterwegs sind, wird weder der eine über-, noch die andere unterfordert. Beim „gemischten Doppel" harmonieren e-Power und Wadenkraft wie von selbst.

BALLUNGSRAUM GEBALLT

Wo fängt das **Rhein-Main-Gebiet** an, wo hört es auf? Für die Region gibt es zahlreiche Definitionen. Je nach Organisation, Interessenlage oder Blickwinkel umfasst es mal eng das flache Land mit der Kernstadt **Frankfurt.** Andere wiederum rechnen **Mainz, Darmstadt, Wiesbaden** und **Aschaffenburg** plus die halbe **Wetterau** dazu. Und der Peter Meyer Verlag … sagt ganz pragmatisch: Rhein-Main ist überall da, wo wir Ihnen mit dem eBike die schönsten Erlebnisse versprechen.

Service: Info & ÖPNV

Tourismus+Congress GmbH Frankfurt am Main, Römerberg 27, 60311 Frankfurt am Main-City. ✆ 069/212-38800, www.frankfurt-tourismus.de. U4, 5 Dom/Römer, Straba 11, 12 Römer/Paulskirche. Main-Radweg. Mo – Fr 9.30 – 17.30, Sa, So, Fei 9.30 – 16 Uhr; 1. Jan, 25. und 26. Dez geschlossen. Frankfurt Card 1 Tag 10,50 €, 2 Tage 15,50 €, Gruppen bis 5 Pers 22 bzw. 32 €. Freie Fahrt auf allen RMV-Strecken im Stadtgebiet Frankfurt inkl. Flughafen, 15 – 25 % Ermäßigung für Oper und Theater, 20 % für Stadtrundfahrten und -gänge, viele Schiffstouren, Rebstockbad, Brentanobad, Titus Therme; 50 % für viele Frankfurter Museen, Palmengarten, Zoo. Außerdem zahlreiche Vergünstigungen in Restaurants, Cafés und Geschäften, die in einem Gutscheinheft aufgelistet sind. Infos: Online sind Veranstaltungen zu finden unter www.rhein-main.net und www.frankfurt.de, Socialmedia Newsroom unter www.smnr-frankfurt.de.

Darmstadt Shop Luisencenter, Touristinformation, Luisenplatz 5, 64283 Darmstadt. ✆ 06151/134513, www.darmstadt-tourismus.de. Mo – Sa 10 – 18 Uhr, April – Okt auch So 10 – 14 Uhr.

Wiesbaden Tourist-Information, Marktstraße 1, 65183 Wiesbaden. ✆ 0611/1729-930, www.wiesbaden.de. Alle Busse zum Luisenplatz oder ESWE-Bus 1, 2, 8, 16 Friedrichstraße. Mo – Sa 10 – 18 Uhr, April – Sep So, Fei 11 – 15 Uhr. Infos: Für individuelle Planung und Führungen ✆ 0611/1729703.

Tourist Info und Service Bad Homburg, Louisenstraße 58, 61348 Bad Homburg v.d.H. ✆ 06172/178-3710, www.bad-homburg-tourismus.de. S5 Ffm Süd – Ffm Hbf – Oberursel – Bad Homburg Bhf – Friedrichsdorf, RB15 Taunusbahn Ffm Hbf – Bad Homburg – Usingen – Brandoberndorf. A661 Ausfahrt 3 Bad Homburg, Richtung Stadtmitte. Mo – Fr 10 – 18, Sa 10 – 14 Uhr.

Kur- und Stadtinformation Königstein, Hauptstraße 13a, Kurparkpassage, 61462 Königstein. ✆ 06174/202251, www.koenigstein.de. SE12 der HLB von Ffm Hbf – Königstein (K-Bahn). Mo, Di, Do 9 – 15 Uhr, Fr 9 – 18 Uhr, Juli – Sep auch Sa und So 10 – 15 Uhr.

Regionalpark Ballungsraum RheinMain GmbH, Planungsverband Frankfurt Region RheinMain, 65439 Flörsheim am Main. ✆ 06145/9363620, www.regionalpark-rhein-main.de. 🚲 Regionparkroute. 🕒 Besucherzentum Di – Do 10 – 17 Uhr, Fr – So, Fei 10 – 18 Uhr. Infos: Karten zu mehreren Abschnitten des Regionalparks können kostenlos über die Internetseite bestellt werden.

Per Bahn an Start & Ziel

Die **Bahnstrecken** im Rhein-Main-Gebiet werden vom **Rhein-Main-Verkehrsverbund** (RMV) bedient, jedoch sind auch andere Betreiber wie die DB im Spiel. Regional-Express-Züge (RE) halten nicht an jedem Bahnhof, RB und S-Bahn halten auch an kleineren Stationen.
Beim **Ein- und Ausstieg** in den Start- und Zielbahnhöfen der pmv-Touren können Sie ihr Rad stufenfrei bewegen. Achtung Gruppenreisende: Die Aufzüge sind meist eher knapp bemessen, mehr als zwei Räder gehen selten hinein. Sollten Sie Touren abbrechen und den Rückweg von einem der kleineren Bahnhöfe antreten, müssen Sie unter Umständen mit Treppen rechnen.

Hessen- & Quer-durchs-Land-Ticket der DB

In Zügen der DB (Intercity- und Eurocity-Zügen sowie auf ausgewählten Verbindungen im ICE) ist die Mitnahme von Rädern erlaubt. Im Fernverkehr brauchen Sie dazu eine Fahrradkarte sowie eine Stellplatzreservierung. Die Reservierung ist kostenfrei, aber aufgrund begrenzter Flächen laut Bahn unbedingt erforderlich. Bei allen Gruppen-Angeboten der Bahn können Mitreisende unterwegs zusteigen, müssen aber auf dem Fahrschein eingetragen sein.
Hessen-Ticket: Gültig Mo – Fr 9 – 5 Uhr des Folgetages, Sa, So und Fei ganztags für beliebig viele Fahrten bis zu 5 Personen. Gültig auch in S-, U- und Straßenbahn, Bussen der Verkehrsverbünde RMV, NVV und VRN (nicht in D-Zügen, IC/EC, ICE sowie in Ruftaxis des VRN). 36 € für 5 Pers, bis zu 3 Kinder unter 6 Jahre sowie Hund und Fahrrad kostenlos. Das Ticket gilt auf ausgewählten Strecken auch über die Landesgrenzen hinaus (z.B. BaWü bis zur Stadt Eberbach, RLP in Mainz, bis zur Kernstadt Worms); über die genauen Linien informiert www.rmv.de.

Quer-durchs-Land-Ticket: Mo – Fr 9 – 3 Uhr des Folgetages, am Wochenende, an bundeseinheitlichen Feiertagen sowie am 24. und 31. Dez ganztags. Gültig in allen Regionalzügen und S-Bahnen der DB sowie in vielen Privatbahnen durch ganz Deutschland. 42 € für 1 Reisenden, je 7 € Aufschlag pro Pers für bis zu 4 Mitreisende.

Deutsche Bahn, Hessen-Ticket & Quer-durchs-Land-Ticket, 60313 Frankfurt a.M. ✆ 0800/1507090 (kostenlose Fahrplanauskunft), www.bahn.de. Kinder unter 6 Jahre fahren generell kostenlos und zählen nicht mit. Eigene Kinder und Enkel 6 – 14 Jahre fahren ebenfalls kostenlos mit, wenn sie auf der Fahrkarte eingetragen werden. Ansonsten zahlen sie 50 % des regulären Fahrpreises. Infos: Personen, die unterwegs zusteigen, sind unmittelbar nach ihrem Zustieg mit Name und Vorname auf dem Ticket einzutragen. Bei allen Gruppen-Angeboten der Bahn können Mitreisende unterwegs zusteigen, müssen aber auf dem Fahrschein eingetragen sein.

Die Rheingau-Linie VIAS

Auf der **Rheingau-Linie** (Neuwied – Frankfurt) ist die Mitnahme von Fahrrädern kostenlos. Ein Anspruch auf die Mitnahme von Fahrrädern besteht nicht. Bahnsteige in kleineren Bhf zum Teil nur mit Treppen.

VIAS GmbH, Kundenservice RheingauLinie, Stroofstraße 27, Gebäude 5401, 65933 Frankfurt a.M. ✆ 069/45009965-0 (8 – 17 Uhr), www.vias-online.de. Mo – Fr von Neuwied ab 4.37 Uhr, von Ffm ab 5.53 Uhr, stündlich ab 6.53 bzw. 7.37 Uhr bis 21.53 bzw. 22.37 Uhr, Sa, So und Fei von Neuwied ab 6.37 Uhr stündlich – 22.37 Uhr, von Ffm 6.53 – 23.53 Uhr. Preise: Die Stationen liegen in verschiedenen Tarifgebieten, Auskunft erhalten Sie immer über den RMV oder die DB, www.rmv.de, www.db.de; Gültig sind Hessen-, Rheinland-Pfalz- und Saarland-Ticket, Schöne-Wochenend- und Quer-durchs-Land-Ticket sowie Fahrkarten nach Sparpreis und EuropaSpezial.

Unterwegs mit dem RMV

In den 20 im RMV-Gebiet verteilten **Mobilitätszentralen** erhalten Sie eine persönliche Beratung von der Fahrplan- und Tarifauskunft über aktuelle Hinweise zur Straßenlage bis zum Freizeitangebot in der Region. Informationen zu weiteren Mobilitätsangeboten wie Park+Ride und Carsharing runden das Angebot ab. Darüber hinaus ist dort auch das komplette Fahrkartensortiment erhältlich.

Die **Fahrradmitnahme** im RMV ist kostenlos. Ein Anspruch darauf besteht aber nicht.

RMV-Mobilitätszentrale, RMV – Rhein-Main-Verkehrsverbund, Verkehrsinsel, An der Hauptwache, Zeil 129, 60313 Frankfurt a.M. ✆ 069/24248024, www.rmv.de. U1 – 3, 6 – 8, S1 – 6, 8, 9 Hauptwache. Die Fahrradmitnahme auf allen Verkehrsmitteln des RMV ist kostenfrei. Mo – Fr 10.30 – 18 Uhr. Preise: Tageskarte für beliebig viele Fahrten je nach Entfernung ab 5,50 € (lohnt meist ab 2 Fahrten); Kinder 6 – 14 Jahre Tageskarte ab 3 €; Gruppentageskarte für 5 Pers (nicht für Fernzüge IC/EC, ICE) für beliebig viele Fahrten 11,50 – 44 € (lohnt ab 2 Pers und 2 Fahrten), Großgruppenticket bis 4 Wochen im Voraus buchbar 10 bis 50 Pers (nicht am Automat), in der ↗ FrankfurtCard ist ein 1- oder 2-Tages-Ticket eingeschlossen. Infos: Die Tageskarte der Preisstufe 3 mit Gültigkeit in Frankfurt (Tarifgebiet 5000) berechtigt nicht zur Fahrt zum Flughafen Frankfurt (Tarifgebiet 5090).

Wiederkehrendes Piktogramm: Auf der Regionalparkrundroute
© Alexander Kraft

Schnellbahnplan

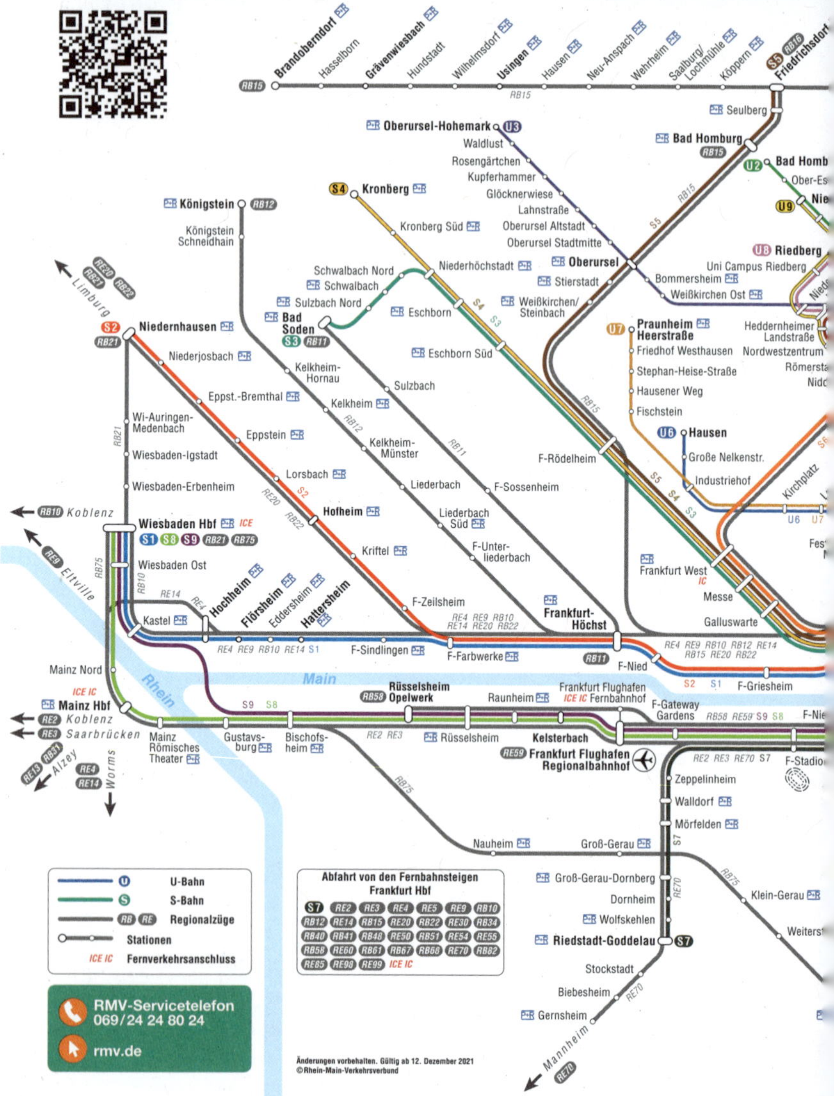

RMV-Servicetelefon
069/24 24 80 24
rmv.de

Änderungen vorbehalten. Gültig ab 12. Dezember 2021

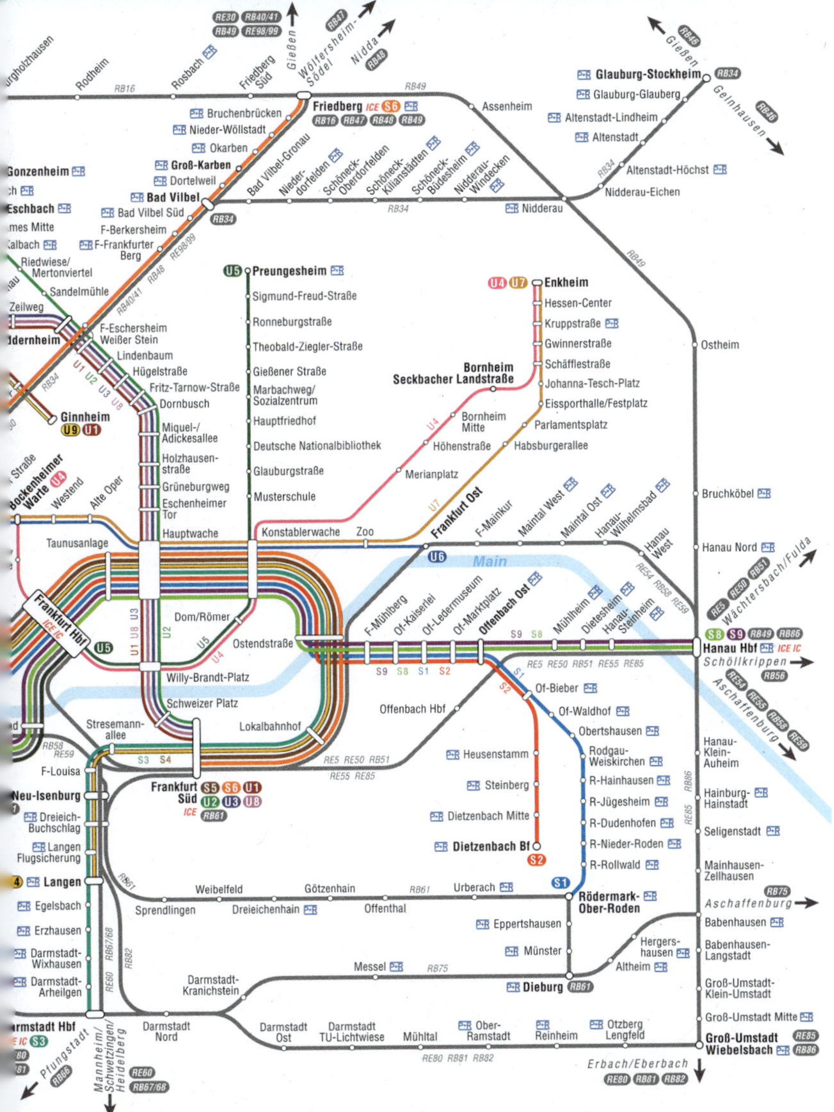
RE30 RB40/41
RB49 RE98/99
Gießen
RB47
Wölfersheim-Södel
Nidda
RB48
Rodheim
RB16
Rosbach
Friedberg Süd
Friedberg ICE S6
RB16 RB47 RB48 RB49
RB49
Assenheim
Bruchenbrücken
Nieder-Wöllstadt
Okarben
Groß-Karben
Dortelweil
Bad Vilbel
Bad Vilbel Süd
RB34
F-Berkersheim
F-Frankfurter Berg
RE98/99
RB48
RB40/41
Gonzenheim
Eschbach
Kalbach
Riedwiese/Mertonviertel
Sandelmühle
Zeilweg
F-Eschersheim Weißer Stein
Lindenbaum
Hügelstraße
Fritz-Tarnow-Straße
Dornbusch
Miquel-/Adickesallee
Holzhausenstraße
Grüneburgweg
Eschenheimer Tor
Hauptwache
U1 U2 U3 U8
RB34
Ginnheim
U9 U1
Bockenheimer Warte U4
Westend
Alte Oper
Taunusanlage
Frankfurt Hbf ICE IC
U5
U1 U8 U3
U2
Dom/Römer
U5
U4
Ostendstraße
Willy-Brandt-Platz
Schweizer Platz
Stresemannallee
Lokalbahnhof
RB58 RE59
S3 S4
F-Louisa
Frankfurt Süd S5 S6 U1 U2 U3 U8 ICE RB61
Neu-Isenburg
Dreieich-Buchschlag
Langen Flugsicherung
Langen
Egelsbach
Erzhausen
Darmstadt-Wixhausen
Darmstadt-Arheilgen
Darmstadt Hbf
IC S3
RB61
RB67/68
RE60
RB82
Pfungstadt
RB66
Mannheim/Schwetzingen/Heidelberg
RE60
RB67/68
Darmstadt Nord
Darmstadt-Kranichstein
Darmstadt Ost
Darmstadt TU-Lichtwiese
Mühltal
Ober-Ramstadt
Reinheim
Otzberg Lengfeld
RE80 RB81 RB82
Erbach/Eberbach
RE80 RB81 RB82
Groß-Umstadt Wiebelsbach RE85 RB86
Groß-Umstadt Mitte
Groß-Umstadt-Klein-Umstadt
Babenhausen-Langstadt
Babenhausen
Aschaffenburg
RB75
Mainhausen-Zellhausen
Seligenstadt
Hainburg-Hainstadt
Hanau-Klein-Auheim
RE85
RB86
Hergershausen
Altheim
Dieburg RB61
Münster
Eppertshausen
Rödermark-Ober-Roden
S1
Messel
RB75
Weibelfeld
Götzenhain
RB61
Urberach
Sprendlingen
Dreieichenhain
Offenthal
Heusenstamm
Steinberg
Dietzenbach Mitte
Dietzenbach Bf
S2
Of-Bieber
Of-Waldhof
Obertshausen
Rodgau-Weiskirchen
R-Hainhausen
R-Jügesheim
R-Dudenhofen
R-Nieder-Roden
R-Rollwald
Offenbach Hbf
RE5 RE50 RB51
RE55 RE85
S9 S8 S1 S2
S9 S8
F-Mühlberg
Of-Kaiserlei
Of-Ledermuseum
Of-Marktplatz
Offenbach Ost
Mühlheim
Dietesheim
Hanau-Steinheim
RE5 RE50 RB51 RE55 RE85
Hanau Hbf ICE IC
S8 S9 RB49 RB86
Schöllkrippen
RB56
RE54 RE55 RB58 RE59
Aschaffenburg
Wächtersbach/Fulda
RE5 RE50 RB51
RE54 RB58 RE59
Hanau West
Hanau-Wilhelmsbad
Maintal Ost
Maintal West
F-Mainkur
Frankfurt Ost
U6
Main
Konstablerwache
Zoo
U7
Preungesheim U5
Sigmund-Freud-Straße
Ronneburgstraße
Theobald-Ziegler-Straße
Gießener Straße
Marbachweg/Sozialzentrum
Hauptfriedhof
Deutsche Nationalbibliothek
Glauburgstraße
Musterschule
U4 U7 Enkheim
Hessen-Center
Kruppstraße
Gwinnerstraße
Schäfflestraße
Johanna-Tesch-Platz
Eissporthalle/Festplatz
Parlamentsplatz
Habsburgerallee
Bornheim Seckbacher Landstraße
Bornheim Mitte
Höhenstraße
Merianplatz
U4
Ostheim
Bruchköbel
Hanau Nord
RB49
Bad Vilbel-Gronau
Niederdorfelden
Schöneck-Oberdorfelden
Schöneck-Kilianstädten
Schöneck-Büdesheim
Nidderau-Windecken
RB34
Nidderau
Nidderau-Eichen
Altenstadt-Höchst
Altenstadt
Altenstadt-Lindheim
Glauburg-Glauberg
Glauburg-Stockheim RB34
RB46 Gießen
Gelnhausen RB46

AQUIS MATTIACIS

KUREN FÜR KERNIGE

Wiesbadener Radler haben es nicht leicht. Außer sie rollen immer wieder den Rheinradweg vor und zurück. Ansonsten: Berge, nur Berge. Doch seitdem es eBikes mit kraftvollen Akkus gibt – wird auch der Taunus zahm!

Diese pmv-Tour schöpft aus dem Vollen: Der Ritt führt zielstrebig über die attraktivsten Gipfel oberhalb der Hessen-Hauptstadt. Freuen Sie sich auf den Kelten-Ausguck Kellersberg und ein Rendezvous mit den jagdnärrischen Nassauer Herzögen auf der Platte. Der Schlangenbad-Abstecher läutet den letzten Teil der launigen und waldreichen Waden-Kur ein: mit Freude hinauf zum Erlebnis-Schloss Freudenberg.

Mondänes Wiesbaden:
Das Kurhaus an der Grünanlage Bowling Green

Der Hauptstädter steht auf stilvoll

Sobald Sie vom Hauptbahnhof kommend den **Kurbezirk** erreicht haben, sagen Sie dem Autoverkehr vorerst ade (von ein paar Straßenquerungen mal abgesehen). Es geht zwar ohne Unterlass bergauf, doch die Steigungsprozente bis zum **Kellerskopf** sind gut zu verkraften. Zumal es so attraktive Möglichkeiten zum Anhalten gibt wie die **Burgruine in Sonnenberg.** Tief Durchschnaufen dürfen Sie am **Kellerskopf:** Rasten, Aussicht genießen – und präparieren für die lange Reise durch die herrlichen Laubwälder, immer entlang am Hauptkamm des Rheingau-Taunus. Mit **Jagdschloss Platte, Eiserner Hand** und – fakultativ, da dort mal wieder Leerstand herrscht – dem **Schläferskopf** nehmen Sie auf einen Schlag ein

Tourtelegramm Taunuskamm

Start: Wiesbaden Hbf | Ziel: Wiesbaden Hbf

Wiesbaden – Kurbezirk – Salzbachtal – Sonnenberg – Rambach – Kellerskopf – Jagdschloss Platte – Eiserne Hand (– Schläferskopf) – Mathildenborn – Georgenborn – Schlangenbad – Kurpark – Rechtebachtal – Golfplatz Rheinblick – Schloss Freudenberg – Dotzheim – Ringkirche – Wiesbaden

48,95 km | 3:05 Std | Schwierigkeit: ■■■

Profil der Tour: Nach flachem Start geht es kontinuierlich 450 hm aufwärts bis zum Kellerskopf. Meistens halbwegs moderat, oft auch auf Schotterpisten. Unumgänglich sind in Sonnenberg und Rambach ein paar Abschnitte auf Straßen. Dann bewegen Sie sich auf schön ausgebauten Forstwegen im munteren Auf und Ab knapp unterhalb des Taunuskamms dahin. Nur zwischendurch sind mal 250 m auf einem schmaleren Naturweg zu absolvieren. Zum wahren Bremsen-Test wird Georgenborn, bevor es beschaulich nach Schlangenbad geht. Der Rückweg ist bis zum Golf-Club ein meist gemächlicher Anstieg. Ab Schloss Freudenberg kann man die Bemühungen der Wiesbadener um eine Radweg-Kultur inspizieren – für die Tour wurde versucht, möglichst in Nebenstraßen zu bleiben (was nicht immer gelingt).

ganzes Monatsprogramm an Ausflugszielen mit. Und kriegen mit **Schlangenbad** das Dessert noch dazu. Elegisch im Walluftal gelegen, gruppieren sich um den bildhübschen, naturnahen Kurpark ältere und neuere Kureinrichtungen. Doch die landschaftlich schönste Passage kommt noch: das **Rechtebachtal.** Beschaulich geht es bergauf. Der Ritt hinüber nach Freudenberg hält ein weiteres Schmankerl parat: Das **Golf-Ressort Rheinblick** macht seinem Namen alle Ehre (die sollen doch golfen, und nicht gucken!). Die Visite beim **Erlebnis-Schloss Freudenberg** allein könnte schon einen Nachmittag (plus Abend) füllen, doch mit der **Ringkirche** steht ein letzter Kulturhöhepunkt auf dem Programm.

Variante: Sowohl vom Jagdschloss Platte herunter wie auch von Eiserner Hand gibt es nach Wiesbaden beschilderte Radwege. In Georgenborn kann man entscheiden, den Abstecher nach Schlangenbad auszulassen.

▲ 875 hm

S1, S8, S9, RE, RB, IC, ICE.

R3, R3a, Veloroute Rhein, Rheingauer Riesling-Route.

Bei Einkehr und auf Anfrage in der Gaststätte Waldgeist Eiserne Hand sowie bei der Tourist-Information Schlangenbad.

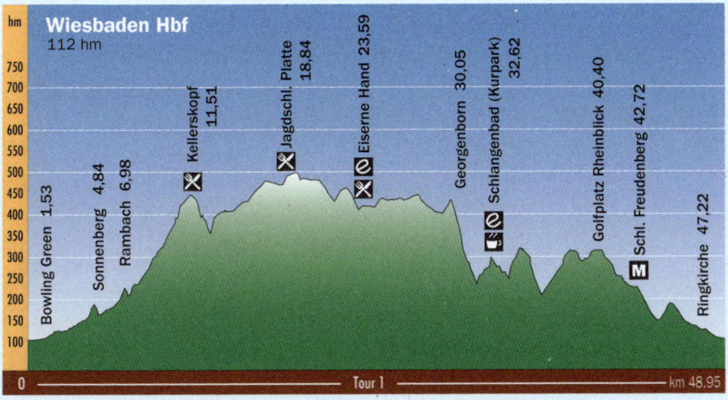

Besichtigungsstopps

Eine Tour mit Kur: Start in Wiesbaden

Die Tour führt mitten ins Herz der einstigen Weltkurstadt und heutigen hessischen **Landeshauptstadt** mit 280.000 Einwohnern. Schon an der Wilhelmstraße reihen sich einige der klassizistischen Prachtbauten. Angefangen mit *Goethe* haben die Großen und Reichen hier gern Station gemacht – manche allerdings weniger, um die heilende Wirkung der heißen Quellen (bis 66 Grad) zu testen, sondern wegen der **Spielbank.** *Dostojewski* etwa verzockte hier 1865 sein Vermögen, sammelte dafür aber authentische Erfahrungen für sein Werk „Der Spieler". Sehenswert ist in jedem Fall das **Kureck** mit der zentralen Grünanlage *Bowling Green* samt Kaskaden-Brunnen, um das sich *Kurhaus, Staatstheater* und die *Kurhauskolonnaden* gruppieren. Das **Kurhaus** ist nach wie vor einer der glänzendsten Festbauten in Deutschland, wie die Zahl großer Bälle belegt. Und die Säulenhalle ist mit 129 m die längste Europas. Das ehemalige Stadtschloss der Nassauer, heute der **Landtag,** liegt etwas westlich davon (wer dahin will: links in die Burgstraße, dann links zum Marktplatz; 350 m). Der Glanz vergangener Tage ist dennoch etwas abgeblättert. Kuren als spleeniges und gesellschaftliches Ereignis für die Reichen ist passé. Bereits nach dem Ersten Weltkrieg wurde auf klinifizierten Kurbetrieb umgestellt. Gutes Geld lässt sich dennoch verdienen, etwa mit Privatkliniken. Einen Eindruck davon erhält man durch die vielen Häuser, die man beim gemütlichen Bergaufradeln im Kurpark am Rand der Route stehen sieht.

Wem die Sonne lacht: Auf dem Sonnenberg

Wenn man schon **Sonnenberg** heißt – muss man da wohl auch auf der Sonnenseite leben. Jedenfalls gilt der kleine Wiesbadener Stadtteil (8000 Einwohner) als der mit dem höchsten Pro-Kopf-Einkommen der Landeshauptstadt. Diese Art lichte Höhen hatten jene eher wenig im Sinn, die um 1200 anfingen, die Burg auf den Bergsporn unterhalb des Spitzkippels zu bauen. Ihnen ging es um die lichte Höhe, von der aus sich das dort ziemlich enge **Rambachtal** bestens überwachen ließ. Das waren die Grafenbrüder *Heinrich II.* und *Ruprecht IV.* aus dem Geschlecht der Nassau-

er. 1208 wird erstmals als Burgmann ein Ulbert von Idstein-Sonnenberg erwähnt. Doch die Sache brachte den Nassauern noch Jahre lang Stress mit dem Mainzer Domstift. Erst 1221 einigte man sich (für 30 Mark angeblich) und durfte nun auf dem Sonnenberg ungestört leben. Wobei ungestört relativ ist: Sowohl im 30-jährigen Krieg als auch später verheerten diverse Truppen das 1351 mit Stadtrechten ausgestattete Sonnenberg. Und der Rambach trat ebenfalls gerne mal kräftigst über die Ufer. Ansonsten hat Sonnenberg noch für die Freunde des geschriebenen Wortes eine gewisse Bedeutung: *Goethe* weilte 1814 mit den „Damen Stein auf Sonnenberg" (aber der war ja fast überall mit irgendwelchen Damen unterwegs), und *Konrad Duden* starb dort (1. August 1911).
2012 war dann der **Bergfried** wieder zum Besteigen freigegeben. Doch mittlerweile wird erneut an verschiedenen Stellen saniert. Immerhin spendiert der Bund aus dem Kulturetat 2021 satte 400.000 Euro dazu, wie *Ingmar Jung*, für die Wiesbadener CDU im Bundestag, erfreut feststellt.

Gucken wie die Kelten: Auf dem Kellerskopf

Sie können fast Wetten darauf abschließen: Wenn es in hiesigen Gefilden einen halbwegs steilen und kegelig rund aufragenden Gipfel gibt – die Kelten waren schon da! Auch auf dem **Kellerskopf** oberhalb vom nördlichsten Wiesbader Stadtteil *Naurod*. Wer das – vor allem aus der Ferne betrachtet – markant flache Gipfelplateau geentert hat, dem erschließt sich der Sinn solch alter Höhenburgen augenblicklich: Die Weitsicht ist grandios. Und wenn sich nicht gerade böse Buben über den waldigen Kamm im Rücken heranpirschen, können Kelte (seinerzeit) und Germanenspross (heute) auch prima beobachten, was im Tale an Bewegung herrscht. Wobei eine kleine Einschränkung zu machen ist: Das Rheintal hüllt sich gern, gerade in der wärmeren Jahreszeit, in Dunst.

> Neben der Gastronomie auf dem Kellerskopf, der Platte und an der Eisernen Hand gibt es einen weiteren Klassiker oberhalb von Wiesbaden: den **Schläferskopf.** Dort ist allerdings geschlossen – die Stadt verhandelt mit Pächtern. Anfahrt: Etwa 2 km nach Eiserner Hand einfach der Zufahrtsstraße weiter folgen.

Ein Studium der Rhein-Schifffahrt fällt daher eher aus. Auch in Wiesbaden selbst sind Details wie *Schloss Biebrich* oder die Regierungsbauten nur mit Wissen, Geschick und Feldstecher zu erspähen. Ansonsten ist die Aussicht grandios: Über Mainz und Rheinhessen hinweg grüßt der *Donnersberg,* auch eine Kelten-Hochburg. Sie können sich zudem schon mal die **Gipfel** anschauen, unterhalb derer Ihre Route nun entlang zieht; die höchsten und markanten Punkte wie *Kalte Herberge, Hallgarter Zange* oder davor die erheblich besser zu lokalisierende *Hohe Wurzel* (mit Sender) müssen Sie allerdings nicht erklimmen. Sehr hübsch: Im Osten zwischen *Hahnenkopf* und *Judenkopf* lugen die Spitzen der Frankfurter Hochhäuser aus 28 km Entfernung herüber. Auch gut zu erkennen: der dicht bewaldete 451 m hohe *Staufen* oberhalb von Eppstein mit dem mitten im Wald weiß heraus leuchtenden Kaisertempel. Und an guten Tagen reicht die Sicht bis zum Spessart sowie über das brettflache Hessische Ried zum markanten *Melibocus* im Bergsträßer Odenwald.

Hirsche mit Aussicht: Jagdschloss Platte

Die zwei Bronzehirsche zu beiden Seiten des Schlosseingangs sind Programm: Hier geht es um die Jagd. Ein standesgemäßes Domizil für die Jagdausflüge hatte Herzog *Wilhelm von Nassau-Weilburg* sich 1823 von Hofbaumeister *Friedrich Ludwig Schrumpf* gewünscht. Hoch über Wiesbaden auf der „Platte“ genannten Fläche sollte es den Blaublütern ungestörtes Vergnügen bei der Hatz gewähren. Der drei Jahre später fertiggestellte quadratische Bau im klassizistischen Stil sah dann auch reichlich Prominenz: Zar *Alexander II.,* Zarin *Maria Alexandrowna* oder Frankreichs Königin *Eugénie* schauten hier vorbei. Als Gag hatten die Herzöge im Empfangszimmer sämtliche Möbel aus Hirschgeweih fertigen lassen. Die übrigen 53 Räume dürften aber auch recht üppig ausgesehen haben. Dass dies heute nicht mehr der Fall ist, liegt an der Geschichte des 20. Jahrhunderts. In den strategisch günstig gelegenen Kubus setzten die Nazis eine **Flugabwehrstelle.** In der Nacht vom 2. auf den 3. Februar 1945 bombte die britische Luftwaffe das Gebäude mit dem pyramidenförmigen Dach bis auf die Außenmauern weg. Den Verfall der Ruine stoppte erst in den späten 80er-Jahren eine Stiftung. Die sanierte und si-

Kapriziöser Adel: Hirsche vor dem Jagdschloss Platte
© Alexander Kraft

cherte das Gemäuer, sodass ab 1993 wieder Feste dort oben gefeiert werden konnten. 2003 kam das markante **Glasdach** drauf, das sogar wie ehedem als **Aussichtsplattform** zu nutzen ist. Der Innenausbau erlaubte ab 2007 auch wieder Veranstaltungen mit bis zu 600 Gästen im Haus. Und 2010 ließen sich die zwei bronzenen Geweihträger, die im Original bis 1913 dort oben wachten, wieder vor dem Portal nieder. Allerdings sind das Kopien – für die immerhin auch mehr als 75.000 Euro zu berappen waren.

Wo Schlangen baden und Blaublüter kuren: Schlangenbad

Endlich mal ein Ort, bei dem man nicht bis kurz hinter die Römerzeit in der Geschichte wühlen muss, um an die Ursprünge zu kommen. Der Ort mit dem leicht Furcht einflößenden Namen ist vielmehr ein Kind der frühen Neuzeit. Bevor **Schlangenbad** zu einer Ansiedlung wurde, war der Flecken durch eine eigenartige Grenzlage charakterisiert, drei Territorien stießen dort zusammen. Für das von der größten heimischen Schlange besiedelte Land interessierten sich Hessen-Kassel, Kurmainz und Nassau indes nur mäßig – bis im 17. Jahrhundert **Heilquellen** entdeckt wurden.

Darauf pflanzte der hessische Landgraf *Karl* ab 1694 links vom *Warmen Bach* prachtvolle Kurbauten hin (Bäder waren bei den blaublütigen Herrschaften schwer in Mode), und wenig später tat es ihm der Mainzer **Kurfürst** *Lothar von Schönborn* auf der Rauenthaler Seite gleich. Das quasi über Nacht entstandene feudale Luxusbad machte Furore. Der Gothaische Hofkalender etwa verzeichnete minutiös, welche Standespersonen dort in der Vorsaison gekurt hatten.
Hier noch der Sicherheitshinweis für all jene, die fürchten, von einer Python vom Rad gerissen zu werden: Die gibt's da natürlich nicht. Aber immerhin die größte heimische Schlange, die **Äskulapnatter.**

BEEINDRUCKENDES NATTERNGEZÜCHT: DIE ÄSKULAPNATTER

Die Äskulapnatter hat jeder schon einmal gesehen. Zumindest ihre symbolische Darstellung. Die steht für die Ärzteschaft, es ist der Stab mit der sich darumwindenden Schlange. Auch in jedem Apothekenschild findet sich *Zamenis longissimus.* Der Name geht zurück auf Asklepios/Äskulap, einen griechischen Gott der Heilung. Er trug auf Darstellungen stets einen Stab, um den sich eine Schlange wand. Nattern in unseren Breiten sind, ganz klar, ungiftig. Das Besondere an den durchschnittlich 1,5 m langen Exemplaren aus der Schlangen-Unterfamilie der Eigentlichen Nattern: Sie gehören eigentlich in deutlich wärmere Gefilde. Wobei: So warm wie am Mittelmeer können wir ja auch schon ganz gut.
Satire beiseite: Ein nachvollziehbarer Grund, weshalb sich die Kolonie bei Schlangenbad hält, liegt an der Geothermie, sprich den warmen Quellen. Mit dieser natürlichen Fußbodenheizung haben sich die Schuppenkriechtiere offenkundig gut angefreundet. Obwohl man da relativieren muss: Die Äskulapnatter steht in Deutschland auf der Roten Liste und ist in Kategorie 2 (stark gefährdet) eingeordnet. Ähnlich wie im Rheingau-Taunus kommt sie auch sonst nur in sehr verinselten Populationen vor.

Kurfürst *hat nichts mit einer Kur im heutigen Sinne zu tun. Auch wenn sich die hohen Herren gern die Kur machen ließen – sie waren diejenigen, die den König im Heiligen Römischen Reich Deutscher Nation kürten. Wer die sieben Kurfürsten des Alten Reiches (später gab es dann auch mal mehr) waren, stand fest. Der mächtigste unter ihnen war der Mainzer Erzbischof.*

Gut vorgeglüht in die Kältekammer: Schloss Freudenberg

Es ist mal wieder glühend heißer Sommer und Sie würden sich gerne auf, sagen wir mal, minus 20 Grad runterkühlen? Geht! Im **Schloss Freudenberg.** Obwohl, ein Schloss ist es nicht. Vielmehr handelt es sich im Ursprung um die etwas spleenig und groß geratene Villa des Malers *James Pitcairn-Knowles* und *Marie-Eugénie-Guérinet Victoria,* einer Tochter Napoleons III. Der Schotte Knowles ist eine illustre Figur, wobei er weniger durch seine Malerei als vielmehr durch Lebensstil und -umstände in Erinnerung blieb. Er träumte von einem irdischen Paradies – das Schloss im Stadtteil **Dotzheim,** erbaut bis 1905 von *Paul Schultze-Naumburg,* ist Ausdruck davon. Auch wenn die Presse von den Bällen und Empfängen mit „feenhafter Beleuchtung“ schwärmte, das Paradies war irdisch-endlich: Knowles und seine Verbandelte trennten sich und verließen nach nur 4 Jahren die Prachtvilla. Danach wechselten Besitzer und Nutzungsart alle paar Jahre: französische Offiziere, Hotelgäste, ein Kinderheim der Stadt Essen (sic!), der „Lebensborn“ der Nazis, die US-Streitkräfte und eine Pfingstkirchengemeinde – das Haus mit dem schillernden Namen hat viel gesehen. Am Ende wäre es wohl verfallen, hätte es nicht 1993 der **Verein Gesellschaft Natur & Kunst** aufgrund einer Initiative von *Matthias Schenk* und *Beatrice Dastis Schenk* übernommen. Zusammen mit Künstlern, Handwerkern und Pädagogen entwickelten sie Schloss und Park zu einem „Erfahrungsfeld zur Entfaltung der Sinne“. Dieses von dem Künstler, Tischler und Pädagogen *Hugo Kükelhaus* 1967 erstmals vorgestellte Konzept ist eine Art Labor, in dem jeder Besucher seine Sinne auf Entdeckungsreise schicken soll. Eigenwillige Installationen regen an, das Hören, Sehen, Riechen, Schmecken, Fühlen, Tasten sowie die Raum- und

Umgebungswahrnehmung neu und sehr bewusst zu erleben. Und sei's bei arktischer Kälte im deutschen Sommer.

Ein ganz besonderer Ost-West-Konflikt: Ringkirche Wiesbaden

Wer zum ersten Mal die **Wiesbadener Ringkirche** betritt, der hat unmittelbar den Eindruck, in einer byzantinischen Kuppelkirche zu stehen und nicht in einer fürs nördliche Mitteleuropa typischen Bauform. Dazu tragen auch das dämmrig goldene Licht und die ornamentreiche Innengestaltung bei. Aber – weit gefehlt! Die von 1892 bis 1894 erbaute Ringkirche, entworfen von dem norddeutschen Architekt und Stadtplaner *Johannes Otzen,* gilt als prägend für protestantische Kirchenbauten seit dem Ende des 19. Jahrhunderts. Denn die Ringkirche ist in gewisser Weise Stein gewordene Programmatik: Ab den 1890er-Jahren hatte der Wiesbadener Pfarrer *Emil Veesenmeyer* wiederholt darauf gedrungen, den protestantischen Glauben auch in der Architektur der Kirchen auszudrücken. Also weg von einer Gliederung mit Chor, Kirchenschiffen und der seitlich angebrachten Kanzel, mithin den passenden Strukturen für die klassische römisch-katholische Prozessionskirche. Vielmehr wollte er in Anlehnung an Luthers Forderung vom „Priestertum aller Gläubigen“ einen zentralen Funktionsraum mit der symbolträchtigen Einheit von Kanzel, Altar und Orgel. Als „Wiesbadener Programm“ bekannt geworden, war die Ringkirche der erste Bau, der dem reformatorischen Ansatz Rechnung trug. Notwendig war der Bau geworden, da seit der Annexion des Herzogtums Nassau durch Preußen die Zahl gerade der protestantischen Bevölkerung

> *Beim Bau hatte Architekt Otzen einen ganz besonderen* **Ost-West-Konflikt** *zu lösen: Als westlicher Abschluss der Rheinstraße sollte die Fassade etwas hermachen – doch eine Kirche mit Haupteingang von Osten? Geht nicht. Seine Lösung: Das Erdgeschoss der Türme ist eher ein Foyer, durch das man sich wie durch einen Hintereingang ins Innere schlängeln kann. Auf den Haupteingang im Westen, auch wenn er nicht so aussieht, rollen Sie bei der pmv-Tour geradenwegs zu!*

mächtig wuchs. Insgesamt hatte sich von 1871 bis 1910 die Einwohnerzahl verdreifacht. Die ausgeprägte Vorliebe Kaiser *Wilhem II.* für das mondäne Bad zwischen Rhein und Taunuskamm trug ein Übriges bei. Wer alte Bilder der Ringkirche sieht, vermag kaum zu glauben, dass sie zunächst auf freiem Feld am Rand der Stadt stand.

Service-Adressen

Infostelle & Ladestation

Tourist-Information Schlangenbad, Rheingauer Straße 18, 65388 Schlangenbad. ✆ 06129/4850, Handy 0172/4394835. www.schlangenbad.de. Bus 5474 nach Bad Schwalbach, 5475, 5484 Wiesbaden, 5483 Eltville, 5476 Espenschied. Mo – Sa 10 – 12 Uhr, 14 – 17 Uhr, So 14 – 17 Uhr.

Freizeit & Sehenswertes

Schloss Freudenberg, Gesellschaft Natur & Kunst e.V., Matthias Schenk und Beatrice Dastis-Schenk, Freudenbergstraße 226, 65201 Wiesbaden-Dotzheim. ✆ 0611/4110141, www.schlossfreudenberg.de. ESWE-Bus 23, 24, 39 bis Märchenland. Sa, So und Fei 11 – 18 Uhr, März – Okt Mo – Fr 9 – 17

Erfahrungsfeld: Schloss Freudenberg
© Alexander Kraft

Uhr, Nov – Feb Di – Fr 9 – 16 Uhr. € 15 €; Kinder 3 – 6 Jahre 6 €, 7 – 17 Jahre 8 €; Azubis, Studenten 10 €, Gruppen ab 10 Pers 5 % Ermäßigung, Sa Erw in Begleitung eines Kindes 10 % Ermäßigung. Infos: Angebote für Kinder: Kreativwerkstatt mit Schauspiel, Schattentheater, Tanz, Feuerführung, Gestalten mit Wolle, Filzen.

Aeskulap Therme Schlangenbad, Staatsbad Schlangenbad GmbH, Rheingauer Straße 18, 65388 Schlangenbad. ✆ 06129/4858, www.schlangenbad.de. Mo, Mi, Fr 11 – 19 Uhr, Di 13 – 17 Uhr, Do 11 – 17 Uhr, Sa, So, Fei 10 – 18 Uhr, letzter Einlass 1 Std vor Badeschluss. € Mit Kurkarte 7 €, ohne 8 €, 5er-Karte 27 (keine Kartenzahlung); keine Preisermäßigung für Kinder; Schwerbehinderte 7 €. Infos: Es gibt keine Zeitbegrenzung beim Eintritt.

Aussicht & Einkehr

Café Walz, Sabine Hoffmann, Mühlstraße 16, 65388 Schlangenbad. ✆ 06129/5023510, www.cafe-walz.de. Di – Do 14 – 18 Uhr, Fr und Sa 14 – 20 Uhr. Nettes, kleines Café direkt am Fuße des Kurparks, mit größere Außenterrasse.

Jagdschloss Platte, Stefan Bazant, Platte 1, 65195 Wiesbaden. ✆ 0611/53249700, www.gasthof-jagdschlossplatte.de. Mi – So, Fei 12 – 22 Uhr. Gelegentlich geschlossene Gesellschaft, vorher prüfen. Ausflugsgaststätte mit rustikal-modernen Gasträumen und schönem Biergarten zu Füßen des Aussichtsturmes. Mit Spielplatz und Spielzimmer, Minigolf-Anlage, Liegewiese.

Rheinblick Golfclub, Cem Klein's Restaurant und Bistro, Weißer Weg, 65201 Wiesbaden. www.cemklein.de. ✆ 0611/143-548-5485 (Startplatz-Reservierung), www.golfclubrheinmain.de. Täglich 9 – 22 Uhr. Mediterrane und regionale Küche.

Pizzeria Santa Lucia, Mühlstraße 9, 65388 Schlangenbad. ✆ 06129/8801, pizzeria-santa-lucia-schlangenbad.de. Täglich 10.30 – 14 und 17 – 23 Uhr.

In Schlangenbad gibt es entlang der Rheingauer Straße mehrere Restaurants, die sich aber alle tendenziell eher an den Bedürfnissen der Kurgäste orientieren.

Berggasthof Kellerskopf, Tim Gassauer, Kellerskopf 1, 65185 Wiesbaden. ✆ 06127/4926, www.kellerskopf.de. Mo und Fr 17 – 21 Uhr, Sa, So und Fei 11.30 – 21 Uhr.

Gutbürgerliche Ausflugsgaststätte mit nett eingerichteten Gasträumen und schönem Biergarten zu Füßen des Aussichtsturmes. Außerdem Spielplatz und Spielzimmer; Liegewiese.

Waldgeist zur Eisernen Hand, Daniel Schwieger, Eiserne Hand 1, 65232 Taunusstein. ✆ 06128/488911, https://waldgeist-restaurant.de. Täglich 11 – 23 Uhr. Hier gibt es „XXL SchniPo" = Schnitzel mit Pommes. Ansonsten Speisen aus aller Welt.

Einfach rollen lassen und die Aussicht genießen: Steile Abfahrt in Georgenborn

© Alexander Kraft

Tour 1: Taunuskamm | ■■■ | 48,95 km | 875 hm

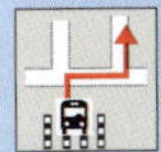
0,00 km

Vom Hbf in Richtung **Stadtmitte** (**Friedrich-Ebert-Allee**)

1,53 km

Bowling Green: in **Christian-Zaiß-Str.**, dann **Parkstr.**, dann immer **Sonnenberg**

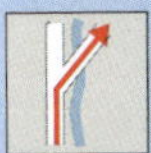
4,21 km

Kurz vor Sonnenberg: Richtung **Taunusstein** (später **Niedernhausen**)

4,89 km

Schloss Sonnenberg, weiter: auf **Am Schloßberg** steil bergab

5,06 km

In **Talstraße** durch den alten Ort

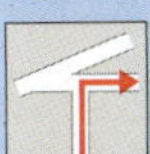
5,26 km

In **Mühlbergstraße**, dann **Rambacher Str.** und **Ostpreußenstr.** immer geradeaus

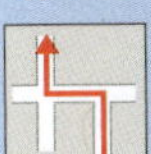
7,06 km

Ende **Am Ringwall**: in **Eppsteiner Str.** und **Kitzelbergstr.** 🚲 nach **Niedernhausen**

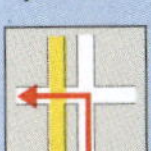
9,15 km

Auf R6 Richtung **Platte**; außerdem **Kellerskopf**

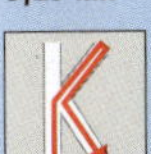
10,09 km

Abzweig zum **Kellerskopf** (hoch und runter 2,9 km), dann weiter R6 zur **Platte**

18,98 km

Jagdschloss Platte mit ✖, weiter: auf Zufahrtstraße Richtung **Wiesbaden**

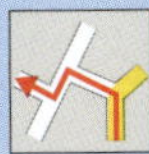
19,35 km

Kurz nach Unterführung (B417) Zufahrtstraße verlassen: 🚲 nach **Hahn**

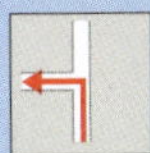
20,15 km

Am **Herzogsweg**: Radweg nach **Hahn** verlassen, mit WZ **R** bis Eiserne Hand

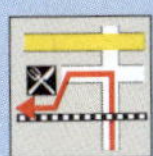
23,32 km

Zur ✖ **Waldgeist zur Eisernen Hand**; dann geradeaus und durch **Unterführung** (B54)

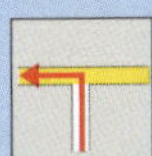
24,09 km

Kurz nach Unterführung: auf (sehr) kleiner Verkehrsstr. zum Schläferskopf

25,66 km

Kurz vor Schläferskopf (✖ z.Z. geschlossen): auf ebenen Forstweg

26,58 km

Am Mathildenborn: Forstweg hoch, nach 1 km über Landstraße in schmalen Weg

27,90 km

Kurz nach Landstraße und Pfad: Hauptweg, dem bis oberhalb Georgenborn folgen

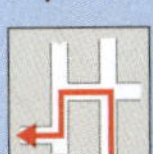
29,89 km

Mit WZ ✕ **T** in Ort: **Am Forsthaus**, **Karlsbader Weg**, **Obere** u. **Untere Trift** (STEIL!)

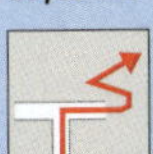
30,76 km

Ende **Untere Trift**: in **Nonnenwaldweg**, Ort verlassen, dann mit WZ R ins Tal

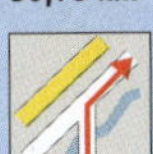
31,67 km

Auf **Im Wiesengrund** in Kurpark **Schlangenbad** (✖ ℹ); zurück zu **Nonnenwaldweg**

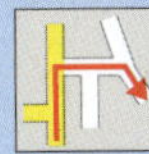
34,73 km

Nonnenwaldweg (nach **Untere Trift**): in Wald (WZ R) bis Hauptweg, den hinab

36,14 km

Im Rechtebachtal: immer Hauptweg aufwärts bis Landstraße (L3441)

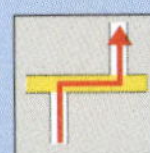
38,21 km

Auf L3441, dann mit WZ + auf Forstweg

39,28 km

WZ + verlassen: auf Teerweg, stets geradeaus, dann nach **Dotzheim / Wiesbaden**

42,69 km

Zufahrt zu M **Schloss Freudenberg**; dann weiter **Wiesbaden** (**Ludwig-Erhard-Str.**)

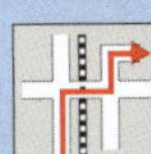
45,18 km

Am Bahnübergang **Wiesbadener Straße** in **Moritz-Hilf-Str.**, dann **Rudolfstraße**

46,67 km

Ende **Elsäßer Straße**: auf **Klarenthaler Straße** bis Ringkirche

47,22 km

Ringkirche: über **Kaiser-Friedrich-Ring** in **Rheinstraße**

47,52 km

In **Wörthstraße** und **Adelheidstraße** zum **Hauptbahnhof**

48,38 km

In **Bahnhofstraße** zum 🚌

DURCHS WIESBADENER LÄNDCHEN

Die Landeshauptstadt hat zwei geografische Fixpunkte: vorne Fluss, hinten Berge. Dabei gerät der offene Raum im Osten leicht aus dem Blick. Ein Fehler! Das werden alle sofort unterschreiben, die aus dem „Ländche“, wie die Region liebevoll genannt wird, zurückkommen. Dies zumal, da wir Begriff und Landschaft für die Tour ein wenig gedehnt haben: Über den letzten Taunus-Ausläufer mit dem beeindruckenden Baha'i-Tempel rollen Sie in die malerische Flörsheimer Schweiz. Spektakuläre Landschaftskunst paart sich dort mit überraschenden historischen Einblicken – veredelt durch eine stilvolle Einkehr in den Weinbergen.

Landschaft als Kunstwerk, Kunst in der Landschaft: Weilbacher Aussichtsbastion A3

WALD & REBEN #2

Wo die Region zum Park wird

Die Tour führt die ersten knapp 10 km entspannt an **Wäschbach** und **Wickerbach** auf den Taunus zu. Da ist viel Zeit, um die hübsche Hügellandschaft zu genießen. Unter dem Blätterdach des Waldes geht es dann hinauf nach Langenhain und zum ersten Besichtigungsstopp, dem **Baha'i-Tempel.** In den verwinkelten Gassen von **Weilbach** versteckt sich ein kleines Schloss – doch so richtig Fahrt nimmt die Tour erst auf, sobald Sie an der A3 und auf den Wegen des **Regionalparks** sind. Dort geht es Schlag auf Schlag mit den Attraktionen: **Aussichtsbastion** an der Autobahn, **Kurpark Bad Weilbach,** die **Steinskulpturen-Allee,** das Weindorf **Wicker** als Entree zum Rheingau und, zum Verschnaufen, die **Flörsheimer Warte** mit urigen Außenwirtschaft. Danach erwartet den Radler erst Landschaftskunst wie die **Installation Fernseher** und der wunderliche **Ei-**

Tourtelegramm Ländche

Start: Erbenheim Bhf | Ziel: Erbenheim Bhf

Erbenheim – Igstadt – Kloppenheim – Hockenberger Mühle – Medenbach – Wildsachen – Bahái'-Tempel – Langenhain – Diedenbergen – Aussichtsbastion A3 – Bad Weilbach – Wicker – Flörsheimer Warte – Eisenbaum – Kalkbrennöfen – Mainuferweg – Hochheim (Bhf) – Mainz-Kostheim – Erbenheim

50,29 km | 2:55 Std | Schwierigkeit: ❑■■

Profil der Tour: Locker und leicht geht es zum Auftakt mit dem bestens ausgebauten R6 bis kurz hinter Kloppenheim. Der Weg hinauf nach Langenhain verläuft auf Forstpisten mit nur zwei, drei steilen Passagen. Danach sausen Sie bis Weilbach hinab auf asphaltierten oder sehr gut befestigten Wald- und Feldwegen. Die Ziel-Beschilderung wechselt mehrfach, ist aber stets gut nachvollziehbar. Die Wege des Regionalparks sind mit ihren vorbildlichen Beschilderungen ein Radler-Eldorado und zudem fast alle durchgehend gut befestigt, lediglich kurze Abschnitte führen mal über Naturwege. Am Main entlang ist schneller Asphalt angesagt, ebenso sorgt der R6 ab Kostheim für einen flotten Transfer – sieht man mal vom letzten Anstieg des Tages zum Fähncheskreuz ab.

senbaum, dann mit den **Kalkbrennöfen** ein Blick in die Geschichte. Mit viel Schwung geht es über den Mainuferweg, bis in **Kostheim** der Aussichtsturm den Abzweig zurück ins „Ländche“ markiert: vorbei am **Fähncheskreuz** und – in Sichtweite – der Domäne Mechtildshausen.

Besichtigungsstopps

Zwischen Acker und Flugfeld: Erbenheim

Der Wiesbadener Stadtteil **Erbenheim** ist den meisten in der Region ein Begriff – aber in der Regel nur als Standort eines amerikanischen Militärflugplatzes. Den hatten die US-Streitkräfte 1945 in Besitz genommen, zeitweise war dort auch das Europa-Hauptquartier der *Airforce* unterge-

Variante: Verkürzter Weg: Bhf Hochheim (S1, RE4, RE14) oder auf R3 bis MZ-Kastel (S1, 9, RB10).

▲ 569 hm

RB21 (Ländchesbahn) Wiesbaden Hbf – Niedernhausen bis Erbenheim.

R3, R6, Regionalpark-Rundroute, Mainradweg.

Bei Einkehr und auf Anfrage in Gaststätte Flörsheimer Warte.

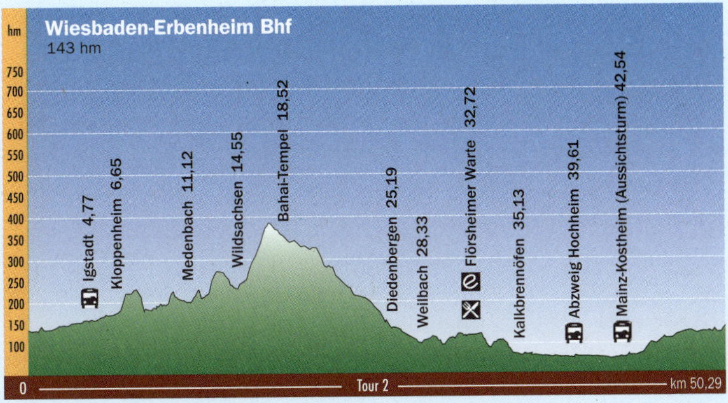

bracht. Doch die Geschichte der Fliegerei vor den Toren Wiesbadens und der einst eigenständigen Stadt Erbenheim reicht natürlich noch viel weiter zurück. Germanen und Römer hinterließen hier ihre Spuren, erstmals erwähnt wird der Ort aber erst 927 in einer Kölner Urkunde. Die Bedeutung der Landwirtschaft für die Region über viele Jahrhunderte erahnt man beim Blick in die Landschaft: Anders als Taunus und Rheingau-Taunus konnten die Menschen hier bestens ackern, säen und ernten; auch die nahe gelegene **Domäne Mechthildshausen** ist ein Indiz dafür. Und vielleicht ist deshalb auch nicht verwunderlich, dass 1910 just dort die Wiesbadener Pferderennbahn eröffnet wurde. Dass man von der nichts mehr sieht – liegt am Flugplatz! Erst bei genauer Betrachtung von Karten erahnt man das einstige Oval. Die Rennbahn wurde, ein Jahr nach der Eingemeindung Erbenheims nach Wiesbaden, 1929 zum Flugfeld umgewidmet. 1936 sagten die Nazis Danke für diese Vorarbeit, um wenige Jahre später unter anderem von dort Bomber nach London zu schicken.

Die Domäne ist von unserer Strecke aus nur auf unschönen Wegen zu erreichen. Einen Besuch wert ist sie allemal: www.mechtildshausen.de.

Kirchen-Kuppel im Zeichen der Neun: Der Bahá'í-Tempel

28 m hoch und in 27 Segmente unterteilt: Die schon aus großer Ferne hell weiß über die Hügel blitzende Kuppel mit ihren 570 rautenförmigen Öffnungen ist eine Konstruktion, die ohne Mauern nur mit Säulen und Glas auskommt: Dieses **Haus der Andacht** mit seinen neun Eingängen (die Neun hat eine besondere Bedeutung für die Bahá'i) ist das bislang einzige seiner Art in Europa und für die etwa 6000 in Deutschland lebenden Anhänger das geistige Zentrum. Die Glaubensrichtung ist die jüngste der sogenannten **Hochreligionen der Welt.** Ihre Anfänge gehen auf das Jahr 1844 und den Stifter *Bahá'u'lláh* (1817 Persien – 1892 Türkei) zurück, der lehrte, dass der eine Gott – in Fortführung der von früheren Propheten wie Krischna, Christus oder Mohammed verkündeten Lehren – die Menschen in eine friedliche Zukunft führt. Im Haus der Andacht ist jeder willkommen und zur Meditation eingeladen.

Das sind ja schöne Aussichten: Aussichtsbastion A3

Kein Mensch aus der Region würde Rhein-Main schöner reden wollen, als es ist. Muss auch niemand. Denn hier ist man so selbstbewusst, das zwiespältige Erscheinungsbild nicht nur anzunehmen, sondern sogar mit allergrößter Überzeugung zu präsentieren. Die **Aussichtsbastion A3** zeigt die Region Rhein-Main mit all ihren Gegensätzen, ihren charmanten und ihren kantigen Aspekten. Der Blick schweift über Felder und Wiesen zu den nahen Mittelgebirgen. Als Kontrast dazu lärmt direkt zu Füßen des Spähpostens die A3 siebenspurig, auf der Schnellbahnstrecke daneben fegen die ICE von Frankfurt nach Köln und zurück – und darüber heulen die Düsenjets. Bemerkenswert an diesem Stück Landschaftskunst sind edel angerosteten Platten aus Cortenstahl. Die **Visierhilfen** lenken die Blicke zu den markantesten Punkten. Der *Melibokus* sticht mit 517 m und der sehr regelmäßigen Kegelform deutlich aus dem Höhenzug des **Odenwaldes** heraus. Der Tower des Frankfurter Flughafens erscheint eben so deutlich wie die **Frankfurter Skyline.** Als eindrucksvolles Ensemble präsentieren sich im **Taunus-Höhenzug** die Erhebungen *Altkönig* (798 m), *Großer Feldberg* (879 m), der davor gelagerte *Kleine Feldberg* (825 m) und – ganz in der Nähe – der *Kapellenberg* (292 m) bei Hofheim.

HEUTE SCHON GESCHWEIZT?

„Schweizen" gibt es 105 in Deutschland, und weltweit mindesten 191 – behauptet jedenfalls die Marketing Organisation des Alpenlandes. Nach einer Zählung der Neuen Zürcher Zeitung sollen es sogar 233 sein. Die **Flörsheimer Schweiz,** durch die diese pmv-Tour führt, ist im weltweiten Vergleich nur ein kleines Licht. In der Rhein-Main-Region bekannter ist die *Nassauische Schweiz* rund um Eppstein. Als *Hessische Schweiz* präsentiert sich ein dünn besiedeltes Gebiet im Werratal oberhalb von Eschwege. Wie an der Flörsheimer Schweiz zu sehen ist: Hohe Berge braucht es für den klangvollen Beinamen nicht. Den Romantikern reicht da schon eine besonders schöne Landschaft mit Aussicht(en). Das gelingt dieser kleinen Idylle oberhalb des Wickerbaches ohne Weiteres, die seit 1998 unter Naturschutz steht.

Ein bisschen Schloss darf sein: Weilbach

Für eine ehemalige Burg liegt die kleine, ummauerte Anlage in Weilbach reichlich unspektakulär am Ortsrand. Vielleicht auch deswegen wurde sie später zu einem **Schloss** umgebaut. Den Grundstein legte im 12./13. Jahrhundert das Rittergeschlecht *Erlenbach von Weilbach.* Auf 1112 ist auch die älteste Erwähnung von „Wilibach“ zu datieren in einer Schenkungsurkunde an das Kloster St. Jakob in Mainz. Später wanderte der dann auch *Niederweilbach* genannte Ort durch den Besitz der üblichen Verdächtigen: Erzbistum Mainz, Herzogtum Nassau, später die Preußen. Um 1670 gelangte das Schloss durch Pfandverschreibung in den Besitz von *Johann Adolf Wolff-Metternich* (und ist noch heute in Besitz der gräflichen Familie). Damals wurde das Herrenhaus auf einem hohen Sockel errichtet und erhielt das Sichtfachwerk. Architektonisch lassen sich zudem noch der Stumpf eines spätgotischen **Wohnturmes** ausmachen und ein rechteckiger **Flankenturm** mit nachträglich eingefügter **Kapelle. Weilbach** schloss sich im Zuge der hessischen Gebietsreform mit *Flörsheim* und *Wicker* zur Stadt zusammen.

Er nimmt kein Blatt vor den Mund: Der Eisenbaum

Der **Eisenbaum** ist, ohne Übertreibung, eines der Wahrzeichen des **Regionalparks.** Eine begehbare Skulptur aus Edelstahl, 18 Meter hoch und mit einer Aussichtsplattform auf halber Höhe. Mit Hilfe von Fotozellen auf den grünen „Blatt“-Blechen wird an sonnigen Tagen eine akustische Installation betrieben, mit der der künstliche Baum seine Geschichte erzählt. Energie von der Sonne – das ist fast schon wie Photosynthese, ein gewolltes Verschwimmen der Grenzen zwischen Natur und Kunst. Die Idee zu dieser charismatischen Landschaftsinstallation geht auf den langjährigen Geschäftsführer der Regionalpark GmbH *Lorenz Rautenstrauch* zurück. Bis zur Realisierung durch den Darmstädter Architekten *Frank Geelhaar* und das Flörsheimer Stahlbau-Unternehmen *Bernd Dasbach* verging allerdings einige Zeit. Eine Zeit, die die Bauherren Demut vor der „Architektin“ Mutter Natur lehrte. Was die einfach aus ein bisschen Kohlenstoffdioxid, Mineralien und Sonnenkraft wachsen lässt, ist von einer unglaublichen Widerstandskraft und Tragfähigkeit. Das mussten die

Es grünt so grün die Landschaftskunst: Der Eisenbaum
© Alexander Kraft

Eisenbaum-Gärtner erst einmal hinkriegen. So sind die „Wurzeln" 24 Schrauben von 1,40 m Länge und 3,5 cm Durchmesser.

Wenige Meter neben dem Eisenbaum erwartet den Besucher eine weitere Landschafts-Installation. Die ***Fernrohre*** *von Ingrid Hornef projizieren berühmte Bauwerke auf die Wickerer Müllberge. Auch das hat einen Hintersinn: Edles trifft auf Nicht-Edles und zugleich Erhaltenswertes auf Nicht-verrotten-Wollendes.*

Mühsam nährt sich der Kalkbrenner

Die historischen **Kalkbrennöfen** an der Landstraße zwischen Flörsheim und Hochheim sind einzigartig in Hessen: So gut erhalten wie diese gibt es keine weiteren im Bundesland. Als **Industriedenkmal** sind die Kalkbrennöfen sowohl ein Stück Handwerks- als auch Ortsgeschichte – lieferten sie doch das Verputzmaterial für zahllose Flörsheimer Häuser. Die vier mächtigen *Rundbauten* sind eindrucksvolle Zeugen aus vorindustrieller Zeit. Ihre Geschichte geht bis ins 18. Jahrhundert zurück, als die Kalkbrennöfen zu einer hiesigen Ziegelhütte gehörten. Vermutlich bauten aber schon die Römer hier Kalkstein ab und brannten ihn. Ein äußerst mühsames Geschäft, obwohl gebrannter Kalk ein ausgesprochen wichtiger Baustoff ist. Vor der industriellen Verarbeitung im 20. Jahrhundert waren Kalkbrennereien in der Regel kleine Familienbetriebe. In mehreren Schichten musste das Rohmaterial von oben durch die Füllöffnungen geschüttet und der Prozess überwacht werden. Derweil sorgte von unten das mit Holz, Kohle oder Torf gefütterte Feuer für die notwendige Hitze. Die vom Regionalpark Rhein-Main errichtete begehbare Dachkonstruktion aus Glas und Stahl über der frei gelegten Anlage vermittelt exakt den Blick, der sich auch dem Kalkbrenner seinerzeit beim Befüllen und Entleeren bot.

WIE EIN PARK WÄCHST: REGIONALPARK RHEIN-MAIN

1994 gab die damals noch „Umlandverband" genannte Regionalgesellschaft den Startschuss für ein spannendes Projekt, das die hiesige Freizeitkultur entscheidend voranbringen sollte: Im Unterschied zu anderen europäischen Ballungsräumen ist in Frankfurt/Rhein-Main noch viel Grün erhalten bzw. durch den Wegfall von Industrie zurückgekehrt. Diese oft zersplitterten Flächen zu sichern, sinnvoll zu vernetzen und mit neuen Akzenten versehen als Erholungsräume der Bevölkerung zur Verfügung zu stellen, ist das Ziel des Vorhabens. Viele einzelne, kleine Bausteine für einen **Regionalpark** sind in der Folge entstanden. Wer das Projekt draußen in der Landschaft hat wachsen sehen, den können schon Hochgefühle anfliegen. Stück für Stück kamen Wege hinzu, schufen Verbindungen, alles wunderbar glatter Asphalt, wie gemalt zum Dahinflitzen! Herausragend nach wie vor etwa das **Pilotgebiet** zwischen Hattersheim, Flörsheim und Hochheim, das mit Landschaftskunst, Freizeiteinrichtungen und Infotafeln geradezu gespickt ist. Logisch, dass da das **Regionalpark-Portal** steht, das ist Besucherzentrum und gleichzeitig Verwaltungsstelle der Einrichtung. Und dort sind auch – naturgemäß – jene Elemente am weitesten gediehen, die später vielleicht zu einem weiteren Markenzeichen des Parks werden: Alleen in jeweils unterschiedlichen Baumarten.

Fluss mit Aussicht: In Kostheim

Das ergibt schon schöne Aussichten, wenn private Geldgeber und öffentliche Hand zusammen kommen. Der stählerne **Turm am Kostheimer Hafenbecken** ist ein leuchtendes Beispiel dafür. Wer den Turm erklimmt, hat eine prächtige Aussicht gleichermaßen auf den Main mit Auenlandschaft sowie ein Stück Industriekultur mit Hafen und angrenzenden Betrieben, dazu die Kostheimer Schleuse als eines der meistbefahrenen Schiffshebewerke Europas. Aus 20 Metern Höhe reicht der Blick natürlich noch viel weiter: über die Landeshauptstädte Mainz und Wies-

Aussichtsturm am alten Cellulose-Hafen in Kostheim

© Alexander Kraft

baden, den Taunuskamm im Norden und die Odenwald-Buckel im Süden. Mit der von Architekt *Florian Urbach* entworfenen Konstruktion wurde dem Wunsch der Stadt Wiesbaden entsprechend das passende Entree für den Regionalpark Rhein-Main auf ihrem Stadtgebiet geschaffen. Privates Geld gab es von der *SCA Hygiene Products*. Der Papiererzeuger lebt auch vom Hafen, deshalb hat er kräftig mitgeholfen, das Areal vor der Haustür herzurichten. Außer dem dreibeinigen Turm entstanden zudem der Holzsteg, der vom Uferweg leicht zum Fundament ansteigt. Sitzbänke, Fahrradständer, eine Info-Stele sowie eine über das Wasser auskragende Plattform.

Da lachen ja die Radler: HarlekinÄum

Die Selbstbezeichnung als „das einzige Humormuseum der Welt", hm, da könnten sie zumindest in Frankfurt in der *Caricatura* etwas dagegen haben. Aber ansonsten: Wer zum Schluss der Runde durchs Ländche ein bisschen Schmunzeln will, ist in der **Erbenheimer Wandersmannstraße** genau richtig. In acht Räumen haben Chef-Harlekin *Michael Berger* und seine Mitstreiter zahllose Exponate und Installationen untergebracht. Ob eine Ostfriesentasse (Henkel innen) oder der Riesenkäse zum Hindurchlaufen – überall blitzt einem der Schalk entgegen. Das HarlekinÄum wurde übrigens 2006 als einer von 365 inspirierenden Orte ausgewählt. Das war anlässlich der seinerzeit groß von Bundesregierung und Industrie lancierten Kampagne „Deutschland – Land der Ideen". Heute kann man sagen: HarlekinÄum – so viel „Schland" muss sein!

Bei 49,53 km auf Barbarossastraße nach rechts und 250 m bis Ecke Wandersmannstraße.

Service-Adressen

eBike-Ladestation

Bei Einkehr und auf Anfrage in Gaststätte Flörsheimer Warte.

Freizeit & Sehenswertes

Bahá'í-Tempel, Haus der Andacht, Bahá'í-Gemeinde in Deutschland K.d.ö.R., Eppsteiner Straße 95, 65719 Hofheim-Langenhain. © 06192/99290, www.bahai.de/haus-der-andacht. Haus der Andacht April – Okt 9 – 20 Uhr, Nov – März 9 – 18 Uhr, Besucherzentrum & Buchladen 10 – 18 bzw. 17 Uhr.

HarlekinÄum, Wandersmannstr. 39, 65205 Wi-Erbenheim. © 0611/74001, Handy 0162/3627333. www.harlekinaeum.de. Führungen nach Vereinbarung. 5 €, Sonderführungen 30 €; 3 €.

Einkehr

Auringer Mühle, Monika Sulzer-Wiedemann und Rolf Wiedemann, Alt-Auringen 10, 65207 Wiesbaden. © 06127/9998382, Handy 0177/6892485. www.auringermuehle.de. Im Wickerbachtal bleiben, ca. 150 m. Sa und So Juni – Aug/Sep. Straußwirtschaft und Café-Betrieb nur an 10 Wochenenden, ↗ Webseite.

Landgaststätte Hockenberger Mühle, Walled Muassi, Hockenberger Höhe 4, 65207 Wiesbaden. © 0611/502088, www.hockenberger-muehle.de. Mi, Do ab 17 Uhr, Fr – So, Fei ab 12 Uhr. Familienfreundlicher, historischer Landgasthof im Grünen mit eigener Apfelweinkelterei.

Gasthof Wiesenmühle, Thomas Laudes, Wiesenmühle 11, 65439 Flörsheim. © 06145/5479512, www.wiesenmuehle-floersheim.de. Regionalparkroute, Bonifatiusweg. Di – So, Fei ab 12 Uhr. Gruppen ab 40 Pers auch an Ruhetagen. Gaststätte mit Weinstube und Terrasse. Regionales und saisonale Speisen zu vernünftigen Preisen. Hausgemachte Wurst, Marmelade, Hühnersuppe, Wein vom Winzer Joachim Flick, Apfelwein von Kelterei Walther.

Flörsheimer Warte, 65439 Flörsheim-Wicker. Handy 0171/5631013. www.flörsheimer-warte.de. April – Sep Di – Fr ab 14, Sa, So ab 12 Uhr, Gastraum für Veranstaltungen Okt – März Fr ab 14, Sa, So ab 12 Uhr, Winterruhe im Januar, Öffnungszeiten wetterabhängig. Beliebtes Ausflugsziel: Traumhaft inmitten der Weinberge gelegen, kann man im Schatten des 30 m hohen Wartturms einen guten Schoppen genießen. Oder hinauf zur 4. Etage in 11 m Höhe steigen und den Blick bis zum Odenwald genießen.

WALD & REBEN
#2
Auringer Mühle
Hessloch
Auringen-Medenbach
Hockenberger Mühle
Medenbach
Wildsachsen
Lorsbach
Lorsbacher Kopf
309
Schwarzbach
Baha'i-Tempel
Langenhain
N
1 cm
1 Km
350
Kartaus
© pmv PETER MEYER VERLAG
Kloppenheim
Breckenheim
Igstadt
Hofheim
RB 21
Marxheim
Wallau
Nordenstadt
Diedenbergen
Erbenheim
HarlekinÄum
Pilotgebiet
Zum Wilden Esel
Regional-park-Haus
ICE
Flugplatz Erbenheim
Delkenheim
Weilbach
Schloss
Haus d. Dichters
Weilb. Kiesgruben
Massenheim
Pfortenborn
Wickerbach
Golf-Club
Domäne Mechtildshausen
Vogel-nest
Massenheimer NSG
Wickerbacaue
Aussichts-bastion
Kurpark
Wicker
Bad Weilbach
Spielpark Hochheim
Kletter-wand
Mühlrad-skulptur
PANORAMAWEG
Fl. Warte
Fähnches-kreuz
REGIONALPARK RUNDROUTE
RHEINGAUER RIESLINGROUTE
Landwehr-wall
Hochheim
Flörsheim
MZ-Kostheim
St. Peter und Paul
Wiesen-mühle
Eisen-baum
Kalkbrenn-öfen
Hochheim
Aussichtsturm Mainhafen
S1
Sainer
Festung
Burgpark
Opelvillen
Mainspitze
Gustavs-burg
Opelsteg
Leinreiter
S8, 9
Bischofsheim
Rüsselsheim
Wald-schwimmbad

Tour 2: Ländche | 50,29 km | 569 hm

- **0,00 km** – Am Ende der **Bahnstraße** in **Berliner Straße**, dann **Tempelhofer Straße**
- **0,59 km** – Auf schmalem Weg zu Kreuzung mit R6: Richtung Platte, Igstadt, Kloppenheim
- **7,85 km** – Kurz hinter Kloppenheim: R6 verlassen! Geradeaus Richtung Medenbach
- **8,32 km** – Im Tal (Medenbach rechts): auf Feldweg zur anderen Talseite (voraus Hockb. Mühle)
- **10,15 km** – Kurz vor **Auringer Mühle**: Mit WZ ✕ T kräftig bergauf
- **10,46 km** – Weiter WZ ✕ T über L3028
- **10,62 km** – Durch Bahnunterführung mit WZ ✕ T, dann am Bach bis hinein nach Medenbach
- **11,37 km** – Ende **Münzenbergstraße**: auf **Hockenbergstraße**
- **11,62 km** – In **Kirschbergstraße**, dann **Am Medenbach**: zu **Bürgerhaus** und **Sportzentrum**
- **12,38 km** – Am **Bürgerhaus:** weiter hinab ins Tal, dort in Unterführung Autobahn A3
- **12,90 km** – Hinter A3: nach Wildsachsen
- **14,49 km** – Im Ort: in **Schöne Aussicht, Medenbacher Weg, Am Seyenbach**, dann Langenhain
- **15,18 km** – Zum Wald hoch, dort stets nach Langenhain
- **17,96 km** – Nach Langenhain und Baha'i Haus der Andacht
- **18,55 km** – Bahai-Tempel; dann **Eppsteiner Straße**, in Ortsmitte geradeaus nach Diedenbergen
- **19,77 km** – Kurz vor Ortsrand in **Im Birkenfeld**, dann stets Diedenbergen
- **25,19 km** – Ortsmitte Diedenbergen: Auf **Casteller Str.** dann **Wickerer Weg** nach Weilbach
- **28,03 km** – Weilbach (100 m vor Hauptstraße): In **Gänsgasse**
- **28,19 km** – In **Schloßstraße** zum Schloss, dann **Hintergasse** und in **Bachstr.** vor bis Hauptstraße
- **28,47 km** – Ende **Bachstraße**: auf **Frankfurter Straße**; am **Faulbrunnenweg** nach Bad Weilbach
- **29,18 km** – Aussichtsbastion A3 ab da auf Regionalpark-Rundroute mit zum Eisenbaum
- **29,74 km** – Abstecher Kurpark Bad Weilbach; dann weiter zum Eisenbaum
- **32,68 km** – **Flörsheimer Warte**; dann weiter zu Eisenbaum und Kasteller Landwehr
- **34,09 km** – St. Anna-Kapelle: verlassen zum Eisenbaum, dann am **NSG** bergab zu Kalköfen
- **35,13 km** – Kalkbrennöfen; in Unterführung, dann R3 und Mainradweg bis MZ-Kostheim
- **39,61 km** – (Abzweig S-Bhf Hochheim)
- **42,52 km** – Aussichtsturm am Mainhafen, weiter Mainradweg
- **42,75 km** – Vor Mainbrücke: auf R6 Richtung Platte nach WI-Erbenheim
- **49,53 km** – **Barbarossastraße**: R6 verlassen, auf **Berliner Straße** bis **Bahnstr.** zum

BERG & TAL
#3

SAFARI IM TAUNUS

Die Tour greift eine der hübschesten Installationen des Regionalparks auf: die Safari-Tour. Das ist eine mit vielen tierischen Spaßbildern ausgeschilderte Radroute von der Nidda hinauf zum Opel-Zoo. Eigentlich wie gemacht für eine Tour mit Kindern – wäre da nicht die heftige Rampe am Ende! Doch das eBike bügelt solche Buckel locker weg. Nachdem wir Sie so schön haben Höhe gewinnen lassen, wäre es geradezu fahrlässig, das in einer schnöden Abfahrt enden zu lassen. Deshalb führt die pmv-Tour weiter im weiten Bogen über Königstein (Burgruine!) und zu gleich mehreren der urigsten Ausflugslokale im Vordertaunus.

Savannentiere im Taunus? Die Zebras im Opel-Zoo kennen den Blick auf Kronberg schon

Mit kleinen Rädern zu großen Tieren

Als Startpunkt wurde **Höchst** gewählt – und so beginnt die Tour gleich malerisch mit Sightseeing in der Altstadt und seinem geschichtsträchtigen Schloss. An **Main** und **Nidda** aufwärts ist bald der Einstieg zur **Safari-Route** erreicht. Zwei kleine Abstecher bieten sich mit **Arboretum** und **El-Lissitzky-Allee** an, bevor es der Anstieg, vorbei an **Viergötterstein** und **Kronthaler Quellenpark,** ernst meint. Beim Verschnaufen am **Opel-Zoo** kann man erstmals überlegen, ob man eine der vorgeschlagenen Abkürzungen nimmt, oder die ganze Runde dreht. Dabei steht – fakultativ – als letzter größerer Anstieg die **Königsteiner Burg** auf dem Programm. Danach rollen Sie entspannt durch das parkähnliche **Liederbachtal** hinab.

Tourtelegramm Bergsafari

Start: Frankfurt-Höchst Bhf | Ziel: Frankfurt-Höchst Bhf

Frankfurt-Höchst – Höchst Altstadt – Wörthspitze – Niddauferweg – Safari-Route – Sossenheimer Unterfeld – Sossenheim – Sulzbachaue – Wiesenhof – Schwalbach – Viergötterstein (El-Lissitzky-Allee) – Quellenpark Kronthal – Kronberg – Opel-Zoo – Königstein (Burg) – Kurpark – Schneidhain – Braubachtal – (Rote Mühle) – Kelkheim – Fischbach – Gimbacher Hof – Gundelhard – R8 – Zeilsheim – Industriepark Höchst – Frankfurt-Höchst

39,09 km | 2:20 Std | Schwierigkeit: ❑■■ für Familien geeignet

Profil der Tour: Insgesamt geht es auf ruhigen und gut zu fahrenden Wegen dahin. Lediglich am Königsteiner Kreisel muss man länger auf die Ampel warten, und in den Waldpassagen hinter Schneidhain sind die Wege manchmal etwas rumpelig. Ansonsten ist der Charakter der Tour eindeutig: Zunächst der vergleichsweise knackige Anstieg bis zum Opel-Zoo – dann wird es ein hügeliges Ausrollen bergab. Die Wegfindung ist einfach: erst an den Flüssen entlang, dann die Safari-Route und am Ende durchgehend der R8. Nur zwischen Königstein und der Gundelhard muss man auf wechselnde Radweghinweise achten.
Variante: Kurzer Weg: vom Opel-Zoo den selben Weg zurück zu S-Bhf Kronberg oder S-Bhf Kronberg-Süd (beides ausgeschildert);

Zwischen Schneidhain und Kelkheim gilt es zu entscheiden, ob man den Abstecher zur **Roten Mühle** als Einkehr wählt – oder die später an der Route liegenden und nicht minder beliebten Landgasthöfe **Gimbacher Hof** und **Gundelhard.** Von den Ortsdurchfahrten abgesehen haben Sie hier nur Grün um sich herum.

Camouflage für Fortgeschrittene

Es hat ein bisschen gedauert, bis die **Safariroute** ihr Versprechen „Von Zoo zu Zoo“ halten konnte. Lange endete sie in Rödelheim, doch seit 2015 führt sie auf erstaunlich grünen Wegen durch die City bis zum Zoo im Ostend. Kleiner Witz am Rande: Der **Grüneburgweg** ist dabei der

- Stationen der K-Bahn in Schneidhain und Kelkheim an der Route, in Königstein am Kreisel in Bischof-Kaller-Straße, dann Schilder zum Bhf (600 m).
- ▲ 479 hm
- RE, RB, K-Bahn (Linie 12 Ffm Hbf – Königstein), S1, S2 bis Ffm-Höchst.
- Grüngürtel-Radweg, Regionalpark-Rundroute, R8.
- Ladestation direkt am Zoo auf dem Alfred-Brehm-Platz.
- Bei Einkehr und auf Anfrage: Ladestationen am Opel-Zoo vor der Lodge sowie am Gimbacher Hof, dort gibt es zusätzlich eine Pannenstation.

noch am wenigsten grüne Weg. Ansonsten verläuft sie vom Zoo durch die Wallanlage und später durch den **Grüneburgpark** bis zum **Grüngürtelradweg,** der Sie an der Nidda absetzt. Spannend: Genau so, wie das Schwarz-Weiß des Zebras einen brauchbaren Tarneffekt besitzt, schaffen das die vom Regionalpark aufgestellten Schilder ebenfalls. Im Bereich der Frankfurter City sind sie oftmals nur schwer auszumachen – aber sie sind da! Deshalb unser Sondertipp für Familien: Die Kids gehen auf Schnitzeljagd nach den Schildern, während Mama/Papa mit dem GPS am Lenker checken, dass die Familie auf dem rechten Weg bleibt.

Besichtigungsstopps

Höchst wechselsame Geschichte

Dem Frankfurter Stadtteil **Höchst** könnte man im Grunde ein eigenes Buch widmen. Im Jahr 790 erstmals als *Hostat* erwähnt, weist der Name auf die geografische Bedeutung am Zusammenfluss der Nidda mit dem Main hin: Das Altfränkische bezeichnet eine Hohe Stätte. Bereits 40 Jahre später steht die *Justinuskirche.* Die karolingische Basilika ist eine der ältesten erhaltenen Kirchen in Deutschland. Kirche ist auch das Stichwort, denn über 1000 Jahre beherrschte das Erzbistum Mainz den Ort. Ein steter Stachel im (Kaufmanns-)Fleisch der Frankfurter: Die Kurmainzer erhoben munter Zölle für die Passage gen Westen.

Die pmv-Tour streift durch die Gassen der teils noch recht gut erhaltenen **Altstadt** und führt über den **Schlosshof.** Diese Residenz hatte sich die Mainzer Kurie in zwei Bauschüben *(Altes* und *Neues Schloss)* zwischen 14. und Ende des 16. Jahrhunderts erschaffen. Das Ende der kirchlichen Herrschaft kam 1803 mit Napoleon, doch das Mainzer Rad blieb im Wappen von Höchst erhalten. Mit der Höchster **Eigenständigkeit** war es 1928 vorbei. Da wurde Höchst nach Frankfurt eingemeindet – blieb aber

> **e** Falls Höchst nicht Start- sondern Etappenort ist: Vom Bhf anstatt in Antoniterstraße in Leverkuser Straße bis Brüningstraße, Ladestation in Brüningstraße 1.

kurioserweise bis 1980 Kreisstadt des benachbarten Main-Taunus-Kreises. Und das alles, obwohl es mit der **Hoechst AG,** die 1863 klein als „Rotfabrik" begonnen hatte, einen höchst potenten Steuerzahler hatte. An der Mauer des ab 1998 aufgesplitterten Chemiegiganten, hinter der sich heute ein **Industriepark** mit bald 100 Firmen befindet, führt der letzte Teil der Tour vorbei. Schon zuvor aber konnte man sehen, wofür der ebenso geliebte wie umstrittene Arbeitgeber auch stand: Engagement für die Bevölkerung: Die kleinen Backsteinhäuser in **Zeilsheim** wurden als Kolonie für die Arbeiter erbaut.

Auf der Pirsch: Die Safari-Route

Bei dieser Route ist nicht allein das Ziel, der Opel-Zoo, der Star, sondern die ganze Route, die **Safari-Route.** Es ist schon eine herrlich spleenige Idee, die von den Machern des Regionalparks und vom Kinderbuchautor *Philipp Waechter* umgesetzt wurde. Was würde passieren, wenn die ganzen Tiere aus dem **Opel-Zoo** ausbüxen würden? In welchem Teil der Landschaft würden sie sich wohl fühlen? Wo müsste man sie warnen? Mit viel Humor und zeichnerischem Witz hat Waechter lauter Verkehrszeichen entfremdet. So warnt er beispielsweise Elefanten vorm Überholen an einer Engstelle, Giraffen an der Unterführung der A66 oder er führt eine lustige Höchstgeschwindigkeit für Nandus ein (die können 60 km/h laufen!). In jedem Fall ist es ein schöner Spaß, nach den Schildern zu spähen. Insgesamt wurden 2010 auf der 13,2 km langen Route – der Start liegt etwas weiter niddaaufwärts Richtung Rödelheim – 39 Schilder aufgestellt. Leider wurden viele von ihnen aber schon (mehrfach) geklaut.

© Alexander Kraft

Im Vorbeifahren passieren Sie viele weitere Sehenswürdigkeiten. So auch, inmitten der Kronberger Streuobstwiesen, den nach dem Pomologen und Pfarrer ***Johann Ludwig Christ*** *benannten Rundweg. Der erinnert an eine heute weniger bekannte Seite Kronbergs: Es war einst berühmt für seine Obstbaukultur, speziell den Apfelbaumanbau.*

Anfahrt Arborteum: An der Kreuzung von Safari-Route und Regionalpark-Rundweg einfach den Schildern folgen und rechts 50 m bergauf.

Alles, aber kein Allerwelts-Grün: Arboretum

In einer halben Stunde von Mitteleuropa über Kleinasien und Himalaya nach China, Japan und Nordamerika? Das geht – zumindest für Baumfreunde. Im Arboretum zwischen **Sulzbach** und **Schwalbach** stehen 600 Baum- und Straucharten aus allen Gefilden der nördlichen Halbkugel. Der Besucher springt durch 37 Pflanzgruppen von einer Weltgegend in die nächste. Auf der Schautafel am Eingang können Sie sofort sehen, wo sich der *Indian Summer* genießen lässt oder man fernöstliches Grün zu sehen bekommt. Das 76 ha große Gelände beherbergt zudem einen Gesteinlehrpfad, Streuobst- und Blumenwiesen sowie ein Feuchtbiotop. Geburtsstunde des botanischen Kleinods war die Flughafenerweiterung: 1981 hatte das Land Hessen das zuvor von Post und THW genutzte Areal erworben und begonnen, es als Ausgleichsfläche für die Rodungen um den Flughafen zu bepflanzen.

Vier Götter und ein Malerblick: Der Viergötterstein

Der mächtige Steinquader direkt neben der Route zeigt auf allen vier Seiten Götterdarstellungen. Er stammt mit allergrößter Sicherheit von einem römischen Gutshof. Ganz in der Nähe des heutigen Aufstellungsortes stand so eine *Villa rustica.* Den detailreich gestalteten Stein soll angeblich schon 1839 ein Bauer beim Pflügen gefunden haben, als er die Erde tief aufriss. Waren solche Zeugnisse römischer Bildhauerkunst zu jenen Zeiten noch staunenswerte Fundstücke, so wissen die Historiker das mittlerweile sehr gut einzuordnen. Es handelt sich um einen **Viergötterstein.** Er bildet in der Regel die Basis einer römischen Jupitersäule. Die gehörte zur Grundausstattung einer *Villa rustica* und war *Jupiter,* dem höchsten römischen Gott, geweiht. Die Gesamtgestaltung spiegelt seinen Rang wider: Er thronte über den anderen Himmlischen, in dem Falle finden sich Darstellungen der Gottheiten *Merkur, Juno, Minerva* und dem wie ein Gott verehrten Heros *Herkules.* Das Denkmal ist natürlich nur eine Replik; das Original befindet sich im Museum in Wiesbaden.

Der Platz mit Bänken lädt aber noch aus einem weiteren Grund zur Rast ein: So wie die Heutigen dürften auch die Mitglieder der **Kronberger Malerkolonie** (1858 bis Anfang 20. Jahrhundert) den grandiosen Blick auf das Städtchen mit der malerischen Burg inspirierend empfunden haben. Was sie nicht hatten, liegt in entgegengesetzter Richtung: die Frankfurter Skyline.

IM WIRBEL DER BUCHSTABEN: EL LISSITZKY

Jede Form ist das erstarrte Momentbild eines Prozesses. Also ist das Werk Haltestelle des Werdens, und nicht erstarrtes Ziel.

Das Zitat stammt von Eliezer „El" Lissitzky (1890 – 1941), der es 1924 in der Zeitschrift *Merz 8/9* veröffentlichte. Mit der **El-Lissitzky-Allee** wurde daraus eine begehbare Skulptur. 15 Stelen hat der Darmstädter Künstler *Gerhard Schweizer* rechts und links eines Weges platziert. Auf den ersten Blick scheinbar wahllos gruppiert, verteilen sich über die Betonsäulen lauter Buchstaben. Von bestimmten, markierten Punkten aus aber formen sich die Lettern zum obigen Zitat. Der im russischen Potschinok geborene El Lissitzky hatte an der Technischen Hochschule Darmstadt Architektur studiert und gilt als Vordenker für revolutionäre Baukonstruktionen. Der Avantgardist zählt daher zu den Konstruktivisten, eine Stilrichtung, die sich in der Malerei streng gegenstandslosen Darstellungen verschrieben hatte und in der Architektur Gebäude auf sachlich-funktionale Aspekte reduzierte. Die von Schweizer 2005 erschaffene **Skulptur** kann man als perfekte Umsetzung des von Lissitzky formulierten Kunstbegriffs verstehen.

Sprudelnde Schönheit: Im Kurpark von Kronberg

Verglichen mit den anderen Sprudelstätten ist der **Quellenpark** unterhalb von Kronberg eher bescheiden. Er erlebte Mitte des 19. Jahrhunderts eine Blüte; die Heilwirkung des erstmals im 16. Jahrhundert erwähnten **Sauerbrunnens** hatte 1818 Amtsarzt *Ferdinand Küster* entdeckt. Später wurde das Wasser teilweise bis nach England und Amerika verkauft, die wirtschaftliche beste Zeit erlebte das Kronthal etwa 1840. Um den Quell legte der Frankfurter Kaufmann *Johann Adam Osterrieth* einen **Kurpark** an. Im Stil eines englischen Landschaftsgartens gehalten, fügt sich der alte Baumbestand anmutig ins Tal. Die **Sprudelgewinnung** wurde 2005 eingestellt. Heute kann man Mineralwasser noch an zwei Quellen selber schöpfen. Ein Vergnügen ist an heißen Sommertagen, im kleinen, gekachelten Wassertretbecken eine **Kneippkur** zu machen. Die Anlage atmet zwar den Charme vergangener Tage – aber das dort aufgestellte Schild der Regionalparkroute „Nidda – Opel-Zoo" mit dem **Roten Sichler** von *Philipp Waechter* zaubert noch jedem ein Schmunzeln ins Gesicht.

Lauter große Tiere: Der Opel-Zoo

Große Tiere, mit denen hatte *Georg von Opel* gewiss täglich in der Wirtschaft zu tun. Aber *Vauka, Conti* und *Opeline* müssen 1955 dennoch einen gewaltigen Eindruck auf den Industriekapitän und Stifter gemacht haben. Das nämlich waren drei Elefanten, die zur Eröffnung des Kronberger Tiergartens ankamen. Und mal ehrlich: Ein Zoo ohne Elefanten ist gefühlt nur ein halber Zoo. Weshalb der **Opel-Zoo** im Gegensatz zum **Frankfurter Zoo** für viele der mit den „richtigen" Tieren ist, denn aus Platzgründen gibt es nur in Kronberg die ganz großen Tiere. Mehr als eine halbe Million Besucher im Jahr können nicht irren. Fachleute schütteln ob solcher Art von Populismus den Kopf (und schauen sich begeistert irgendwelche Insekten im Halbdunkel an). Doch für viele aus der Region machen speziell die Dickhäuter die Anziehungskraft des weitläufigen Landschaftszoos aus, dessen wellige Wiesen am oberen Ende des **Rentbachtales** einen leicht an afrikanische Savannen denken lässt. Ob Elefanten, Giraffen, Zebras, Nilpferde oder Strauße: Insgesamt etwa 200 Tierarten (1400 Exemplare) aus allen Kontinenten und Klimazonen bevölkern die Auslaufflächen. Bereits ein Jahr nach Eröffnung gab die Gründung des Vereins „Georg von Opel – Freigehege für Tierforschung" die Richtung vor. 2007 ging der Verein in einer Stiftung auf. So kann der Zoo auch auf Zuchterfolge

> e Vor dem Restaurant Lodge (Haupteingang), bei Einkehr und auf Anfrage, ↗ Service.

verweisen – ohne die Opelianer wäre der Mesopotamische Damhirsch wohl ausgestorben (2007 ging der Verein in einer Stiftung auf). Dazu kommen Attraktionen wie **Streichelzoo, Waldlehrpfad** und eine **Wetterstation.**

Königstein: Auf diesen Stein baute der König

Sagenhaft ist ein großes Wort – auf die **Königsteiner Burg** trifft es als eine der wenigen in der Region zu: Der Merowinger *Chlodwig* (466 – 511), der „Vater des Frankenreichs" (und damit auch Deutschlands), soll am Burgberg im Traum von einer Jungfrau überzeugt worden sein, Christ zu werden. Da sie ihm versprach, nur getauft könne er die Alemannen schlagen, tat er wie geheißen. Der Rest, sprich der Sieg, ist Geschichte. Dass er aus Dankbarkeit die Burg plus eine Kapelle im Nachbartal errichtete, gehört eher zu den Legenden. Von jener Burg finden sich nämlich erst keine Spuren. Das, was heute über dem reichen Taunusstädtchen wie der Inbegriff einer Burgruine thront, wird in den Anfängen auf das 10. oder 11. Jahrhundert datiert. Mächtig ausgebaut wird Königstein erst von den staufischen Kaisern zum Schutz der Handelsstraße Frankfurt – Köln. Danach wechselte die Herrschaft über dem 1225 erstmals namentlich erwähnten Städtchen mehrfach. Die Eppsteiner Grafen ab 1418 und die zu Stolbergs (ab 1535) begannen, die Burg zu einem prächtigen Residenzschloss umzuformen. Graf *Ludwig zu Stolberg* kamen dann aber wieder wehrhafte Ertüchtigungen hinzu. Die Mainzer Kurfürsten nutzten sie in ihrer Zeit (1581 – 1803) als Festung und Garnison. Das malerisch-ruinö-

Burg Königstein vom Kurbad aus gesehen
© TI Königstein im Ts

BERG & TAL #3

se Aussehen ist einem missglückten Sprengversuch in der Zeit der Revolutionskriege (1796) zu verdanken. Treppenwitz der Geschichte: In der Folgezeit verarmte die Stadt, die heute Synonym für den „reichen Vordertaunus" ist. Den Umschwung brachte der Bau einer Kaltwasserheilanstalt 1851. Der Kurbetrieb nahm Fahrt auf und die Millionäre entdeckten, wie schön es sich von da auf Frankfurt herab schauen lässt.

Anfahrt zur Burg: In der Altstadt-Königstein von der Hauptstraße links ab auf Hintere Schlossgasse; hin und zurück ca. 700 m. Sowohl der Burgturm als auch die meisten Keller sind zugänglich. Aber: Im Frühjahr 2019 zog erstmals ein Uhu-Pärchen seine Jungen in der Burg auf. In der Brutzeit (ab März, ca. 3 Monate) ist das Geländes teilweise gesperrt.

Service-Adressen

eBike-Ladestation

Ladestation und Pannenservice-Station im Hof vom Gimbacher Hof.

Lademöglichkeit auf Anfrage beim Zoo-Restaurant Lodge.

Freizeit & Sehenswertes

Opel-Zoo, Georg von Opel-Freigehege für Tierforschung von Opel Hessische Zoostiftung, Königsteiner Straße 35, 61476 Kronberg im Taunus. © 06173/325903-0, 78670 (Zoopädagogik), www.opel-zoo.de. Bus 261 vom S-Bhf Kronberg bis Opel-Zoo. Winterzeit 9 – 17 Uhr, Sommerzeit 9 – 18 Uhr, Juni – Aug 9 – 19 Uhr. 17 €, in Gruppen ab 20 Pers 16 €; Kinder 3 – 14 Jahre 9,50 €, in Gruppen ab 20 Pers 8,50 €; Ponyreiten (Kinder bis 6 Jahre) 1,50 €, Kamelreiten (Kinder 5 – 13 Jahre) 2 €. Infos: Zahlreiche Aktivitäten mit Kindergärten und Schulklassen wie z.B. Rallyes, Streichelführerschein, Tierpfleger-Gespräche, Kindergeburtstage, Ostereiersuche, Laternenführung im Nov und an Nikolaus; Terminkalender ↗ Internet. Das Füttern der Tiere ist ausschließlich mit dem vom Zoo angebotenen Karotten und Trockenfutter erlaubt und auch nur bei den Tieren, bei denen kein Fütterverbot am Gehege angebracht ist. Gefüttert werden darf im begehbaren Streichelzoo, aber auch bei Ziege, Mufflon, Elefant und weiteren Arten.

Woogtalbad, Forellenweg, 61462 Königstein. ✆ 06174/4620, www.koenigstein.de. Westlich der Burgruine am Ende des Woogtals beim Radweg nach Schneidhain. Mai – Aug (bei gutem Sommerwetter auch länger) Mo – Fr 7 – 20, Sa, So, Fei 8 – 20 Uhr, Kassenschluss 19 Uhr. 5 €, 11er-Karte 50 €, ab 18 Uhr 2,50 €; Kinder 6 – 17 Jahre 2,50 €, ab 18 Uhr 1,50 €; Familiensaisonkarten 1 Erw und 1 Kind 140 €, 2. Erw 50 €; Azubis, Studenten, Schwerbehinderte, Rentner 3 €. Romantisch gelegenes Freibad im Stil der 1920er-Jahre.

Freizeit & Einkehr

Restaurant Lodge (beim Eingang Opel-Zoo), Am Opel-Zoo 3, 61476 Kronberg. ✆ 06173/325350, www.lodge-kronberg.de. Mo – Fr ab 10 Uhr, Sa, So ab 11 – 24 Uhr. Restaurant im Stil einer afrikanischen Lodge mit tollem Blick über die malerische Altstadt von Kronberg auf die Rhein-Main-Ebene. Gehobene Fleisch-Gastronomie.

Restaurant Sambesi (im Opel-Zoo), ✆ 06173/963519, www.sambesi-opelzoo.de. Wie Öffnungszeiten Opel-Zoo.

An der Elefantenanlage mit Terrasse und Kiosk. Einfache Speisen, Veggie- und Kinder-Karte.

Auf den Spielplätzen finden Sie **Grillplätze,** die vorher reserviert werden müssen: ✆ 06173/3259030.

Waldgasthof Gundelhard, Gerhard Winkler, Münsterer Straße 65, 65719 Hofheim-Lorsbach. ✆ 06192/900607, www.waldgasthof-gundelhard.com. Mai – Sep Mi – Fr ab 17, Sa, So ab 11, warme Küche ab 11.30 Uhr, Okt – Apr Di – Fr ab 17, Sa ab 14, So und Fei ab 11 Uhr. Gemütliches Ausflugslokal mit Biergarten unter alten Bäumen, traditionelle (Schnitzel-)Küche mit Salat- und Vesperkarte. Die Gundelhard hat bereits mehrmals am Grüne-Soße-Festival in Frankfurt teilgenommen.

Hof Gimbach, Familie Schiela, 65779 Kelkheim/Ts. ✆ 06195/3241, www.hof-gimbach.de.
Mo – Fr 12 – 24, Sa, So, Fei ab 11 Uhr, Mi Ruhetag.
Der „Gimbi", wie er im Vordertaunus liebevoll genannt wird, ist ein Landgasthof mit Flair, Tradition und großem Biergarten inmitten von Wiesen – wie geschaffen für Ausflügler. Der Apfelwein wird selbstverständlich selbst gekeltert.

Landgasthof Rote Mühle, Modjieb Jamali, 65812 Bad Soden. ✆ 06174/3793, www.landgasthof-rote-muehle.de. Bei 23,26 km scharf links mit Wegweiser zur Rote

Mühle (hin und zurück ca. 1,5 km). 🕒 Apr – Okt Mo – So 12 – 21 Uhr, Nov – Mär Di – So 12 – 21 Uhr.

☒ **Wiesenhof-Ponderosa & Schröders Biohof,** Fam. Schröder, Eschborner Straße 34, 65843 Sulzbach. ✆ 06196/7768033, Handy 0176/ 72784740. www.schroeders-biohof.de. 🕒 Do – Sa 17 – 21, So, Fei 13 – 20.30 Uhr, Hofladen Di, Do 17 – 18 Uhr, Sa 11 – 12 Uhr. pmv-Öko-Tipp! Freiluftlokal inmitten von Koppeln und Wiesen; deftige Schnitzelküche sowie Grill- und Salatteller. Außerdem Bio-Hof mit Legehennen und Rindern.

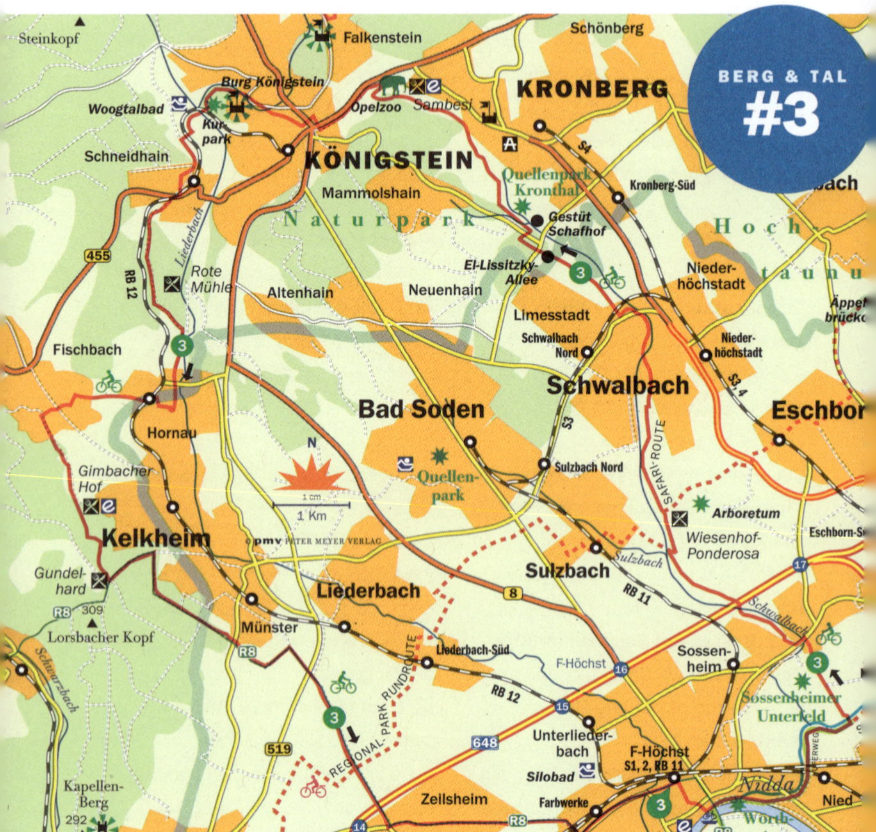

Tour 3: Bergsafari | 39,09 km | 479 hm

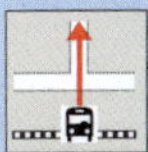
0,00 km
Vom Höchst in **Antoniterstraße**

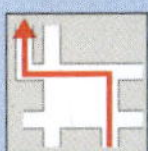
0,32 km
Über **Marktplatz** Höchst in **Kronengasse**

0,60 km
Höchster Schloßplatz: zum Main, dann nach **Nied**

1,14 km
Auf **Grüngürtelradweg** nach **Nied**

1,51 km
Auf **Grüngürtelradweg** nach **Nied**, dann **Rödelheim**

3,56 km
Beginn **Safariroute**: Mit bis **Opelzoo**

4,84 km
Ortsdurchfahrt Sossenheim: folgen (Achtung: teils etwas verdeckt)

7,83 km
Nach **Ponderosa**: Abstecher **Arboretum**, dann weiter **Safariroute**

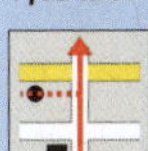
12,00 km
Viergötterstein; nach 500 m Abstecher zur **El-Lissitzky-Allee**, dann weiter

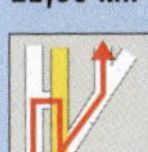
12,90 km
Achtung: knifflige Straßenquerung, kurz darauf in schmalen Pfad

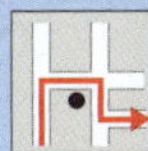
13,27 km
Quellenpark Kronthal; um Wassertretanlage herum weiter bis **Opelzoo**

16,42 km
Über Parkplatz zum Haupteingang **Opelzoo**; dann Radweg neben B455 hoch

17,43 km
Großer Kreisel Königstein: Richtung **Glashütten** (**Frankfurter -, Hauptstr.**)

18,18 km
Auf **Hauptstraße** an Parkplatz vorbei, dann **Schritttempo** in Fußgängerzone

18,41 km
In **Hauptstraße**: Abstecher zur **Burg** möglich; weiter: in **Woogtalstraße**

18,50 km
Ende **Woogtalstraße**: Richtung **Woogtal** und **Schwimmbad** (**Radweg** im Kurpark)

19,34 km
Ende Woogtal: Nach **Schneidhain** (re: Parkplatz **Schwimmbad**)

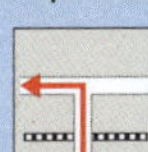
19,86 km
Mit WZ nach Scheidhain

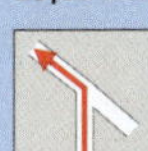
20,57 km
Richtung **Schneidhain** und **Hofheim**

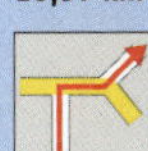
21,07 km
Auf **Wiesbadener Straße**, dann **Kohlweg** und **Am Zankwald** nach **Kelkheim**

21,23 km
Nach **Hornau**, stets Braubachtal abwärts

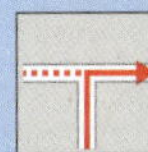
22,98 km
Abstecher links **Rote Mühle**; sonst re. nach Hornau, auf **Rotebergstr.** in Ort

23,92 km
Auf **Hornauer Straße**, dann nach **Fischbach** (**Hermann-Löns-Weg**)

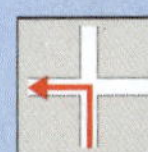
25,41 km
In Fischbach (**Taunusstraße**): zum **Gimbacher Hof** und zur **Gundelhardt**

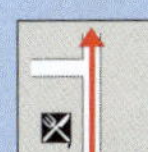
27,36 km
Gimbacher Hof; weiter zur **Gundelhard**

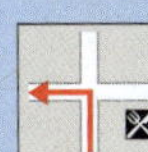
28,67 km
Unterhalb **Gundelhardt**: auf R8 über **Zeilsheim** nach **F-Höchst**

38,81 km
Ende **Hoechster-Farben-Straße**: R8 verlassen und zum **Höchst**

Falls P Opelzoo zu:

15,04 km
Mit links, nach 50 m **nicht** Treppe rechts hoch, sondern Feldweg (Philosophenweg) gerade weiter und hinauf bis auf Radweg parallel zur B455

#4 DIE KLASSIKER IM TAUNUS

Das Profil der Tour spricht Bände. Da können Bergfexe auf dem MTB echt neidisch werden. Und das werden die auch, wenn Sie mit Ihrem eBike lässig an ihnen vorbeirollen und die Höhen des Taunus erklimmen. Die Tour ist noch in einer weiteren Hinsicht fulminant, packt sie doch sämtliche klangvollen Ausflugsziele in einen Tagesausflug. Wer die Anlaufstellen in des Frankfurters liebstem Naherholungsgebiet bisher nicht kannte – die pmv-Tour serviert sie im Dutzend! Ob landgräfliches Bad Homburg, Fuchstanz, Sandplacken, Limes, Hessenpark und Saalburg – es bleibt kein Wunsch offen.

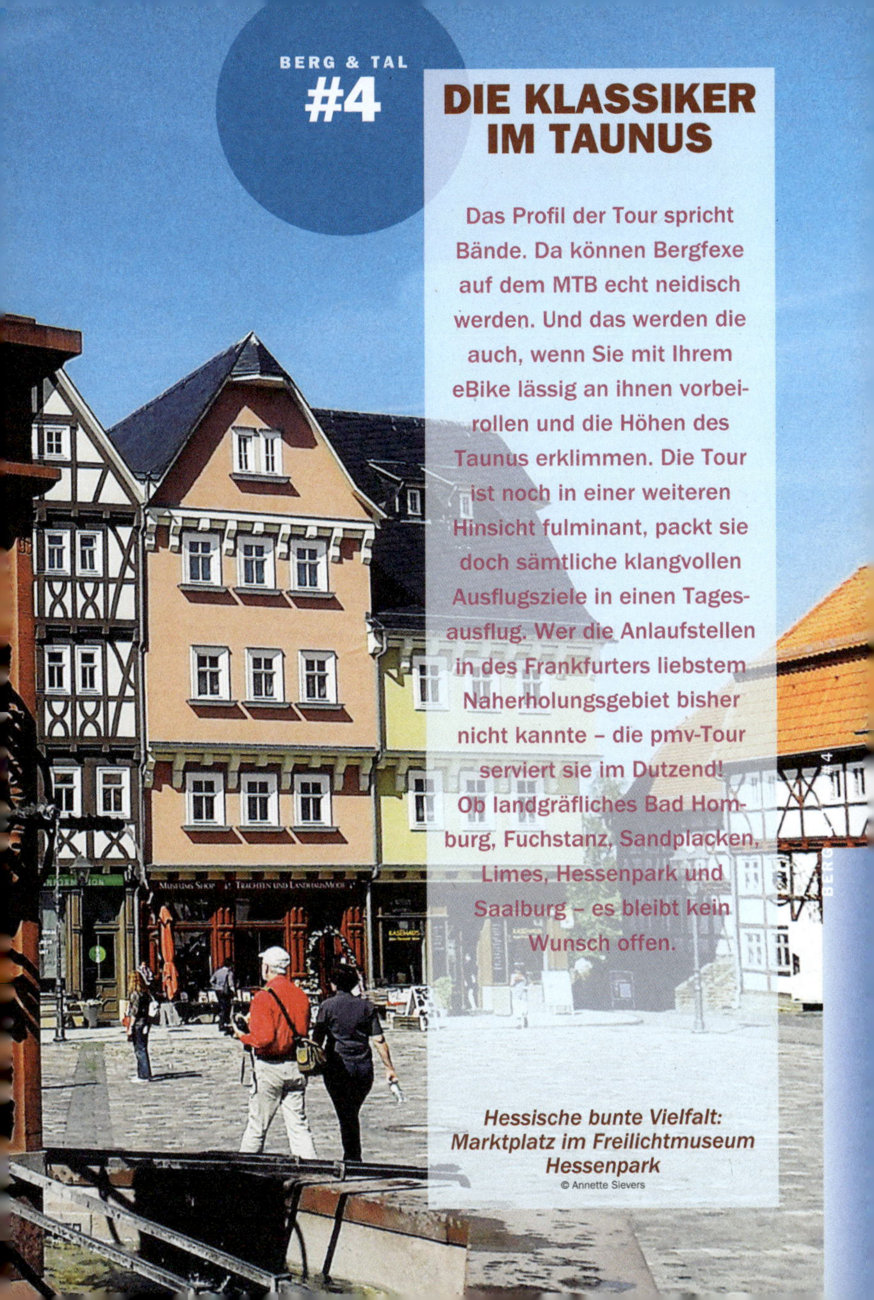

Hessische bunte Vielfalt: Marktplatz im Freilichtmuseum Hessenpark

Berg und Tal mit Garten und Kastell

Sehenswert geht es schon zu Füßen des Frankfurter Hausgebirges los: Mitten durch **Bad Homburgs** Altstadt und am Schloss vorbeiführt der Weg. Dann kurbeln Sie schnurgerade die Tannenallee hinauf in den Wald an der **Landgräflichen Gartenlandschaft** und dem **Gotischem Haus** vorbei. Die gemütliche Querung zur **Hohemark** endet am **Taunus-Informationszentrum,** wo der *Naturpark Hochtaunus* seit 2012 seinen Sitz hat. Danach folgen die anstrengenden Bergabschnitte, nur kurz bei **Falkenstein** unterbrochen und mit dem höchsten Punkt kurz nach dem **Fuchstanz.** Ab da können sich Radler auf die lange Abfahrt zur **Stahlnhainer**

Tourtelegramm Hochtaunus

Start: Bad Homburg Bhf | Ziel: Bad Homburg Bhf

Bad Homburg – Schloss – Altstadt – Kleiner Tannenwald – Tannenwaldallee – Gotisches Haus – Hirschgarten – Hohemark/Taunus-Informationszentrum – Falkenstein – Tillmannsweg – Fuchstanz (Abstecher Feldberg) – Sandplacken – Limesweg – Stahlnhainer Mühle – Hessenpark – Obernhain – Saalburg – Pelagiusplatz – Seulberg – Bad Homburg Kurpark – Bad Homburg

45,44 km | 2:45 Std | Schwierigkeit: ■■■

Profil der Tour: Die Runde mit den Taunus-Klassikern ist nicht so lang wie manch andere Tour. Aber hier schlägt, nach dem Gegenwind, des Radlers zweitliebster Feind zu, der Berg. Doch mit einem guten eBike lassen sich auch knapp 1000 Höhenmeter schaffen. Ganz Harte nehmen noch meine Empfehlung zum Gipfelsturm auf den Feldberg mit. Von den asphaltierten Ortsdurchfahrten abgesehen, ist man auf meist gut geschotterten Waldwegen unterwegs und hat nur eine winzige Schiebestrecke kurz nach der Stahlnhainer Mühle (Wanderpfad im Wald). Sehr aufmerksam und mit der Hand an der Bremse sollten jedoch gerade die längeren Abfahrten angegangen werden: Sind die Wege vom Regen ausgewaschen, wird es etwas holperig

Variante: Kurzer Weg: in Obernhain auf Saalburgstraße links, dann Radwegschildern nach Wehrheim Bhf folgen.

Mühle freuen. All diese Anlaufpunkte im Wald sind übrigens, wie die folgenden Stopps, auch mit einer Möglichkeit zur Einkehr verbunden. Von der Talmühle ist es nur noch ein Sprung zum **Hessenpark,** bevor das Gelände passend zum Höhepunkt **Saalburg** noch mal ansteigt. Mit dem **Pelagiusplatz** weicht die pmv-Tour von bekannten Taunus-Routen ab, um einen der hübschesten Aussichtspunkte des Taunus anzusteuern.

Mehr Höhenmeter? Dann heißt das für ganz Harte mit robustem Rad: Auf zum Gipfelsturm Feldberg! Dazu am Fuchstanz geradeaus bergauf den Schildern bis Parkplatz Windeck folgen, ab da auf Straße bis zum Gipfel. Abfahrt auf der Straße zum Kreuzungspunkt Sandplacken.

▲ 852 hm

RB15, 16, S5 Ffm Hbf – Friedrichsdorf bis Bad Homburg.

Limesradweg, Regionalpark-Rundroute mit Zuwegung Hölderlinpfad.

Ladestationen bei Einkehr und auf Anfrage in der Talmühle, am Fuchstanz und am Sandplacken sowie während der Öffnungszeiten des Taunus-Info-Zentrums. Für Saalburg und Hessenpark ist das noch in Planung.

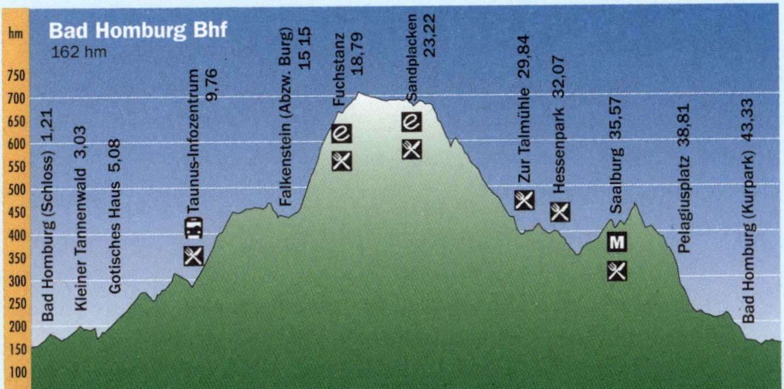

Besichtigungsstopps

Bad Homburg: Für Radler noch viel Champagnerluft nach oben

Die Kreisstadt am Taunushang wurde wesentlich durch zwei Entwicklungen geprägt: Als Sitz der Landgrafen von Hessen-Darmstadt, später der Nebenlinie Hessen-Homburg, sowie durch den Kurbetrieb. Die *Champagnerluft* gehört für die Taunus-Städter ja auch heute noch zum Kern ihrer Eigenwerbung. Beide Aspekte finden sich in der Tour wieder. Berühmt aus dem Herrschergeschlecht wurde *Friedrich II.* (1633 – 1708) als „Prinz von Homburg", dem Protagonisten aus Heinrich von Kleists skandalträchtigem Drama. Er ließ die im frühen 14. Jahrhundert errichtete Burg zum **Schloss** umbauen. Architektonische Pointe ist der kaum veränderte sogenannte **Weiße Turm** inmitten des barocken Ensembles, das in Grundzügen noch heute erhalten ist. Hatten sich die Hessen-Homburger in Napoleonischen Zeiten noch politisch glücklich hervorgetan (sie wurden als einziger deutscher Kleinstaat auf dem Wiener Kongress in der Existenz bestätigt), so schlugen sie sich 50 Jahre später auf die falsche Seite – und wurden 1866 von Preußen vereinnahmt. Zwischen diese Daten fällt auch der Beginn des Kurbetriebs. Ende des 19. Jahrhunderts verliebte sich ein sehr berühmter Gast in das Taunus-Städtchen: *Kaiser Wilhelm II.* Seine Leidenschaft fürs Historische brach sich Bahn im Bau der ↗ **Saalburg.**

> *2019 landete Bad Homburg beim „Fahrradklima-Test", einer ADFC-Umfrage zur Qualität des Radverkehrs, auf dem letzten Platz unter Hessens Kommunen – also: Augen auf und mit viel Champagnerluft in der Lunge den Protest kundtun.*

Fast wie früher bei Landgrafens

Schnurgerade führt die Tannenallee vom Bad Homburger Schloss hinauf in die Taunuswälder. Kein Zufall: Auf der Prachtallee ritten oder kutschierten die gräflichen Damen und Herren, um zu ihren vornehmen Landschaftsgärten zu gelangen. Nach 1866 verwucherte die **Landgräf-**

liche Gartenlandschaft, und erst in den letzten Jahrzehnten wuchs das Interesse an der Landschaftskunst wieder. Mit der Regionalpark-Gesellschaft im Rücken forcierte die Stadt ab dem Jahr 2000 ihre Bemühungen. Für den gartendenkmalpflegerischen Rahmenplan arbeiteten Experten historische Unterlagen auf; *Forstgarten* und *Kleiner Tannenwald* sind schöne Beispiele für gelungene Wiederbelebungen.

Wahrzeichen: Landgrafenschloss Bad Homburg
© Kur- und Kongress GmbH Bad Homburg

Schon in historischen Zeiten war es ein Projekt für Generationen: *Friedrich V.* und seine Gemahlin *Caroline* begannen 1770 mit der Anlage des Grüns, inspiriert durch die seinerzeit höchst modischen Englischen Landschaftsparks. Am Ende war Landgraf *Friedrich VI.* Herr über insgesamt 14 Gärten beiderseits der Allee. Den krönenden Abschluss bildete das **Gotische Haus.** 1828 vom Darmstädter Hofbaumeister *Georg Moller* als Jagdschloss im neugotischen Stil konzipiert, beherbergt es seit 1985 das kulturhistorische Museum der Stadt mit *Münz- und Hut-Museum* (der *Homburger*-Hut stammt von hier) sowie Stadtarchiv und Café. Seit 2020 ist der Betrieb allerdings wegen einer größeren Sanierung ausgelagert. Sieben der Grünanlagen hatten die Gärtner als weiträumig ausgreifende Landschaftsparks angelegt. Dazu gehörten der **Forstgarten** oder auch der tiefer im Wald gelegene **Hirschgarten.** Die dienten aber nicht nur der Erbauung und Erholung nach der Jagd, der Forstgarten war auch Aufzuchtgelände für nicht-einheimische Bäume. Das Kleinod der Gartenlandschaft ist der **Kleine Tannenwald,** der am meisten landgräfliche Lebenskultur versprüht. Besonders erwähnenswert: der Eiskeller. Dort wurde winters in Blöcken geschlagenes Eis eingelagert, um sommers kühle

Drinks servieren zu können. Naja, manchmal hat auch die Moderne mit Strom für Kühlschränke und eBikes ihre netten Seiten ...

Das Tor zum Taunus: Das TIZ an der Hohemark

Trefflicher lässt sich die geografische Besonderheit der **Hohemark** kaum beschreiben. Wo sonst als am westlichen Rand von Oberursel hätte das **Taunus-Informationszentrum** errichtet werden sollen? Denn wer Taunus sagt, meint fast immer die Feldberg-Region. Und zu der gibt es von der Rhein-Main-Ebene her nun mal keinen besseren Zugang als eben jenen bewaldeten Einschnitt im Rücken der Hohemark. Bereits die Kelten wussten das *Urselbachtal* zu schätzen: Sie verschanzten sich rechts und links auf den Bergen, auf *Goldgrube* und *Altenhöfe.* Zur Historie des Ortes, etwa den Anfängen der Oberurseler Mühlen-Wirtschaft, ließe sich reichlich erzählen. Doch das kann das vom *Zweckverband Naturpark* Hochtaunus erbaute Informationszentrum viel anschaulicher. Seit seiner Eröffnung 2012 hat es sich mit seinem vielfältigen Angebot als **Anlaufstelle für Touristen und Freizeitsportler** etabliert. Die Experten vom *Taunus Touristik Service* halten alles Wissenswerte zu Übernachtung, Restauration, touristischen Zielen sowie Erholungsvorschlägen im Bergland zwischen Main und Lahn parat. Aber auch wer nicht gleich hinter dem Haus auf Wander- und Radwegen, zu Fuß, per Mountainbike oder auf vor Ort geliehenem eBike das üppige Grün erkunden will, kommt auf seine Kosten. So betreibt der von sechs Kreisen und der Stadt Frankfurt unterhaltene Zweckverband neben einem Seminarraum eine kleine **Ausstellung.** Die erläutert auf 210 qm Flora und Fauna, erklärt die Herkunft des Taunusquarzits oder animiert zu Studien über die soziologischen Eigenarten des Hintertaunus.

Der Hesse ist museumsreif: Freilichtmuseum Hessenpark

Außerhalb des Bundeslandes mag man das für vermessen halten. Doch nach dem Besuch des **Hessenparks** werden dem wohl nur noch wenige widersprechen. Das riesige **Freilichtmuseum** bringt dem Besucher das gesamte Spektrum des Lebens auf dem Dorf nahe. Mehr noch: Mit den mehr als 100 Gebäuden, darunter zwei Windmühlen, aus allen Teilen

Hessens ist eine einzigartige Schau denkmalgeschützter Architektur entstanden. Geordnet ist sie in sechs Baugruppen, am ausgeprägtesten jene aus Nord- und Mittelhessen; Ost- und Südhessen sind eher schwach vertreten. Hinzu kommen als thematische Gruppierung die Werkstattgebäude.

Gewiss, die Fachwerkhäuser würden an den Ursprungsorten noch viel authentischer wirken. Doch um sie vor Abriss oder Verfall zu schützen, ist der Park eine gelungene Alternative. Zumal sie hier umfassend erklärt und noch dazu von **Handwerkern** belebt werden, die wie anno dunnemals arbeiten: Blaufärber, Töpfer, Flechter, Schmied und Köhler, denen man zuschauen, in Workshops mitmachen oder ihre Produkte erwerben kann. Dazu kommen eingerichtete Häuser, etwa der **Kolonialwarenladen** am Marktplatz (Eingangsbereich, kein Eintritt), ein **Kaufmannsladen** wie in den 1950er-Jahren oder die **Gute Stube** aus den 1920er-Jahren. Zwischen den *Dörfern* wird nach alten Verfahren Getreide angebaut und Vieh gehalten.

Der 1974 von der Landesregierung gegründete Park erfüllt zudem Forschungszwecke, so sollen traditionelle Bautechniken bewahrt werden. Über die Jahre wandelten sich zudem die „Extraaufgaben“ die der Park übernimmt. So gab es früher eine **Storchenstation** – doch da die Zahl der Brutpaare in den letzten Jahren ja unübersehbar zugenommen hat, hat sich Meister Adebar aus dem Hessenpark verabschiedet.

Das Kastell aller Kastelle: Die Saalburg

Die Saalburg ist etwas Einzigartiges. Das allerdings weniger, weil sie eine strategisch einzigartige Funktion im gewaltigen Bollwerk des Limes gehabt hätte. Es ist vielmehr der fast komplette Nachbau dieser Wehranlage, der bleibenden Eindruck hinterlässt. Erst die Saalburg, wiewohl unter Historikern nicht unumstritten, macht die „ollen Römer“ erfahrbar. Den letzten Anstoß zur Rekonstruktion gab Kaiser *Wilhelm II.* im Jahr 1900, der bei einer Ausgrabung 1870 Feuer für die Historie gefangen hatte. Erste Grabungen hatte zuvor bereits 1747 *Elias Neuhof* unternommen, der die im Endstadium zum Kohortenkastell ausgebaute Anlage als „römische Schanze“ bezeichnete. Durch sein Wirken entwickelte sich der

Sinn für die Schutzwürdigkeit des Bauwerks, das zuvor als Steinbruch genutzt worden war. Wichtigste Station aber war die Erforschung des gesamten **Obergermanisch-Raetischen Limes** durch die Reichs-Limes-Kommission ab 1892 unter Leitung von *Theodor Mommsen.*

Die ersten Bauten (die sogenannte Schanze A) entstanden wohl um 83 n. Chr., 50 Jahre später waren erst Schanze B, dann das eigentliche Kastell hinzugekommen. Auf dem gut 3 Hektar großen Areal dürften rund 1000 Mann stationiert gewesen sein. Zunächst nur ein Erdkastell, wurde der Bau in der zweiten Hälfte des 2. Jahrhunderts zu jenem Steinkastell, das die Passhöhe zum Usinger Becken gegen die Chatten sicherte. Das **Museum** erfüllt auch wissenschaftliche Funktionen. Maßstäbe aber setzt es mit dem 2008 beendeten großen Umbau. Außen das Kastell mit Umwehrung, zogen in die aufgebauten Funktionsgebäude Museumsstücke ein. Fahnenheiligtum, Stabs- und Komandantengebäude, Getreidespeicher oder Mannschaftsbaracken erzählen sehr plastisch vom Leben der Römer und ihrer Kriegstechnik. Museumspädagogische Angebote runden die Ausstellung ab.

Zu schön, um Natur zu sein: Aussichtspunkt Pelagiusplatz

Der **Pelagiusplatz** mit der kleinen Schutzhütte wurde schon 1863 angelegt. Der Homburger Wanderverein „Samstagsgesellschaft“, ein Vorläufer des Taunusklubs, öffnete die Sichtachse, die über Bad Homburg hinweg auf Frankfurt zielt. Alljährlich am *Pelagiustag* (28. August) zogen die Wanderfexe dort hinauf. *Pelagius* war ein aus Britannien stammender Mönch (gestorben 418), der in theologischen Streit mit *Augustinus* geriet. Seine Anhänger hießen Pelagianer. Ob unter den Homburger Naturfans solche waren, ist nicht überliefert. Und was die wackeren Wandersleut’ seinerzeit auch nicht wissen konnten: Dass sie regelrecht einen grünen Bilderrahmen für Frankfurts Skyline schaffen würden. Laubumkränzt ist die markanteste Stadtsilhouette Deutschlands allemal ein Foto wert. Wenn nicht, ja, wenn nicht der ewige Dunst

Der Pelagiusplatz ist mein Lieblings-Ausguck auf die Frankfurter Skyline. Mehr als eine von meinen Radtouren führt hier vorbei.

darüber läge. Was mit bloßem Auge problemlos zu unterscheiden ist, verschwimmt beim Fotografieren an vielen Tagen zu einem einzigartigen Hochhaus-Brei. Na, sei's drum. Grund genug also, den Augenblick zu genießen und das Bild ohne Hilfsmittel im Gedächtnis zu bewahren. Zumal das Panorama ja nicht bei Frankfurt endet und der Blick über Maintal, Odenwald und Rheintal bis zum Donnersberg schweift.

Vom Heilwasser zum Spieltisch: Kurze Wege in Bad Homburg

1834 entdeckte der ortsansässige Arzt *Eduard Christian Trapp* die **Elisabethenquelle.** Mit dem **Kurbetrieb** in Bad Homburg, der dank zahlreicher Wässer auf engstem Raum schnell florierte, ging auch der Ausbau der Infrastruktur voran. Kursaalgebäude und **Spielbank** entstanden 1841/42. Die Betreiber, die französischen *Zwillingsbrüder Blanc,* äußerten sich zwar herablassend über das „Drecksnest" am Taunus, dennoch wurde es bald zum international und vor allem vom russischen Adel geschätzten Bad. Da die gewieften Blancs später auch an der Côte d'Azur die Spieltische beherrschten, gilt Bad Homburg bis heute als „Mutter von Monte Carlo". Die pmv-Tour führt durch den 44 ha großen am Ostrand der Innenstadt gelegenen **Kurpark,** der im englischen Landschaftsstil von *Peter Joseph Lenné* angelegt wurde. Geologisch spannend: Die vielen im unteren Teil des Parks zu Tage tretenden Brunnen sind trotz räumlicher Nähe teils sehr unterschiedlich mineralisiert.

Service-Adressen

eBike-Ladestationen & Infostelle

Auf Nachfrage im Taunus-Infozentrum und Hessenpark, bei Einkehr im Restaurant Sandplacken, in der Talmühle und auf dem Fuchstanz.

Taunus-Informationszentrum, Taunus Touristik Service e.V., Hohemarkstraße 192, 61440 Oberursel. © 06171/50780, www.taunus.info. Bus 50, 51, 57, 245, U3 bis Oberursel-Hohemark. Mai – Okt Di – Fr 10 – 16 Uhr, Sa und So 10 – 18 Uhr, Nov – April 10 – 15, Sa und So 10 – 16 Uhr; **Restaurant Waldtraut** täglich 11.30 – 22 Uhr. www.das-waldtraut.de.

Ausstellung zu Flora, Fauna und der Soziologie des „Hinterwäldlerischen“. Außerdem gibt es eine **Kletterwand** und das **Restaurant Waldtraut.** **eBike-Verleih** voraussichtlich erst ab 2023, dann auch eMTB. Akku laden für Besucher auf Anfrage möglich.

Freizeit & Sehenswertes

Freilichtmuseum Hessenpark GmbH, Laubweg 5, 61267 Neu-Anspach. ✆ 06081/588-0, www.hessenpark.de. Taunusbahn bis Wehrheim Bhf, von dort RMV-Bus 63. Vom Bhf Wehrheim ausgeschilderter, etwa 5 km geteerter Radweg ohne Steigungen über Wehrheim-Obern-

hain. März – Okt täglich 9 – 18 Uhr, Nov – Feb Sa, So, Fei 10 – 17 Uhr, Einlass bis 1 Std vor Schließung. 9 €, in Gruppen ab 10 Pers 8,50 €; Kinder ab 6 Jahre, Schüler, Studenten, Azubis, Grundsicherungsempfänger 1 €. Familienkarte 18 €, halbe Familienkarte 9 €, Feierabendtarif (ab 16 Uhr): Erw 4,50, Gruppen

4 €/3,50 €, Pers mit Ermäßigung 0,50 €.

Mehr als 100 Gebäude bieten einen guten Überblick über die ländliche Entwicklung Hessens.

Ladestationen für eBikes in Planung (Stand Sommer 2022); diverse Adressen am Marktplatz mit Möglichkeit für Stromanschluss.

Römerkastell Saalburg, Am Römerkastell 1, 61350 Bad Homburg. ✆ 06175/9374-0, www.saalburgmuseum.de. März – Okt 9 – 18, Nov – Feb Di – So 9 – 16 Uhr, 24. und 31. Dez geschlossen. Letzter Einlass 30 Min vor Schließung. 7 €, Familienkarte 14 €; 3 €; Gruppen (Erw) 5 € pro Per, 5 €, Kinder (6 – 17 Jahre) 3 €, in Gruppen 2 €. Infos: Kombiticket Römerkastell Saalburg und Keltenwelt am Glauberg: Erw 9 €, ermäßigt 7 €, Kinder 5 €.

Ladestation ist von der Stadt Bad Homburg bereits geplant, aber noch nicht realisiert.

Museumscafé Taberna, Sami Xhaferi, Am Römerkastell 1, 61350 Bad Homburg v.d.H. ✆ 06175/797125, www.saalburgmuseum.de/besuch/taberna. März – Okt Di – So 10 – 18, Nov, Dez, Feb Di – So 12 – 16 Uhr.

Spezialität: antike römische oder zeitgenössische Küche. Die Taberna befindet sich im Museum, daher Zutritt nur mit Eintrittskarte möglich.

Unterkunft & Einkehr

Restaurant Hirschgarten, Ivica Baric, Elisabethenschneise, 61350 Bad Homburg. ✆ 06172/ 9976-88, www.hirschgarten-badhomburg.de. Mi – So 12 – 21.30 Uhr. Restaurant in historischem Haus mit Terrasse und angeschlossenem Wildgehege. Beliebtes Ziel bei Familien, da es auch einen Minigolfplatz gibt.

Restaurant Sandplacken, Adrian Apolzan, Sandplacken 2, 61389 Schmitten-Sandplacken. Handy 0152/18548892. http://sandplacken.com. Bus 57 bis Sandplacken. Restaurant und Terrassencafé Sommer Mo – Sa 12 – 22, So, Fei 11.30 – 21 Uhr, Winter So – Do 12 – 21, Fr, Sa 12 – 22 Uhr. Rustikales Restaurant und Café mit Außenterrasse, deftige deutsche und rumänische Küche mit viel (Grill-) Fleisch. Sa, So mit offenem Grill.

Forellengut, Rolf Herzberger, Obeliskenschneise, 61440 Oberursel-Oberstedten. ✆ 06172/35119, forellengut-herzberger.de. Gaststätte Sa, So, Fei 11 – 18 Uhr, Fischverkauf Mo – Sa 9 – 16, So, Fei 9 – 11 Uhr.
Gasthaus mit Gartenwirtschaft mitten im Wald, eigene Fischzucht, Wildschweingehege. Ausgangspunkt für Wanderungen im Homburger Wald.

Wirtshaus Zum Adler, Freilichtmuseum Hessenpark GmbH, Laubweg 1, 61267 Neu-Anspach. ✆ 06081/9498969, https://hepagastro.de. Mo – So 11 – 18, Hotelgastronomie bis 22 Uhr.
Hessischen Spezialitäten am Museums-Marktplatz. Abendgastronomie im Hotel (Marktplatz 11).

Zur Talmühle, Stahlhainer Mühlen, Wolfgang Rühl, Heidelore Priester, 61267 Neu-Anspach. ✆ 06081/ 8305, www.zurtalmuehle.de. Mi, Do ab 11.30, Fr ab 16, Sa, So ab 10.30 Uhr, jeweils bis 22 Uhr. Mo, Di Ruhetag.
Zu der guten bodenständigen Küche mit Grüner Soße und Schnitzel passt der selbst gekelterte Apfelwein. Schlacht- und Wildessen im Herbst und im Winter.

Waldgaststätte Fuchstanz, Dietmar Meister, Tillmannsweg, 61462 Königstein. ✆ 06174/21223, www.fuchstanz-meister.de. Sa, So, Fei 10 – 17 Uhr, bei „schönem Wetter und Schnee“ Kiosk auch Mi – Fr. Der Treff für Wanderer, Radler und Rodler im Hochtaunus, an schönen Tagen entsprechend voll. Für Eilige gibt's auch einen Kiosk.

Tour 4: Hochtaunus | ■■■ | 45,44 km | 852 hm

- **0,00 km** – Vom Bahnhof zum Schloss über **Marienbader Platz** in **Schöne Aussicht**
- **1,20 km** – Vor Bad Homburger Schloss: in **Löwengasse**, dann auf **Schulberg**
- **1,86 km** – Auf **Hindenburgring**, dann in **Leopoldsweg**
- **3,03 km** – Kleiner Tannenwald im Park: Schieben! oder Weg **Am Kleinen Tannenwald** folgen
- **3,38 km** – In **Mariannenweg**, **Kreuzallee**, dann **Tannenwaldallee** immer bergan
- **6,65 km** – 300 m hinter Hirschgarten: Richtung **Oberursel**
- **7,71 km** – Nach **Hardertsmühle**: **U-Bahn Hohemark** (Radwegschilder bis Taunus-Infozentrum)
- **9,74 km** – Taunus Informations-zentrum: weiter auf **Alfred-Lechler-Str.**
- **10,12 km** – Vor **Klinik Hohe Mark** in **Friedländer Str.**, dann **Falkenstein**
- **14,36 km** – Am **Friedhof** Falkenstein: in **Hohemarkstraße**
- **14,98 km** – In **Feldbergstraße**, dann am Denkmal in **Reichenbachstraße**
- **15,15 km** – In **Reichenbachstr.** aus dem Ort und stets Tal aufwärts (li.: Weg zur **Burg Falkenstein**)
- **17,75 km** – Zum **Fuchstanz** (Tillmannsweg)
- **18,79 km** – Am **Fuchstanz**: zum **Sandplacken**; am Ende: Weg parallel zu Straße
- **23,22 km** – Am **Sandplacken**: über Ampel zur **Saalburg**
- **25,58 km** – Richtung **Butzbach**, über -Weg, an T-Stück bergab (ohne Schild), dann **Usingen**
- **26,54 km** – Große Kreuzung im Wald: weiter bergab, verlassen! (Schild geradeaus)
- **29,34 km** – Am Waldrand: Mit WZ ins Tal hinunter
- **29,84 km** – Am **Talmühle**: WZ bis Hessenpark folgen (im Wald: 50 m Schiebestrecke!)
- **32,07 km** – Nach **Hessenpark**: von Straße abbiegen nach **Obernhain**
- **33,20 km** – Ende Straße **Zur Thalmühle**: auf **Saalburgstraße** zur **Saalburg**
- **35,57 km** – Haupteingang Saalburg
- **35,73 km** – Auf Brücke über B456 Richtung **Bahnhof Saalburg**
- **36,06 km** – Radweg verlassen! Steiler Weg bergauf, oben mit WZ Hauptweg folgen
- **39,22 km** – 400 m nach Pelagiusplatz: weiter ; nach **Friedberger Str** immer geradeaus
- **42,20 km** – Abzweig am 2. Schild **Kurpark Stadtmitte** dann **Philosophenweg** stets bergab
- **43,32 km** – Ende **Philosphenweg**: in Kurpark
- **43,65 km** – Historischer Kurpark (am **Schwedenpfad**): in **Paul-Ehrlich-Weg**
- **44,07 km** – In **Kisseleffstraße** und an Spielbank vorbei
- **44,57 km** – Auf **Kaiser-Friedrich-Promenade**, dann **Ferdinandstr.** bis Bahnhof

WO DIE BABYS DER STÖRCHE HERKOMMEN

Der Ausflug in die östliche Wetterau ist eine Einladung, um in die Wasserwelten der Region abzutauchen. Klar, den Start- und Zielort Bad Vilbel verbindet man in Rhein-Main unmittelbar mit Mineralwasser, der Festspiel-Wasserburg und dem Fluss Nidda. Aber ein Wassermosaik und ein Geysir? Malerisch geht es weiter mit einer zweiten, geheimnisvollen Wasserburg. Über die Hohe Straße gelangen Sie zu den Storchen-Auen an der Nidder und schließlich an die Nidda zurück. Dabei gerät der Ritt zurück nach Vilbel zum lebendigen Lehrbuch. Der Lehrstoff? Flussrenaturierung von ihrer schönsten Seite.

Die Störche sind zurück: In der Wetterau kann man sie auf den Feldern sehen

Hohe Straße, tiefe Wasser

Der **Nidda-Radweg** gehört zu den beliebtesten Routen der Region. Deshalb wissen viele: Bei Gronau fließt die *Nidder* in die *Nidda.* Aber diese beiden Flüsse, die den gesamten Südosten der Wetterau prägen, in einer Tour zu vereinen – das ist gar nicht so einfach, da sie alsbald nach Norden respektive Osten auseinander streben. Der pmv-Tour gelingt die Verbindung mit einer hübschen Traverse, die nach dem Wendepunkt bei **Altenstadt** drei sehenswerte Sakralbauten ansteuert: **Kloster Engelthal,** die herzige **Wallfahrtskapelle Maria Sternbach** und – als kurzer Abstecher –

Tourtelegramm Niddaland

Start: Bad Vilbel Bhf | Ziel: Bad Vilbel Bhf

Bad Vilbel – Hassia/Radio FFH – Nidda – Wasserburg – Wassermosaik – Bibliotheksbrücke – Altstadt Bad Vilbel – Skulptur Weg der Tiefe – Gronau – Niederdorfelden – Wasserburg – Hohe Straße – Lausbaum – Galgenschaukel – Vogelnestschaukel – Wartbaum – Windecken – Nidderaue – Eichen – Höchst – Altenstadt – Kloster Engelthal – Wallfahrtskapelle Maria Sternbach – Nidda – Assenheim – Ilbenstadt – Okarben – Karben – Nidder-Mündung – Dortelweil – Dottenfelder Hof – Artesische Quelle – Bad Vilbel

67,63 km | 3:40 Std | Schwierigkeit: ■■■

Profil der Tour: Eine Tour, die auf weiten Teilen die Premiumeinrichtungen der Region für Velofans nutzt! Ob Nidda-Radweg, Regionalpark-Rundroute, Hohe Straße oder Hessischer Bahnradweg – sie sind alle bestens befestigt und beschildert. Etwas rumpelig wird es nur kurz hinter Altenstadt auf dem Weg zum Kloster Engelthal. Auf der ruhigen Waldpassage bis kurz vor die Nidda fahren Sie auf gepflegten Forstwegen. Die insgesamt drei Anstiege sind mäßig steil, und so sollte man nur, neben der Länge der Tour, im Blick haben, dass es zum größten Teil übers offene Land (Sonne!) geht.

Variante: Verkürzter Weg: in Altenstadt, Assenheim oder Windecken in die Bahn.

den „Wetterauer Dom“, **Kloster Ilbenstadt.** Bei dem großen Dreieck nehmen Sie im ersten Drittel zudem ein Stück **Hohe Straße** unter die Reifen, das mit fotogenen Wegmarken (Landschaftskunst, historisch bedeutsame Bäume) gespickt ist. Das Spannendste auf dem letzten Drittel, dem Nidda-Radweg, sind gewiss die vielen **Renaturierungsprojekte.** Laune macht aber auch die Stippvisite am dritten prägenden Fluss dieser Landschaft, der *Wetter,* sowie die – optionale – Einkehr (und Einkauf) auf dem **Dottenfelder Hof.**

▲ 524 hm

RE, RB, S6 Ffm Hbf – Friedberg, weitere Anschlüsse Glauburg, Windecken und Altenstadt und Assenheim.

Regionalpark: Niddaroute, Rundroute und Hohe Straße; R4, Hessischer Bahnradweg, Vulkanradweg, Deutscher Limesradweg.

Die Lademöglichkeiten bei dieser Tour sind alle nur mit (sehr) kleinen Abstechern von der Route erreichbar. Das gilt für die Restaurants in Nidderau und in Altenstadt sowie die zahlreichen Einkehrmöglichkeiten entlang der Nidda ebenso wie für das Kreilings-Höfchen in Bad Vilbel. Für alle gilt: bei Einkehr und auf Anfrage.

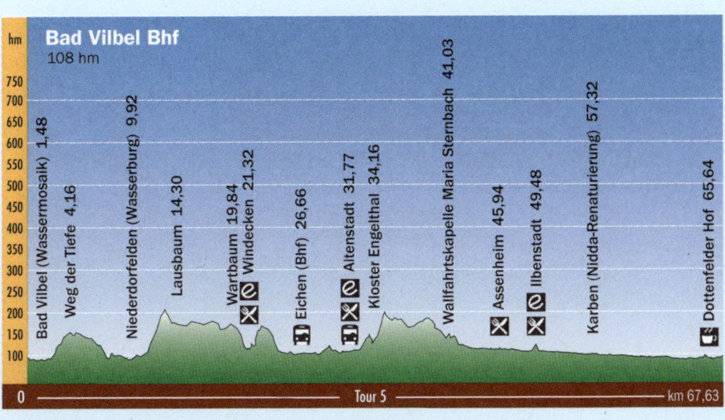

Besichtigungsstopps

Ohne Wasser geht hier nichts: Bad Vilbel

Das Fleckchen Erde am Niddaknie hat sie schon alle angelockt: Von den Bandkeramikern über die Kelten, Germanen und Römer bis zu den spätantiken Burgunden ließ man sich gerne dort nieder, wo heute **Bad Vilbel** liegt. Einer der wesentlichen Gründe dafür: Die Salzquellen, die namentlich erstmals bei Kaiser *Ludwig dem Frommen* 817 auftauchten. Die spektakulärste menschliche Hinterlassenschaft aber stammt von den Römern: Bei Bauarbeiten zur Main-Weser-Bahn 1848/49 wurde ein **Mosaik** entdeckt, das in Hessen einzigartig ist und zu den bedeutendsten seiner Art in Deutschland zählt. Aufgrund der Größe kann es zu keinem Privatbesitz gehört haben – aber ob es ein öffentliches Bad bzw. einen staatlichen Heilthermenbetrieb zierte, ist unklar. Die Bildfläche mit den Maßen von 4,78 x 7,06 m befand sich zentral im Badesaal und war einst mit Wasser überspült, im Mittelpunkt steht die Maske des Meeresgottes Oceanus. Was heute im Pavillon direkt an der pmv-Radtour zu sehen ist, ist eine Replik, gesponsort von der Firma **Hassia.** Den zweitgrößten deutschen Marken-Mineralbrunnenbetrieb kennt wohl jeder Hesse, und in Vilbel ist das im Jahr 1900 gegründete Unternehmen omnipräsent. Und so auch, zusammen mit dem Regionalpark Rhein-Main, für die Gestaltung rund um den Bad Vilbeler **Geysir** verantwortlich. Wobei der Römerbrunnen kein Geysir, sondern eine *artesische Quelle* ist: In pulsierenden Stößen schießt auf-

Römische Fantasie: Einer der Gefährten von Oceanus

grund des hohen geologischen Drucks Wasser aus einer Tiefe von 287 m an die Erdoberfläche.

Zwischen dem Mosaik und dem Hassia-Sitz haben Sie auf der Tour die beeindruckende **Vilbeler Wasserburg** passiert, die Zeugnis ist für die wechselhaften Zeiten im Mittelalter. Das 774 erstmals in einer Schenkungsurkunde des Klosters Lorsch erwähnte Vilbel unterstand lange der Familie von Hagen-Münzenberg. Die Burg aus dem 11. oder 12. Jahrhundert ersetzte wohl ein Gehöft aus den Zeiten der Karolinger. Als Sitz des Raubritters *Bechtram von Vilbel* bot sich die Lage ideal an, um hohe Zölle zu kassieren. Was die Nachbarn – die Stadt Frankfurt und die Landesherren von Falkenstein und Hanau – derart erboste, dass sie die Burg 1399 zerstörten. Falkensteiner und Hanauer bestimmten in der Folge die Geschicke des Ortes, die Burg baute im 15. Jahrhundert *Werner von Falkenstein* wieder auf. Nach den machtpolitischen Umwälzungen der napoleonischen Zeit verfiel sie zusehends – bis 1955 die junge Kurstadt sie erwarb. Von da bis zu den 1987 ins Leben gerufenen **Burgfestspielen** war es aber noch ein weiter Weg.

Der Schwenk durch die Stadt wäre unvollständig ohne die **Bibliotheksbrücke.** Bevor sie 2013 stand, gab es heftigste Auseinandersetzungen zwischen Bürgern und Politikern. Wer heute die großartig aufgewertete alte Stadtmitte samt dem angrenzenden ehemaligen *Zentralparkplatz* sieht, kann nur sagen: Gut, dass sich in dem Fall mal die Obrigkeit gegen die Bürger durchgesetzt hat! Die einstige Brachfläche mitten im Ort ist heute eine schön gestaltete Begegnungsstätte. Und wie um der Politik einen kurzen Gruß zu entbieten, radeln Sie durch die schmucke Frankfurter Straße mit fränkischen Fachwerkhäusern bis zum **Alten Rathaus** von 1498.

Ein Zeitenritt durch 460 Millionen Jahre: Weg der Tiefe

Der 2009 eröffnete **Weg der Tiefe** verbindet Bad Vilbel mit der Hohen Straße. Sichtbarstes Zeichen ist die gewaltige, aus sechs Cortenstahl-Platten gefügte **Skulptur** am Rande des Wäldchens: Ein Ort, an dem Zeit greifbar wird. 4,6 Milliarden Jahre existiert die Erde – aber jeder der 23 Meter Stahl steht nur für 20 Millionen Erdjahre. Weshalb? Weil in dem Zeitraum das Leben auf der Erde entstand. Und der Mensch, der sich gern als Krone der Schöpfung begreift, wuselt gerade mal auf den letzten 2 Sekunden dieses Zeitstrahls herum. Da überkommt einen eine gewisse Demut. Wer hier von der *Erdneuzeit* bis zum *Silur* in die Vergangenheit zurückschreitet, kann viel lernen über den Boden, auf den er gerade die Füße setzt. Denn der besteht nicht bloß aus einer Masse Lehm und Sand. Vielmehr haben sich im Laufe der **Jahrmillionen** die verschiedensten Schichten übereinander gelagert. Mal quoll Magma aus dem Erdinnern, dann wieder lagen Ozeane über der Landschaft. Darin lagerten sich beispielsweise Sande ab, die, unter gewaltigem Druck, zu einer Gesteinsschicht verpresst wurden. Wenn all das bei der Verschiebung der Erdplatten schließlich noch kräftig gestaucht und gequetscht wird oder plötzlich, wie beim *Oberrheingraben,* ein gewaltiges Gebiet in vergleichsweise kurzer Zeit kilometertief absinkt, dann können so besondere Verhältnisse wie in Bad Vilbel entstehen. Denn die reichhaltige **Quellenlandschaft** beruht schlicht darauf, dass es am Rande des zur geologischen Einheit Oberrheingraben gehörenden Gebiets Verwerfungen gegeben hat. An solchen Bruchstellen hat dann das Wasser einen Weg aus der Tiefe finden können.

Mückentümpel mit Historie: Niederdorfelden und seine einstige Wasserburg

Das putzige Inselchen mit dem mückenreichen Wassergraben drumherum und den Mauerresten der **Wasserburg Dorfelden** darauf ist Geburtsort eines der mächtigsten Herrschergeschlechter der Region: der *Grafen von Hanau.* Die fingen als eher unbegüterte Herren von Dorfelden an – wobei der Ort schon 767 als *Turinfelde* im Lorscher Codex, die Burg aber erst 1234 urkundlich erwähnt wird. Sie beerbten die Herren von Buchen (wahrscheinlich mit Sitz auf Burg Wachenbuchen) und teilten Land und Gebäude. *Reinhard III.* übernahm *Burg Hagenowe,* sein Nachkomme *Reinhard I.* nannte sich *von Hanau.* Wichtig war die Dorfelder Burg bis ins Hochmittelalter, da die Kurfürsten aus dem Osten des Reiches Quartier machten, wenn sie zu Wahl (und später Krönung) des Königs nach Frankfurt reisten. Später verfiel die Burg zusehends und war Steinbruch für die Bauern aus der Nachbarschaft.

Blick Richtung Wachenbuchen: Die lila blühende Phacelia ist für Bienen und Radler ein Hingucker
© Alexander Kraft

Nonnen für die Schöpfung: Kloster Engelthal

Die **Abtei Kloster Engelthal** geht auf eine Stiftung der *Ritter von Buches und Karben* im Jahr 1268 zurück. Es unterstand bis zu seiner Auflösung 1803 dem *Kloster Arnsburg* und gehörte wie dieses dem Orden der Zisterzienser an. Der heutige Bau ist jüngeren und in einem bemerkenswerten Teil allerjüngsten Datums: Prägend für den Gesamteindruck ist der Wiederaufbau im spätbarocken Stil – nach der völligen Zerstörung im Dreißigjährigen Krieg besiedelten die Nonnen erst zwischen 1666 und 1750 wieder das in eine Mulde sich schmiegende Areal. 1962 zogen in das vom Bistum Mainz zehn Jahre zuvor erworbene Kloster 20 **Benediktinerinnen** ein. Sie begannen, das Haus samt einem neuen Anbau auf eine **ökologische Basis** umzustellen. Erdwärme, Photovoltaik-Anlage und Baumaterial aus heimischen Vorkommen sind Leitmotiv für die Schwestern, die sich „als Christinnen dem Schutz und der Pflege der uns anvertrauten Schöpfung besonders verpflichtet fühlen. Tages- und sogar Übernachtungsgäste sind willkommen.

Kirche ohne Dorf: Maria Sternbach

Der erste Vorläufer der **Wallfahrtskapelle Maria Sternbach** wird schon 778 in einer Urkunde des iro-schottischen *Abtes Beatus* erwähnt. Erbaut wurde sie möglicherweise von den Gaugrafen der Wetterau. Die heutige stammt aus dem 12. Jahrhundert und ist der dritte Bau; um ihn bildete sich das Dorf Sternbach. Von dem ist erstmals 1231 die Rede, heute ist es völlig verschwunden – ein eigenartiges Gefühl, wenn man seinen Blick durch den dichten Wald beim Gotteshaus schweifen lässt. Erhalten blieb nur als Wallfahrtsort das Kirchlein, gewidmet dem heiligen Gangolf. Der Bau weist Reste aus romanischer Zeit auf, wie die vermauerte Rundbogenpforte und das kleine Fenster in der Südwand des Kirchenschiffes, womit das eckige Langhaus als ältester Teil zu erkennen ist. Größere Bautätigkeiten stammen aus gotischer Zeit, der Choranbau etwa stammt laut einer Inschrift von 1455. Eher putzig muten einen späteren Veränderungen an wie die Vorhalle des Langhauses aus dem 18. Jahrhundert, die an den Schweizer Chaletstil erinnert.

Der Erhalt von Maria Sternbach dürfte einer bis heute geübten Wallfahrt am Himmelsfahrtstag zur „Wundertätigen Mutter Gottes von Sternbach" zu verdanken sein. An solchen Tagen ist die Kirche auch geöffnet (2. Juli und 15. Aug). Infos und Termine: www.dcms.bistummainz.de, dort unter Dekanat Wetterau-Ost, Pfarrei Wickstadt.

Der „Dom" über der Nidda: Die Kloster-Kirche von Ilbenstadt

Eine ziemlich gewaltige Anlage für so einen kleinen Ort, die einem droben auf dem Hügel begegnet: **Kloster Ilbenstadt.** Aber das ist kein Wunder, schließlich geht der beeindruckende Bau auf ein 1122 begonnenes Prämonstratenser-Kloster mit Basilika zurück, das als ältester geistlicher Bau der Wetterau gilt. Anlass für die Errichtung von Ober- und Unterkloster (oben saßen die Männer, im Tal die Frauen) war eine Schenkung der Brüder *Gottfried* und *Otto von Cappenberg.* Unterstützt vom Mainzer Erzbistum, blieb Ilbenstadt nach der Reformation eine katholische Insel in der

Wetterau und wurde 1657 sogar zur Abtei erhoben und anschließend barock ausgebaut. Zuvor war die 1159 geweihte Kirche *Maria, St. Petrus und Paulus* zunächst von den Mansfelder Truppen verheert worden, doch die katholischen Befreier gingen mindestens genauso martialisch vor, so sollen sie den Propst zu Tode gefoltert haben. Die Kirche ist, obwohl innen praktisch all ihres kostbaren Inventars beraubt, immer noch eindrucksvoll. Da Papst Pius XI. sie 1929 zur *Basilica minor* erhob, heißt sie im Volksmund *Wetterauer Dom.*

Alteingesessen und noch voll dynamisch: Dottenfelder Hof

Wenn es einen Hof gibt, der in der Region für biologisch-dynamischem Anbau steht, dann der **Dottenfelder.** Die ersten Versuche in der Richtung gab es übrigens schon von 1946 bis '58! Die Geschichte des heutigen Betriebs beginnt 1968. Ausgehend von fünf Familien, gründete sich 1974 die *Landbauschule Dottenfelderhof* als Verein (der heutige Besitzer) und 1981 eine Landwirtschaftsgemeinschaft mit 150 Mitgliedern. Ziel ist es zum einen, die Prinzipien der **biologisch-dynamischen** Wirtschaftsweise in Kursen zu erläutern, zum anderen die eigenen Produkte von den 150 ha Land und 80 Kühen zu veredeln (Mühle und Bäckerei, Käserei) und zu verkaufen (↗ Service-Adressen). Die Geschichte des Hofes selbst reicht bis 976 zurück. Schon damals als *Dudtunfeld* erwähnt, war er ein Lehen Kaiser *Ottos II. a*n das Kloster Worms – weshalb er im Volksmund lange *Pfaffenhof* hieß.

Service-Adressen

eBike-Ladestationen & Infostelle

ⓔ Bei Einkehr und auf Anfrage im Gasthof Hessenschmaus. 🚲 Radwegschildern nach Heldenbergen folgen, nach Nidder-Brücke rechts zur Willi-Salzmann-Halle.

ⓔ Bei Einkehr und auf Anfrage im Landgasthof Carolus. 🚲 bei 21,22 km links in den Ort, stets auf Ostheimer Straße bis Ende (540 m, Friedrich-Ebert-Straße/Turnverein Windecken), dann 40 m links.

ⓔ Bei Einkehr und auf Anfrage in Kreilings-Höfchen.

ⓔ Bei Einkehr und auf Anfrage im La Terrazza. 🚲 nach Querung der

BERG & TAL
#5

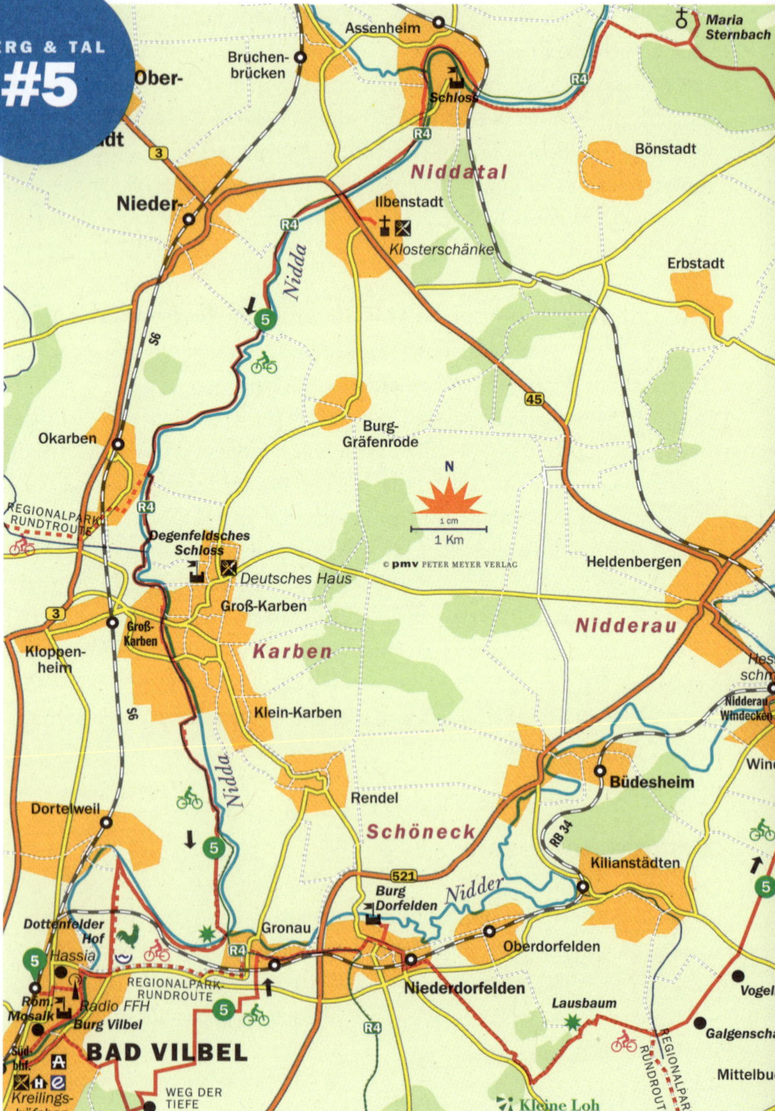

Assenheim
Bruchen-
brücken
Ober-
Maria
Sternbach
Schloss
R4
3
Bönstadt
Niddatal
Nieder-
Ilbenstadt
Klosterschänke
Nidda
Erbstadt
5
S6
45
Okarben
Burg-
Gräfenrode
N
1 cm
1 Km
© pmv PETER MEYER VERLAG
REGIONALPARK
RUNDTROUTE
Degenfeldsches
Schloss
Deutsches Haus
Heldenbergen
Groß-Karben
Groß-
Karben
Nidderau
Kloppen-
heim
Karben
Klein-Karben
Nidderau
Windecken
Büdesheim
Rendel
Dortelweil
Schöneck
RB 34
Kilianstädten
521
Burg
Dorfelden
Nidder
Dottenfelder
Hof
Gronau
Oberdorfelden
Hassia
REGIONALPARK-
RUNDROUTE
Niederdorfelden
Röm.
Mosaik
Radio FFH
Burg Vilbel
Lausbaum
Galgenscha
BAD VILBEL
Süd-
bhf.
REGIONALPARK-
RUNDROUTE
Mittelbu
Kreilings-
höfchen
WEG DER
TIEFE
Kleine Loh

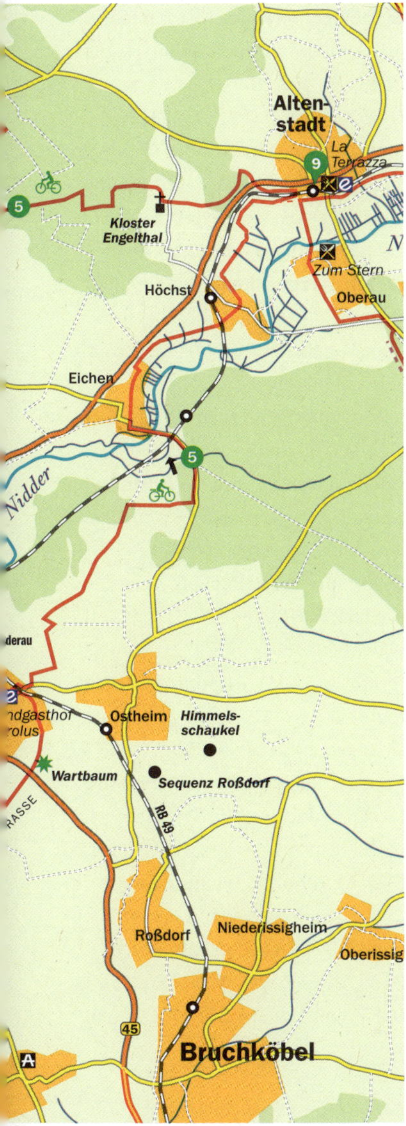

Bahngleise 300 m nach rechts, direkt im Bahnhof Altenstadt.

Magistrat der Stadt Hochheim am Main, Burgeffstraße 30, 65239 Hochheim am Main. ✆ 06146/900-333, www.hochheim-tourismus.de. Mo, Di, Mi, Fr 8.30 – 12, Mo 14 – 16, Fr 15 – 18 Uhr, Do 14 – 18 Uhr.

Freizeit & Sehenswertes

M **Hassia Mineralquellen Betriebsbesichtigung & Quellenmuseum,** Gießener Straße 18 – 30, 61118 Bad Vilbel. ✆ 06101/4030, www.bad-vilbel.de/de/kultur/museen/hassia-quellenmuseum. S6 Bhf Bad Vilbel. Nidda-Radweg. Führungen bei Hassia: einfach per Telefon oder Mail anmelden und Termin abstimmen! Die Besichtigung dauert 1,5 – 2 Std. Das Quellenmuseum ist außerhalb der Führungen nur So 14 – 16 Uhr zugänglich, dann ohne Führung. Beides kostenlos.

M **Abtei Kloster Engelthal,** Vereinigung der Benediktinerinnen von Kloster Engelthal e.V., Klosterstraße 2, 63674 Altenstadt. ✆ 06047/9636-0, www.abtei-kloster-engelthal.de. Klosterforum Sa 13.30 – 16 Uhr. Unterkunft für Einzelgäste und Gruppen ab 2 Nächten, EZ ab 55 €, DZ ab 105 €. Gästegarten und Gottesdienste stehen auch Tagesgästen offen.

Im Klosterforum werden Produkte aus eigenem oder anderen Klöstern verkauft: Marmeladen, Chutnys, Liköre, Kräutersalze, Honig und Kerzen aus eigener Imkerei.

Dottenfelderhof-Laden oHG, Hofcafé © Hofladen, 61118 Bad Vilbel. © 06101/5296-20, www.dottenfelderhof.de. Hofführungen jeden 2. Sa im Monat 11 – 12.30 Uhr, Jahreszeitenwerkstatt zu bestimmten Terminen (beide ohne Anmeldung). Lehrpfad jederzeit frei zugänglich. Hofladen Mo – Fr 8 – 19, Sa 8 – 18 Uhr. Hofführung 5 €, Jahreszeitenwerkstatt 15 €. pmv-Öko-Tipp!

Hessenschmaus, Fidan Durna, Heldenberger Straße 16, 61130 Nidderau-Windecken. © 06187/2099690, www.hessenschmaus.de. siehe oben. Mo, Mi – Sa 17 – 23 Uhr, So 12 – 23 Uhr. Modernisierte hessische Küche, Außenterrasse.

Landgasthof Carolus, Milan Pesek, Friedrich-Ebert-Straße 6, 61130 Nidderau. © 06187/22011, www.landgasthof-carolus.de. siehe oben. Mo, Di, Do – Sa ab 17 Uhr, So 11.30 – 15 und 17 – 23 Uhr. 6 DZ, 2 EZ ab 70 €. Hotel-Restaurant mit Biergarten beim historischen Marktplatz.

Deutsches Haus, Ristorante Roma GmbH, Francesco Bruno, Heldenberger Straße 15, 61184 Karben-Groß-Karben. © 06039/928698, deutscheshaus-karben.de. Di – So 11.30 – 14.30 und 17 – 22.30 Uhr. Familiär geführtes Restaurant mit deutscher Küche, auch Kleinigkeiten.

Klosterschänke im Bürgerhaus, Roger Andreas und Leon Veith, Hanauer Straße 26, 61194 Ilbenstadt. © 06034/3917, www.klosterschaenke-ilbenstadt.de. Di – Sa 17 – 23, So und Fei 11 – 15 Uhr. Gutbürgerliche, veredelte Küche internationaler Ausrichtung in rustikalem Ambiente direkt am Kloster.

Kreilings-Höfchen, Annette Kreiling, Ritterstraße 3, 61118 Bad Vilbel. © 06101/9950691, www.hotel-kreiling.de. Regionalpark-Rundroute. 17 – 22, So ab 12 Uhr. 2 Pers im DZ 95 – 150 €. Hotelbetrieb mit Sommergarten-Restaurant. Frische regionale Küche. Keine Bewirtung bei schlechtem Wetter.

La Terrazza, Hanauer Straße 25a, 63674 Altenstadt. siehe oben. © 06074/9868229, Handy 0151/47556099. Di – So 11 – 22, Okt – April 11 – 14.30, 17 – 22 Uhr.

Tour 5: Niddaland | ■■■ | 67,63 km | 524 hm

0,00 km – Vom **Bahnhofsplatz** in **Friedberger Str.**; mit in **Heinrich-Heine-Str.** zur Nidda

0,67 km – Kurz nach **Hassia** und **Radio FFH**: mit auf **Regionalpark Niddaroute**

1,80 km – 200 m hinter **Römermosaik**: über Bibliotheksbrücke auf **Frankfurter Straße**

2,34 km – Vor Rathaus: in **Hanauer Straße**, dann stets nach **Gronau**

3,24 km – Am Vereinsheim **Hundesportverein PSV Bad Vilbel**, dann in den Wald hinein

3,95 km – Vor gesperrtem Weg (**Waldlehrpfad** nach rechts)

4,16 km – **Weg der Tiefe**; dann am Waldrand bis T-Stück: mit **Bad Vilbel** über die Felder

7,14 km – Unter L3008 nach Gronau hinein (**Bad Vilbel** fehlt)

7,75 km – Ende **Berger Straße**: in **Vilbeler Straße**, ab da **Regionalpark-Rundroute** folgen

9,58 km – In Niederdorfelden: Abstecher zur **Wasserburg**, dann weiter zur **Hohe Straße**

13,26 km – Kreuzung mit **Hohe Straße**: auf der mit zu **Lausbaum**, dann **Wartbaum**

19,84 km – **Wartbaum**: auf **Bahnradweg Hessen** wechseln: über **Windecken** bis **Altenstadt**

31,77 km – Altenstadt (**Limesradweg**): in **Frankfurter Str., Fußweg Kloster Engelthal** folgen

32,78 km – Am Wald: weiter **Fußweg Kloster Engelthal**; ! am Ende steile Abfahrt auf Straße

34,13 km – **Kloster Engelthal**: weiter nach **Bönstadt**

34,90 km – Im Wald Hauptweg mit **Bonifatiusroute** folgen

35,51 km – Weiter Hauptweg, (**Bonifatiusroute** nach links)

37,13 km – Am Waldrand mit **Naturwaldfläche**: hinter zweiter Stele in Hauptweg

38,30 km – Nach **Sternbach** (später auch **Maria Sternbach**), stets WZ ✕ folgen

40,60 km – Am Waldrand: Abstecher **Maria Sternbach**; zurück; dann Teerweg am Waldrand geradeaus

42,82 km – **Regionalpark Niddaroute** mit über **Karben** bis **Dortelweil**

45,94 km – Assenheim (Kreuzung mit **Bahnhofstraße**): Möglichkeit zur Einkehr

48,84 km – Ilbenstadt: Abstecher zum **Kloster** sowie **Klosterschänke**

49,20 km – In **Schloßgasse** zum **Kloster**; dann zurück: weiter **Niddaroute** mit nach **Karben**

64,42 km – Bei Dortelweil: mit zum **Dottenfelder Hof**

65,58 km – **Dottenfelder Hof**; weiter: zur L3008 und Radweg davor über Nidda

66,40 km – Nach Nidda-Brücke: zum **Römerbrunnen**, dann **Niddaroute** zum **Bad Vilbel**

66,95 km – Zum **Bad Vilbel**

Option für in Nidderau:

21,22 km – Vor Bahnunterführung li. auf **Ostheimer Str.**: Für *Hessenschmaus* nach **Heldenbergen**; zum *Gasthof Carolus* stets **Ostheimer Str.** (Einbahnstr.), am Ende li. in **Friedrich-Ebert-Str.**

SEEN & MEHR

#6

WALD, WIESE, WASSER

Die Überschrift ist Programm: Die ausgedehnte Runde südlich des Flughafens verläuft zu großen Teilen im Wald, führt Sie zu neun Waldseen und dem herrlich offenen Gelände im Naturschutzgebiet Mönchbruch. Im Grunde ist es die perfekte Runde für heiße Sommertage, denn perfekt getaktet, stoßen Sie kurz vorm Schluss auf zwei beliebte Badeseen. Alles so schön grün, alles so schön Natur hier! Wären da nicht die Flugzeuge, die Kiesbagger, die Autobahnen … Aber so ist nun mal die Rhein-Main-Region: Gegensätze, wohin man schaut, und immer im Wandel, wie der Berg zeigt, der mal eine Grube war.

Aussicht aus dem Untergrund: Der Oberwaldberg erhebt sich auf 4 Mio Kubikmeter Müll

Lichte Landpartie trifft auf dunkle Vergangenheit

Der Kurs berührt außer am Start (**Villenkolonie Buchschlag**) und bei der Durchfahrt **Walldorfs** keine größeren Bebauungsflächen. Er lädt geradezu zum Natur beobachten ein. Das fällt beim Auftakt am südlichen Teil des **Langener Waldsees** noch etwas schwer, den im Gegensatz zum Badestrand (der erst am Ende der Tour dran ist) aber wohl nur wenige kennen. Mit der **Aussicht Oberwaldberg** erreicht man den höchsten Punkt im Kreis Groß-Gerau. Die Teichsuche geht munter weiter an **Schnepfen-, Bornbruch-** und **Steinrodsee.** Eine lange Waldpassage führt hinüber zum **Mönchbruch** mit dem beliebten Ausflugslokal **Mönchbruchmühle** und anschließend zum verschwiegenen **Lindensee.** Direkt unterhalb der Startbahn West wechseln sie hinüber zum **Badesee Walldorf** – lernen aber zuvor eine der dunklen Seiten der Region kennen: die Außenstelle des

Tourtelegramm Seenrunde

Start: Dreieich-Buchschlag Bhf | Ziel: Dreieich-Buchschlag Bhf

Dreieich-Buchschlag – Egelsbacher See – Oberwaldsee – Aussicht Oberwaldsee – Schnepfensee – Bornbruchsee – Steinrodsee – Mönchbruch – Mönchbruchweiher – Lindensee – Gundwiesensee – Gundhof – Außenstelle KZ Natzweiler – Badesee Walldorf – Langener Waldsee – Dreieich-Buchschlag

50,72 km | 2:45 Std | Schwierigkeit: ❑❑■ für Familien geeignet

Profil der Tour: Eine vergleichsweise leichte Tour für heiße Tage: Radler rollen auf fast durchgängig ebenen Wegen flott im Schatten der Bäume dahin. Nur eine Ausnahme gilt es zu verzeichnen: Der Anstieg am einzigen „Berg“, dem Aussichtspunkt am Oberwaldsee, ist ein bisschen steiler. Die rechtwinklig angelegten Waldschneisen erleichtern das Wegefinden ungemein, für alle Abbiegepunkte habe ich für Sie markante Wegmarken gesucht. Dazu kommen abschnittsweise so vorbildliche Beschilderungen wie die vom Regionalpark-Rundweg.

Variante: Kurzer Weg: an B44 Schildern Richtung Mörfelden zum Bhf Walldorf.

KZ Natzweiler, dessen Gefangene auch am Flughafen mitbauten. Ob Sie für den **Walldorfer See** oder kurz darauf das Strandbad am **Langener Waldsee** die Badesachen einpacken, ist Geschmackssache.

Besichtigungsstopps

Eine Kolonie für den Großherzog: Villenkolonie Buchschlag

Die **Villenkolonie Buchschlag** entstand ab 1904 als Musterkolonie auf Initiative des Kaufmanns *Jakob Latscha* – ältere Frankfurter erinnern sich noch an die Zeiten, als „zum Latscha gehen" hieß, im Supermarkt einzukaufen. Der Frankfurter Mäzen hatte diesen Ort, der seinen Namen von einem Buchenbestand in der Nähe eines Schlagbaums der alten Dreieicher Ringlandwehr ableitet, auserkoren. Weit außerhalb der damals von

▲ 158 hm

RB61 (Dreieichbahn), S3, S4 nach Langen bis Dreieich-Buchschlag.

Regionalpark-Rundroute.

Bei Einkehr und auf Anfrage in Gaststätte Jagdschloss Mönchbruch und in der Fischerhütte am Steinrodsee.

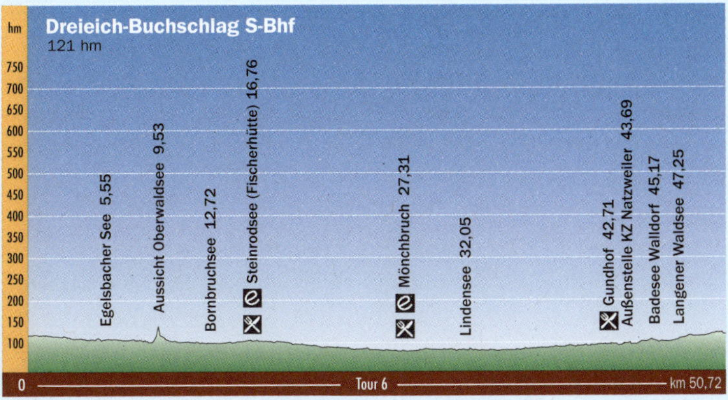

den filterlosen Fabrikschornsteinen zugerußten Städte gelegen, gehört die Siedlung heute zu den größten und besterhaltenen der sogenannten *Gartenstadtbewegung.* Diese war ein erster Fluchttrend von – entsprechend begüterten – Städtern, um den Großstädten zu entfliehen, die im Zuge der Industrialisierung zunehmend als Moloch empfunden wurden. Latscha selbst hat allerdings nie in Buchschlag gelebt. Sein ursprünglicher Plan war, dort für Kleinbürger Ein- und Zweifamilienhäuschen in naturnaher Umgebung zu bauen. Das allerdings verhinderte sein Vertragspartner (und Grundbesitzer): Großherzog *Ernst Ludwig von Hessen* gefiel sich darin, dort sein (jugend-)stilbildendes Wirken von der Mathildenhöhe mit anderen Mitteln fortzusetzen.

Der Berg, der eine Grube war: Oberwaldberg

Die **Mörfelder Deponie** ist der höchste Berg im Kreis Groß-Gerau (145 m). In der Tat ist die Rundumsicht von der **Aussicht Oberwaldsee** erhebend, auch wenn dafür fast 40 Höhenmeter zu bewältigen sind: Die ungewöhnliche Sichtachse auf die Frankfurter Skyline, den Flughafen sowie **Oberwaldsee** und die Umgebung der Doppelstadt sind sie allemal wert. Das Verrückte daran: 1956 hätten Sie an denselben Koordinaten noch in einem Loch gestanden. Elf Jahre lang wurde hier Kies abgebaut, 1957 begann man, die Grube mit **Müll** zu verfüllen. Bis 1991 lud der Kreis Groß-Gerau dort rund vier Millionen Kubikmeter ab. Dann war Schluss mit Müll-vor-der-Haustür-entsorgen: Auf den 144 m hohen Hügel kam ein grüner Deckel drauf, auch die Flächen drumherum wurden mit insgesamt 55.000 Bäumen und Sträuchern rekultiviert. Und nachdem der Zivilisationsschutt sich lang genug ausgegast hatte (ein paar eingezäunte Areale dampfen immer noch), baute der Betreiber 2006 eine Plattform und gab den Berg zum Besteigen frei (seit 2016 zur Gänze).

Mensch und Tier: Naturschutzgebiet Mönchbruch

Der **Mönchbruch** als zweitgrößtes zusammenhängende Naturschutzgebiet Hessens (937 ha) ist seit Urzeiten besiedelt. **Hügelgräber** und römische Funde belegen das. In der Karolingerzeit (8. – 10. Jahrhundert) gehörte die sumpfige Niederung zum ↗ *Wildbann Dreieich.* Urbar machten

Auf zum wilden Jagen: Schloss Mönchbruch
© Haselburg-Müller

den Faulbruch erst Zisterzienser aus dem *Kloster Eberbach.* Ihrem Tun zwischen 1211 und 1330 verdankt das Gelände seinen heutigen Namen. Die Bauten als Zentrum kamen ab 1608 hinzu; damals wurden die hessischen Landgrafen Besitzer und errichteten die Mühle. Das genügte Jagdnarr *Ernst Ludwig von Hessen-Darmstadt* beileibe nicht. 1729 ließ er mit dem Bau des **Jagdschlosses** beginnen; der Wegefächer zur Erschließung des Landschaft und für Parforcejagden erinnert nicht von ungefähr an ↗ *Kranichstein.* Nach mehreren, eher praktischen denn angemessenen Zwischennutzungen (Leiharbeiter-Unterkunft etc.), machte das Schloss viele Jahre einen heruntergekommenen Eindruck. Zur Zeit und auch die nächsten Jahre noch wird es von den Besitzern des Restaurants gegenüber saniert. Edle Unterkünfte kommen hinein bzw. sind es zum Teil schon, große Veranstaltungen soll es geben – bei Standesamt und Kapelle ist klar, wer erwartet wird.

Das größte Naturschutzgebiet Hessens ist der ↗ ***Kühkopf*** *(2365 ha).*

Dennoch bewahrte sich der Landstrich viel von seinem **urigen Reiz.** Nicht nur die zahlreichen Vögel, Fledermäuse

Natur reloaded: Der Mönchbruch ist Rückzugsort vieler Lebensarten

© Alexander Kraft

und Insekten, auch 540 nachgewiesene **Pflanzenarten** (davon 60 vom Aussterben bedrohte) machen das Naturschutzgebiet wertvoll. Verständlich deshalb der Zorn der Bevölkerung, da gerade in diese wunderbare **Naherholungszone** der Flughafen mit der **Startbahn West** eine brutale Schneise schlug. Zumal der Lärm der Düsenjets ein noch viel größeres Areal als den gerodeten Teil bestreicht. Aber das scheint die Fauna weniger zu stören als die landgräflichen Jagdgelüste ...

Mörderische Vergangenheit: KZ-Gedenkstätte

Ein KZ in der Rhein-Main-Region? Tatsächlich, auch hier hatten die Nazis ein solches **Todeslager** errichtet. Bei Gedenkveranstaltungen in Frankfurt wird regelmäßig an die brennenden Synagogen und die Deportation der jüdischen Bevölkerung vom Gelände der ehemaligen Großmarkthalle erinnert. Dass es bei Walldorf ein – kleineres – **Konzentrationslager** gab, wissen die wenigsten. Die Tafeln am nördlichen Ortsrand markieren die Lage – der größte Teil des Areals ist aber mittlerweile überwuchert. Es handelte es sich um eine Außenstelle des elsässischen **KZ Natzweiler-Struthof.** Zuvor hatte es dort ein Lager des Reichsarbeits-

Ergreifende Darstellung der Spurensuche und Zeitzeugenberichte unter www.kz-walldorf.de.

dienstes gegeben, dessen Insassen zum Bau der nahen A5 abkommandiert waren. Im KZ waren rund 1700 jüdische Mädchen und Frauen von Ende August bis Ende November 1944 interniert. Sie stammten aus Ungarn, wo die systematische Vernichtung der Juden erst 1944 unter dem Regime von Ministerpräsident *Döme Sztójay* begonnen hatte. Die Frauen wurden, unter Aufsicht der Firma Züblin („Wir setzen Maßstäbe! Dieser Anspruch hat uns zur Nummer eins im deutschen Hoch- und Ingenieurbau gemacht." Eigenwerbung Homepage), zu Arbeiten am Flughafen gezwungen. Das Lager bestand aus sechs hölzernen Unterkunfts- sowie einer Waschbaracke. Noch erhalten sind die Grundmauern der steinernen Küchenbaracke mit dem Folterkeller, wo die Frauen regelmäßig misshandelt wurden und zahlreiche auch zu Tode kamen.

Der Langener Waldsee ist Kult

Eine erstaunliche Karriere: Was 1927 als einfacher **Baggersee** begann, ist heute eine Pilgerstätte für Sportenthusiasten. Nicht nur, dass sich da an schönen Sommertagen bis zu 20.000 **Badefans** (auch Fkk-Strand) tummeln. Kultstatus hat das Strandbad mit 72.000 qm Wasserfläche erlangt, da dort seit 2002 der Auftakt der **Triathlon-Großveranstaltung** *Ironman Germany* stattfindet. Dennoch kommt auch die Natur zu ihrem Recht. In der Ostgrube ist Rekultivierung angesagt; übrig bleiben soll ein kleiner Teich mit Wald drum herum. Derweil geht die industrielle Nutzung weiter: Am Südrand fressen sich die Bagger in ein 0,4 qkm großes Waldareal hinein. Unberührt davon bleibt der westlich gelegene **Egelsbacher See.** Dort zählen Ornithologen die Wasservögel. Die für die internationale Datenerhebung wichtige Arbeit ergab, dass Egelsbacher und Langener See regional die bei weitem wichtigsten Rast- und Standorte für Brut- und Zugvögel sind.

Eine Vielzahl von Fisch-, Vogel- und Pflanzenarten ist hier beheimatet: Neunauge, Hecht, Muschel, Krebs, Schwan, Gans, Kormoran, Reiher …

Service-Adressen

eBike-Ladestationen

Bei Einkehr und auf Anfrage im Jagdschloss Mönchbruch (großer Biergarten).

Freizeit & schwimmen

Badesee Walldorf, Aschaffenburger Straße 20, 64546 Mörfelden-Walldorf-Walldorf. ✆ 069/693269, www.moerfelden-walldorf.de. Niederflurbus 67, 751, 752 bis Wohnpark, dann Fußweg. B44/Frankfurter Landstraße; Parkplatz Pkw 7 €, Krafträder 4 €, ab 17 Uhr 3,50 €, Kauf nur online. Vom S-Bhf Walldorf über Jourdanallee, Hermann-Löns- und Farmstraße, Nordring.

◔ Ganzjährig 9 – 20 Uhr, während Badesaison: Mo ab 7 Uhr, Fr und Sa bis 21 Uhr; Einlass bis 45 Min vor Schließung. Infos: Informationen zum aktuellen Stand der **Wasserqualität** gibt's bei der Stadtverwaltung Mörfelden, ✆ 06105/9380.

Der See wurde herabgestuft zur **Badestelle,** Vorteil: Kein Eintritt, dafür aber auch keine Badeaufsicht mehr. Ein Beachvolleyballfeld und eine Tischtennisplatte können ganzjährig genutzt werden.

Strandbad Langener Waldsee, Bäder- und Hallenmanagement GmbH, Sehringstraße, 63225 Langen. ✆ 06103/203-450, www.baeder-langen.de. S3, 4 Dreieich-Buchschlag, von dort aus in der Badesaison alle 30 Min Waldseebus OF-65 Mai – Sep Sa, So, Fei, in den hessischen Sommerferien bei Badewetter auch Mo – Fr. Am See 800 Parkplätze, Pkw 3 €, Krafträder 1,50 €. An der Regionalparkroute. Markierte Radwege von Höchst bzw. Schwanheim, Frankfurt-Friedensbrücke, Zeppelinheim, Neu-Isenburg, Dreieich-Buchschlag, Mörfelden-Walldorf und Langen, alles zünftige Waldrouten. Ab S3, 4 Bhf Flugsicherung beschilderter Radweg über Kirchschneise. Am Bad großer, bei schönem Wetter bewachter Fahrradparkplatz. ◔ 15. Mai – 15. Sep 8 – 20.30 Uhr, auch Fkk-Strand, Badeaufsicht vorhanden. 6 €, 10er-Karte 40 €, Jahreskarte 230 €; Kinder bis 3 Jahre frei; bis 17 Jahre und Ermäßigungsberechtigte 3 €, 10er-Karte 25 €, Jahreskarte 120 €. Infos: Zur Zeit Einzeltickets nur im Online-Verkauf. Saisonkarte April – 15. Sep gelten auch im Freizeit- und Familienbad sowie im Hallenbad Langen. Hunde nicht erlaubt. Zeltplatz 80 Plätze, 12 WoMo-Plätze, grillen auf dem Zeltplatz nur mit Gasgrill.

Unterkunft & Einkehr

Jagdschloss Mönchbruch, Claudia Grote, Mönchbruch 1, 64546 Mörfelden. ✆ 06105/92430, Handy 0173/1577356. www.jagdschloss-moenchbruch.de. Mönchbruchmühle 7 – 11.30 Uhr Frühstück (auch für nicht-Hotelgäste), Restaurant ab 12 Uhr, Biergarten ab 10 Uhr, Do Ruhetag.

Das Jagdschloss kann beides: Edel und fein eingedeckt im Hotel-Restaurant **Mönchbruch Mühle,** herzhaft und rustikal mit **Müller-Stube** und großem **Biergarten.** Führungen zu **Schloss** und in den Mönchbruch können über Familie Grote-Lohoff vom Hotel-Restaurant gebucht werden.

Gaststätte Gundhof, Beate Preuß, Am Gundhof 2, 64546 Mörfelden-Walldorf. ✆ 06105/5968, www.dergundhof.de. Mai – Sep Mi – Sa ab 15, So und Fei ab 12 – 23 Uhr, bei Regen ab 15 Uhr, Okt – April Fr und Sa ab 17 Uhr, So und Fei ab 12 Uhr. Uriges Ausflugslokal mit Biergarten.

Zur Fischerhütte am Steinrodsee, Vyacheslav Taranenko, Triftweg 23, 64331 Weiterstadt. ✆ 06150/8665692, fischerhuette-weiterstadt.de. Mai – Sep Di – So 11 – 19.30 Uhr.

Waldheim Landgasthof der Naturfreunde, Am Zeltplatz 6, 64546 Mörfelden-Walldorf-Mörfelden. ✆ 06105/3203556, https://landgasthof-naturfreunde-moerfelden.de. Täglich 11.30 – 22.30 Uhr. Pensions-Zimmer ab 40 €. Infos: Veranstaltungen der Naturfreunde und Infos zum Campingplatz unter: https://naturfreunde-moerfelden-walldorf.de.

Einfaches Restaurant mit 70 Sitzplätzen drinnen und lauschigem Biergarten, gutbürgerliche, deutsche Küche (Mo – Fr mit Mittagstisch). Camping und Pension.

Tour 6: Seenrunde | □□■ | 50,72 km | 158 hm

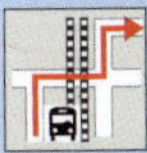
0,00 km
Auf **Buchschlager Allee** Gleise queren, dann **17** Richtung **Langener Waldsee**

0,59 km
Im Wald: Nach **Walldorf** und **Rüsselsheim** (erst **17**, dann **8**)

4,73 km
Am Sperrgebiet: zum **Egelsbacher See**; dann mit ▲ zu **Aussicht Oberwaldsee**

9,11 km
Aussicht Oberwaldsee (letzte 100 m mit Stufen); andere Seite hinab, weiter mit ▲

11,76 km
100 m vor **Bornbruchsee**: auf **Regionalpark-Rundroute** ▲ Richtung **Mörfelden**

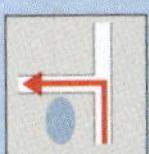
12,30 km
Nach **Gräfenhausen**, zunächst mit ▲ an **Bornbruchsee** vorbei, dann stets geradeaus

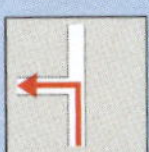
15,66 km
Am **Sandbergweg**: zum **Steinrodsee** mit ⊠ **Fischerhütte**

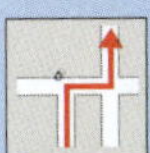
16,23 km
Auf **Triftweg** und zur **Fischerhütte**

16,71 km
⊠ **Fischerhütte**; dann Weg über **Erholungsgelände** am **Steinrodsee** entlang

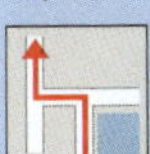
17,23 km
Ende Erholungsgelände: auf kleine Straße mit **19** Richtung **Mörfelden**

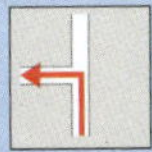
18,21 km
Von Straße abbiegen: nach **Wiesental**, dann stets **12** nach **Nauheim** folgen!

24,27 km
Zunächst weiter **12** nach **Nauheim**, dann aber geradeaus (!) bis Abzweig **Mönchbruch**

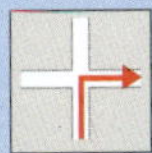
26,90 km
Zum **Mönchbruch**

27,23 km
⊠ **Mönchbruch**: nach Wildgatter an **Mönchbruchweiher** vorbei (**Achtstaudenschneise**)

28,97 km
Kreuzung mit **Höfgenschneise**

30,04 km
Tafel **Naturschutzgebiet**: am Waldstück **191** re., nach 200 m vor Waldstück **207** li.

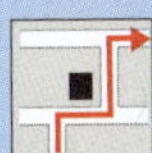
30,85 km
Am Forsthaus vorbei, dahinter am Waldstück **209** auf Hauptweg weiter

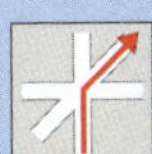
31,61 km
Windwurffläche am **Stadtwald Mörfelden 641**: in wenig befestigten Nebenweg

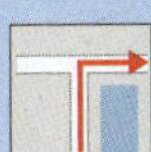
32,51 km
Ende **Lindensee**: vom sandigen Uferweg auf Hauptweg

33,65 km
Gesperrter Weg vor **Naturschutzgebiet** (Schautafel Tiere): auf **Höfgenschneise**

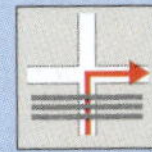
35,59 km
Nach Stromtrasse: **Höfgenschneise** verlassen

36,12 km
Auf **Regionalpark-Rundroute** mit ▲ Richtung **Oberwaldberg**

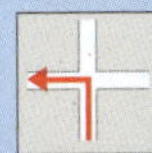
39,44 km
Rundroute verlassen: mit ▲ zu **Gundhof** und **Lehrpfad KZ Walldorf**

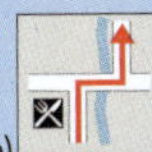
42,70 km
Am ⊠ **Gundhof**: weiter mit ▲ zu **Lehrpfad KZ Walldorf**

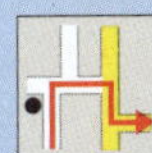
43,70 km
KZ-Gedenkstätte; weiter: auf **Familie-Jürges-Weg, Nordendstr., Farmstraße**

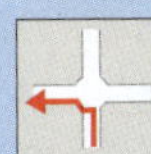
44,26 km
Kreisel: auf **Aschaffenburger Straße** (🚲 links!) zum **Badesee Walldorf**

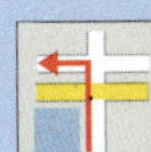
45,32 km
Hinter **Badesee Walldorf**: **6** zu **Langener Waldsee**, dann **6** bis **Dreieich-Buchschlag**

zlich
ommen

SEEN & MEHR

#7

IM BANN DER DREIEICH

Diese vergleichsweise kleine Runde im alten Wildbann der Dreieich verkörpert fast schon idealtypisch die Idee des Regionalpark Rhein-Main. Genießen Sie ein einmaliges Wechselspiel von Siedlungsgebieten, bewirtschaftetem Wald sowie ländlich geprägtem Freiraum. Sie stoßen auf staunenswerte Landschaftskunst, eine der schönsten Aussichten in Rhein-Main und rollen durch alte Orte mit einer spannenden Historie. All das haben wir mit teils urigen, teils noblen Einkehrstationen im dichten Takt versehen. Braucht es mehr für den perfekten Radausflug vor der Haustür?

Einkehr mit Schwung: Biergarten an der Oberschweinstiege

© Alexander Kraft

Auf nach Süden zu den Pyramiden

Start ist am Frankfurter **Südbahnhof.** Das betriebsame Sachsenhausen lässt man jedoch schnell hinter sich und erklimmt auf dem Wendelsweg die Höhe, auf der der berühmte **Goetheturm** ... jetzt wieder steht! Es war den Frankfurtern eine Herzensangelegenheit, den markanten Holzriesen wieder zu errichten, nachdem ihn miese Brandstifter abgefackelt hatten. Danach rollen Sie auf breiten Schneisen locker durch den einstigen **Wildbann der Dreieich.** Zuerst geht es durch den Stadtwald, ein kurzer Stopp in **Neu-Isenburg** samt Bansapark, und dann weiter durch den Wald am Naturschutzgebiet Seibertswiese vorbei bis **Gut Neuhof** und der Wahl zwischen noblem Mittagstisch und freiluftiger Kaffee-Kuchen-Rast. Ein Stück weiter wartet mit der **Stangenpyramide** ein dramatisch inszeniertes

Tourtelegramm Dreieich

Start: Frankfurt Südbahnhof | Ziel: Frankfurt Südbahnhof

Sachsenhausen – Goetheturm/Goetheruh – Kesselbruchweiher – Försterwiesenweiher – Neu-Isenburg – Bansapark – Seibertswiese – Gut Neuhof – Stangenpyramide – Burg Hayn – Dreieich – Langen – Landwehr – Buchschlag – Neu-Isenburg – Jacobiweiher – Oberforsthaus – Sachsenhausen-Lerchesberg – Sachsenhausen

41,09 km | 2:15 Std | Schwierigkeit: ❑❑■ für Familien geeignet

Profil der Tour: Die Tour verläuft in weiten Teilen im Wald, bietet sich also auch für heißere Tage an. Sie rollen flott auf gut zu fahrenden Forststraßen und in den Orten auf Radwegen oder ruhigen Nebenstraßen dahin – sieht man mal von Start und Ziel am Südbahnhof ab. Lediglich ein Stück an der Dreieicher Landwehr kommt als schmaler Naturpfad daher. Wenige, mäßig hohe Hügel sind zu erklimmen. Auch die Beschilderung (mit vielen Erläuterungen) macht es leicht: Die Route bleibt praktisch durchgehend auf den markierten Wegen des Regionalparks, wenn auch auf unterschiedlichen.

Variante: Kurzer Weg: Abzweige zu Bhf in Dreieichenhain (RB61 Dreieichbahn) sowie Buchschlag und Neu-Isenburg (S3, S4) mit Radweghinweis beschildert.

Stück Landschaftskunst, bevor **Dreieichenhain** Sie mit herausgeputzter Altstadt und Burgruine beeindruckt. Bei Langen langen Sie auf den Pfaden der Dreieicher **Ringlandwehr** an, die Sie alsbald in die **Villenkolonie Buchschlag** entlassen (↗ Tour 6). In unmittelbarer Nähe des Neu-Isenburger Bahnhofs nehmen Sie den letzten Abschnitt in Angriff: den Weg zum **Jacobiweiher** mit der Gaststätte **Oberschweinstiege** und die Fahrt durch Sachsenhausen hinab zum Südbahnhof.

Gehen wie ein Ägypter? Probieren Sie es an der Stangenpyramide aus!
© Alexander Kraft

▲ 277 hm

Frankfurt Süd ist Fernbahnhof, hier halten ICE, RE, RB, S3 – S6, U1 – 3, U8.

Grüngürtel-Radrundweg, R8, Regionalpark-Rundroute.

Ladestationen an der Gaststätte Oberschweinstiege, bei Einkehr und auf Anfrage in der Gutsschänke Goetheruh.

Für Notfälle: Öffentliche Ladestation am Rathaus Neu-Isenburg (Hugenottenallee 53, ab Waldrand über Friedensallee).

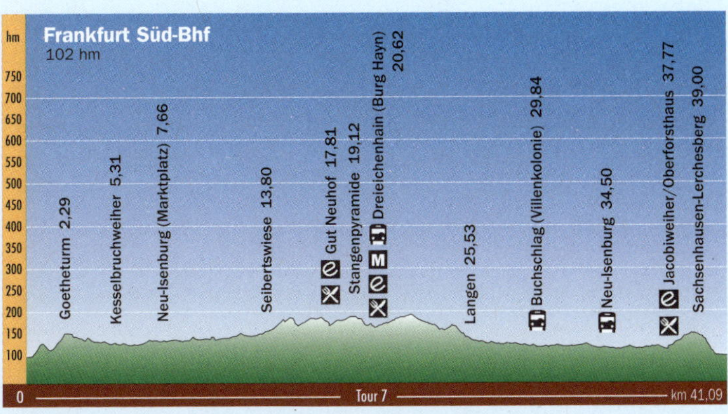

SEEN & MEHR #7

Besichtigungsstopps

Goethe, wie er steht und ruht

Goetheturm April – Ende Okt von 8 Uhr bis Einbruch der Dunkelheit, längstens bis 20 Uhr geöffnet.

Der **Goetheturm** ist eine Frankfurter Herzensangelegenheit. Erst 2014 für eine halbe Million Euro saniert, dann im Oktober 2017 unter dramatischen Umständen abgefackelt, wurde der komplett aus Holz errichtetet Turm im Frühjahr 2021 wieder eröffnet. Bürgerspenden im sechsstelligen Bereich halfen kräftig mit. Unter anderem flossen sie in die Gestaltung der Umgebung. Die ursprünglichen Maße des 1931 erbauten Turms mit seinerzeit 43 Metern Höhe und 196 Stufen sind erhalten geblieben. Lediglich das Holz ist heller und die gesamte Anlage ist schöner, sicherer und (hoffentlich!) auch besser gegen Brandstifter geschützt. Dazu soll auch die eingeschränkte Öffnungszeit beitragen. Wer in diesem Zeitfenster die Besteigung schafft, dem winkt als Belohnung eine lässige Aussicht über die Baumwipfel mit grandiosem Rundum-Panorama: Im Norden gleitet der Blick über die Frankfurter Skyline mit der EZB im Vordergrund. Dahinter erheben sich die Taunusgipfel, und – im Uhrzeigersinn – der Vogelsberg, der Spessart und im Süden der Odenwald. Andere markante Punkte sind das Kraftwerk Staudinger bei Großkrotzenburg, das Kickers-Stadion auf dem Bieberer Berg oder die Frankfurter Fußballarena, die unter alten Eintracht-Fans weiterhin Waldstadion heißt. Außer dem Turm ist die **Goetheruh** ein hübscher Tipp für einen Stopp. Das Areal direkt am Waldrand an der alten Landwehr wird in Gedichten als Lieblingsplatz Goethes beschrieben. „Goethes Ruh" hat den schottischen Landschaftskünstler *Ian Hamilton Finlay* inspiriert, eine Säule zu gestalten. Auf einer kleinen Kuppe liegend, eröffnet sich von dort ein hübscher Blick auf Frankfurt.

Quadratisch, praktisch: Die Hugenottenstadt Neu-Isenburg

Neu-Isenburg wurde am 24. Juli 1699 durch protestantische Glaubensflüchtlinge gegründet. Wie so viele ihrer Leidensgenossen aus Frankreich geflohen, fand diese Gruppe bei Graf *Johann Philipp von Isenburg-Offen-*

bach eine neue Heimat. Ihm zu Ehren wurde der Ortsname ausgesucht. Siedlungsland wies er ihnen an der Stelle zu, wo im Mittelalter die Wallfahrtskapelle Zum Heiligen Kreuz im Dreieichwald stand. Der quadratische **Grundriss** der Stadt mit dem Markt im Zentrum war typisch für die Planstädte des 17. und 18. Jahrhunderts (zu den Hugenotten ↗ *Walldorf*).

Müllern, wenn's donnert: Im Bansapark

Eine **Mühle am Luderbach** war neben dem Rathaus lange das einzige Repräsentationsgebäude der 1699 gegründeten Hugenottensiedlung Neu-Isenburg. Nachdem die Frankfurter Bankiersfamilie *Bansa* sie 1766 erworben hatte, gestaltete man das Areal zu einem Landsitz um. Diese heitere Epoche spiegelt sich in der 1998 begonnenen Umgestaltung von Gebäude und dem **Bansapark** wider. Gedanken an geradezu paradiesische Zustände weckt die Holzskulptur *Adam und Eva.* Lässig hingestreckt liegt Eva auf der kleinen Insel inmitten des Bansateichs. Adam nähert sich ihr mit vorsichtigem Schritt. In der Hand hat er, nein, keinen Apfel, sondern einen Blumenstrauß. Was wäre wohl aus den Menschen geworden, wenn die Geschichte so verlaufen wäre? Ein hübsches Gedankenspiel, das die Darmstädter Bildhauerin *Susanne Auslender* den Besuchern mit ihren überlebensgroßen **Holzskulpturen** da vorträgt. Die Umgebung ist aber auch höchst inspirierend. Idyllisch vermittelt der Park mit der lockeren Baumbepflanzung zwischen dem eher strengen Garten an der Bansamühle und der freien **Landschaft am Luderbach.** Das hat nicht immer so ausgesehen. Als die Mühle 1705 erbaut wurde, war sie bitter notwendig für die gerade erst sechs Jahre alte Siedlung der hugenottischen Flüchtlinge. Fataler Weise führte der Bach zunehmend weniger Wasser. Im Volk hieß die Mühle deshalb bald „Blitz- und Donnermühle", da sie angeblich nur noch nach heftigen Gewittern zu arbeiten pflegte – ob erfunden oder wahr: eine hübsche Anekdote ist es allemal.

Sinnfreie Sichtbeziehungen: Die Stangenpyramide

Dieses bizarre Stück Landschaftsgestaltung ist auf dem besten Wege, zum Inbegriff dessen zu werden, was den **Regionalpark** eines Tages auszeichnen könnte. Die Fakten: 456 verleimte Rundhölzer auf einer Fläche von rund 600 qm bilden ein begehbares Kunstwerk. Platziert an einem Ort, der schon früher ein Aussichtspunkt war, konzentriert die längs durch die Skulptur laufende Sichtachse den Blick auf Messeturm und Taunus. Im Grunde genommen ist es ein sinnfreies Ding, das die Neu-Isenburger Landschaftsarchitekten *Ipach und Dreisbusch* da erschaffen haben – und genau das ist der Witz! Die im **Götzenhainer** Gewann *Auf der Hub* errichtete Skulptur vereint spielerisch die Region: die kraftvolle Metropole, umgeben von erstaunlich viel Grün, kunstsinnig, aber stets mit einem Ziel. Je nach Standort erscheint die Pyramide massiv, dann wieder luftig. Erwähnen sollte ich noch, dass im Rücken des Betrachters die **Antennenanlage** der Deutschen Flugsicherung steht und oben drüber die Flieger rauschen. Alles sinnfrei also? Je länger man darüber nachdenkt, desto weniger. Denken Sie mal drüber nach.

Der Wildbann, die Salier und die Burg Hayna

So ein geschlossenes Ortsbild wie in **Dreieich** ist selten in der Region. Entsprechend stolz vermarktet es die Stadt und kann bei Burgfestspielen und

Sichtachse: Manchmal muss man den Blickwinkel verengen, um Neues zu fokussieren
© Alexander Kraft

Märkten nicht über mangelnde Besucher klagen. Und doch: Die vielen mittelalterlichen Fachwerkhäuser, die komplett erhaltene Stadtmauer sowie die imposante **Burg Hayna** mögen viel hermachen – verglichen mit dem, wofür der Ort einst stand, ist das ein Klacks. Im Namen klingt es an, es geht um den **Wildbann Dreieich.** In so einem Bannforst besaß nur der Kaiser Jagdrecht, und der Wildbann der Dreieich war gigantisch. Er reichte von Rüsselsheim bis Aschaffenburg, von Vilbel bis zur Neunkircher Höhe im Odenwald! Um 950 wurde ein königlicher Jagdhof errichtet, im 11. Jahrhundert setzten sich die *Herren von Hagen* dort fest. Durch geschickte Politik erwarben sie sich die Gunst der herrschenden Salier und mit dem Amt des Reichskämmerers einen hohen Posten.
In der Dreieich wuchs neben der Burg Hayna eine Siedlung, die 1256 erstmals als Stadt erwähnt wird. Kern der Burg war der 1080 auf einer Insel im Hengstbach von *Eberhard von Hagen* erbaute **Wohnturm.** Der besaß fünf Stockwerke und war von einer Ringmauer und einem Wassergraben umgeben. Das Untergeschoss wies 2,80 m dicke Mauern auf bei einer Fläche von 12,50 x 13,20 m. Von diesem ältesten Teil steht heute noch ein 22 m hohes Stück; es gilt als einer der besterhaltenen Profanbauten der Salierzeit in Deutschland.

So widerborstig war die Landbevölkerung: Dreieicher Landwehr

Landwehren begegnen einem häufig in Rhein-Main – aber ob *Sachsenhäuser, Bornheimer* oder *Dreieicher:* In der Regel wundert sich der Heutige über den Begriff. Doch beim Ring um Dreieich wird die Sache klarer und Geschichte fassbar. Städte hatten es seit je einfach: Um sich zu schützen, errichteten die Bewohner eine Mauer. Aber so etwas auf viele Kilometer in Feld und Wald machen? Das konnten nur die Römer mit dem Limes. Die Herrscher im Mittelalter dagegen sicherten ihre Territorien durch eine Mischung aus **künstlichen und natürlichen Hindernissen.** Das Gewerk bestand aus einem oder mehreren Gräben sowie einem Wall, bepflanzt mit einer undurchdringlichen, stacheligen Hecke. Die **Dreieicher Landwehr** ist für 1348 bezeugt; sie umfriedete Dreieichenhain, Götzenhain, Langen, Offenthal und Sprendlingen. Bis ins 16. Jahrhundert

1894: Baum Nr. 2 an der Ringlandwehr hat Kriege und Stürme überstanden
© Alexander Kraft

*Im Rheingau gibt es die **Mapper Schanze.** Dieses Tor unweit der Kalten Herberge ist Teil des Rheingauer Gebücks. Gebück heißt: Niedergebeugte, ineinander verflochtene Zweige von Buchen, Eichen und Hainbuchen, durchsetzt mit stacheligem Brombeer- oder Schwarzdorn-Gebüsch – und das teils auf einer Breite von 50 bis 60 m! Der pmv-Führer* „Waldwandern Hessen" bringt Sie (zu Fuß) hin.

wurde sie unterhalten, danach machten die aufkommenden Feuerwaffen diese Art der Verteidigung zunehmend nutzlos. Eine Ahnung, wie bitterbös zu durchdringen solche Dornröschenhecken waren, erhält man allerdings in der Region nur im **Rheingau:** Auf dem *Gebück-Wanderweg* kann man eine zu Schauzwecken originalgetreu wieder hergerichtete Landwehr ansehen.

Ludernde Bäche und pinkelnde Bäume: Beim Jacobiweiher

Ausnahmsweise mal kein Teich, der durchs Baggern nach Sand, Kies oder Ton entstanden ist! Vielmehr wurde er 1931 bis 1932 als Regenwasser-Rückhaltebecken angelegt. Grund dafür: Der **Königsbach,** der im Unterlauf durch *Sachsenhausen* und etwa auf Höhe der Grenze zum Stadtteil *Niederrad* in den Main fließt, hatte immer wieder für Überschwemmungen gesorgt. Ob er deswegen auch unter dem Namen **Luderbach** bekannt ist, oder weil sein Quellgebiet umstritten ist, das irgendwo südöstlich von Gut Neuhof liegt, wer weiß ...

Aber das ist eine andere Geschichte und deshalb zurück zum See. Der heißt nach dem seinerzeitigen Frankfurter Forstamtsleiter *Hans Bernhard Jacobi,* der den Bau anstieß. So eine profane, posthume Benennung lässt allerdings den Frankfurter Volksmund nicht ruhen. Der hat den **Jacobiweiher** seiner charakteristischen Form wegen (und wahrscheinlich auch, um Eindruck zu schinden) **„Vierwaldstättersee“** getauft. Nun, wer mit den großen Hunden ... usw. Apropos Pinkeln: Am Ufer des Jacobiweihers steht der **Pinkelbaum,** eines jener großartigen Werke aus der Serie *Komische Kunst im Grüngürtel* von *F.K. Waechter.*

Service-Adressen

eBike-Ladestation

Bei Einkehr und auf Anfrage in der Gutsschänke und Oberschweinstiege.

Freizeit & Sehenswertes

StadtWaldHaus, Kuhpfadschneise, 60528 Frankfurt a.M. ✆ 069/683239, www.stadtwaldhaus-frankfurt.de. Straba 14 bis Oberschweinstiege. Zu Fuß 600 m über Kuhpfadschneise Richtung Süden. Liegt an der Grüngürtel-Route R8, 4,5 km ab Ffm-Südbahnhof; 1,5 km nördlich von Neu-Isenburg. Mo – Do 9 – 15, Nov – März Sa 12 – 16, So 10 – 16 Uhr, April – Okt Sa 12 – 18 und So 10 – 18 Uhr, Waldladen Di 15 – 18 Uhr. Hunde nicht erlaubt. Informationen zum Stadtwald und Leben im Wald allgemein. Waldladen mit Wildfleisch-Verkauf.

Burg Hayn, Geschichts- und Heimatverein e.V. Dreieichenhain, Corinna Molitor, Fahrgasse 52, 63303 Dreieich-Dreieichenhain. ✆ 06103/84914, www.dreieich-museum.de. S3, 4 Buchschlag, dann Dreieichbahn (RB61) bis Bhf Dreieichenhain. Vom Bhf Sprendlingen durch das Ortszentrum und via Aussichtspyramide zur Burg Hayn. Sa 14 – 18, So 11 – 18 Uhr, für Gruppen auf Anfrage auch unter der Woche. Eintritt frei. Burgbienen-Honig kann im Museum gekauft werden. Burgführungen, Burgtheater, Burgfeste (großes Fest am 2. Sep-Wochenende) und Burgmuseum im Burggraben. Im Obergeschoss werden anschaulich 1000 Jahre Geschichte der Region dargestellt.

Freizeit- und Familienbad Langen, Teichstraße 28, 63225 Langen. ✆ 06103/903120, www.langen.de. Bus 661 bis Schwimmbad.

🚲 Vom S-Bhf Langen über Bahnanlage, Bahn- und August-Bebel-Straße, Fahr- und Obergasse, Hügel- und Teichstraße. 🕒 Mitte Mai – Mitte Sep 8 – 20.30 Uhr, Kassenschluss 45 Min, Badeschluss 15 Min vor Schließung des Bades. € 5 €; Kinder 4 – 17 Jahre, Schüler und Studenten 3 €. Infos: Dauerkarten gelten auch am ↗ Langener Waldsee sowie im Hallenbad Langen.
Beliebtes Freizeit- und Familienbad mit Wasserrutschen, Sprungbretter, großer Liegewiese und altem Baumbestand, Spielfelder etc. Auch Sauna.

Freizeit & Einkehr

Oberschweinstiege, Viola und Matthias Federau, Oberschweinstiegeschneise 65, 60598 Frankfurt a.M. ✆ 069/697693710, www.oberschweinstiege-frankfurt.de. 🚌 Straba 14 Bornheim – Neu-Isenburg bis Oberschweinstiege. Fußweg 10 Min. 🚲 Liegt an der Grüngürtel-Route R8, 4,5 km ab Ffm-Südbhf.
🕒 Täglich ab 11 Uhr; warme Speisen bis 21 Uhr, Fr, Sa bis 21.30 Uhr.
Rustikales Ausflugslokal mitten im Stadtwald. Deftige Küche mit Wildspezialitäten – das Waldgasthaus am Jacobiweiher ist eine Frankfurter Institution. An Christi Himmelfahrt, 1. Mai und Wäldchestag (Di nach Pfingsten) zieht es die Frankfurter traditionell in den Wald. Das Gasthaus bietet dann Live-Musik.

Goetheruh, Tanja Schmidt-Peccolo, Zum Goetheturm 1, 60599 Frankfurt-Sachsenhausen. ✆ 069/686830, www.goetheruh.de. 🚌 Bus 30, 36 Hainer Weg. 🚲 GrünGürtel-Radrundweg. 🕒 April – Okt Mo – Fr 12 – 21 Uhr, Sa, So ab 11 Uhr, Nov – März Mi – So ab 12 Uhr.
Idyllisch und fröhlich, vor allem für Familien mit Kindern, (Sonntags-)Ausflügler und Erholungssuchende geeignet. Es werden kleine und große Speisen gereicht sowie Kuchen – alles sehr lecker, nicht zu üppig und zu normalen Preisen.
Goetheturm April – Ende Oktober von 8 Uhr bis Einbruch Dunkelheit, längstens bis 20 Uhr geöffnet.

Gutsschänke Neuhof und Alte Backstube, Conrad Schumacher und Michael Hagsphil und Hans-Jörg Holdefehr, 63303 Dreieich-Götzenhain. ✆ 06102/30000, www.gutsschaenkeneuhof.de. 🚌 Bus 963 Ffm-Süd – Offenthal/Ober-Roden bis Neuhof. 🕒 **Gutsschänke:** Do – So und Fei 11 – 22 Uhr. **Alte Backstube:** Ladengeschäft Mo – So 10 – 19 Uhr, Wiesenstube Mo – So 11 – 20 Uhr.
Die **Gutsschänke** bietet gehobene deutsche Küche im stilvollen Ambiente. In der angegliederten **Alten Back-**

stube auch schöner Biergarten mit einfacher Küche. Ausschankwein aus dem eigenem Weingut der Familie in Herxheim am Berg, Schoppen Riesling, Rosé und Roter Rock; Kinderportionen kosten die Hälfte des vollen Preises. Im Verkaufsraum der Alten Backstube werden Wurst, Brot, Wein und Marmelade aus eigener Herstellung sowie Biokäse oder hochwertige Schokolade aus Fremdproduktion feilgeboten; geöffnet bis 21 Uhr.

Hier lässt es sich gut aushalten: Weiher und Biergarten der Gutsschänke Neuhof

© Rolf Wegst

SEEN & MEHR #7

FRANKFURT
am Main
Hbf
Lokal-
bahnhof
Gerbermühle
Kaiserlei
Marktplatz
F-Süd
Mühlberg
Stresemannallee
Sachsen-
hausen
Goetheruh
Oberrad
Scheerwald
Goetheturm
Louisa
Lerches-
berg
Kesselbruchs.
Rosenhöhe
N
1 cm
1 Km
Oberschwein-
stiege
Monster-
specht
Grastränke
Grüngürtel Radweg
Jacobi-
weiher
Förster-
wiesenweiher
Monte
Scherbelino
Offenbacher
Kreuz
pmv PETER MEYER VERLAG
Stadtwald-
haus
Pinkel-
baum
Kessel-
bruchweiher
Gravenbruch
Tannenwald
Föhl
F-Süd
Rathaus
Bansa-
park
Neu-Isenburg
Brandschneise
Babenhauserstr.
NSG
Gehspitz-
weiher
Langgewann Schneise
Gravenbruchschneise
Bestewiesenschneise
Seiberts-
wiese
Buchschlag
Sprendlingen
193
Eberts-
berg
Villenkolonie
Dreieich
Dreieich-
Sprendlingen
Gut Neuhof
Dietzen-
bach
Stangenpyramide
Bieber
Wingerts-
berg
198
S3, 4
Landwehr
Dreieich-
Weibelfeld
Schwerspat-
grube Anna
Langen-
Flug-
sicherung
Burg Hayn
Panorama
Dreieichen-
hain
El Castillo
Wald-
schwimmbad
Hexen-
berg
RB 61
Dreieichenhain
Götzenhain
215
Regionalpark
Rundroute
Hexenberg
Langen
Sühnekreuze
Deutsche Fachwerkstrasse
Wetterstation
Offenthal
R3
R8
3
43
46
15
16
17
18
19
20
52
486
661

Tour 7: Dreieich | ❑❑■ | 41,09 km | 277 hm

0,00 km
FFM-Süd: in **Mörfelder Landstraße** (vorn: Hedderichstr./ Darmstädter Landstr.)

0,32 km
Hinter **Darmstädter Landstr.** in **Hainer Weg, Hühnerweg,** dann **Wendelsweg**

2,30 km
Am **Goetheturm** vorbei auf G Richtung **Oberschweinstiege**

2,90 km
Weiter mit G zur **Oberschweinstiege**, dann immer geradeaus (G biegt ab)

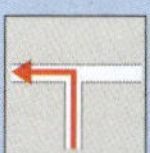
4,64 km
folgen bis Anfang Kesselbruchweiher

5,30 km
Kesselbruchweiher: Uferweg bis vor Betonplatte, dann zu zweitem Teich abbiegen

5,54 km
Försterwiesenweiher: Uferweg bis zu breitem Weg, dann Hauptweg (**Beckerweg**)

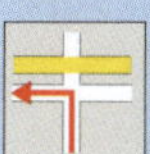
6,44 km
Auf Radweg vor Darmstädter Landstr.; in **Neu-Isenburg**: weiter **Frankfurter Straße**

7,50 km
In **Löwengasse** über **Marktplatz** in **Pfarrgasse**, dann geradeaus in **Bansastraße**

7,91 km
In **An der Vogelhecke** bis **Am Bansapark**: in Park, durchfahren, weiter in **Berliner Str.**

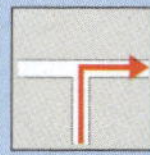
8,55 km
Ende **Berliner Str.**: in **Am Mühlgraben**, ab da nach **Dietzenbach** (mit R8)

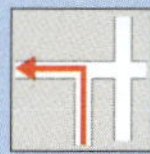
10,07 km
Auf **11** (R8 rechts): nach **Dietzenbach** mit **Regionalparkweg**

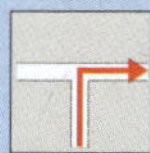
15,13 km
nach **Langen**

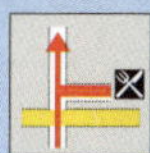
17,34 km
Abstecher zu **Gutsschänke Neuhof**, dann R8 bis Ende Altstadt **Dreieichenhain**

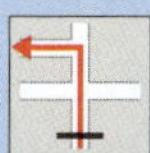
21,00 km
60 m nach Torturm: in **Maienfeldstraße**, am Ende weiter über Gleise bis Waldrand

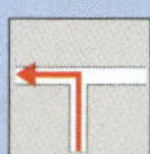
21,49 km
Auf Weg am Waldrand, bald darauf auch wieder mit

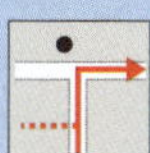
22,20 km
Kurz nach **Pflanzentunnel** (Grasweg nach links): Richtung **Mönchbruch** mit

24,23 km
Ab hier mit **RuLa** und zum **Mönchbruch;** später auch **Ringlandwehr Buchschlag**

27,27 km
Rula verlassen: Mit Richtung **Frankfurt** und **Dreieich-Buchschlag**

27,63 km
Ringlandwehr: auf Pfad (ca 850 m) mit am Ende (**Hainbuche**) nach Buchschlag

29,58 km
Mit **13** durch Buchschlag **Villenkolonie**: **Hainer Trift, Kirchweg, Buchwaldstr.**

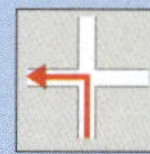
31,03 km
Waldrand (Ende **Rudolf-Binding-Weg**): **13** und bis nach Neu-Isenburg hinein

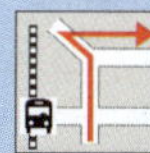
34,35 km
Neu-Isenburg (**Bahnhofstr./**): vor bis **Friedensallee**, dann mit auf Waldweg

35,26 km
Zur **Oberschweinstiege**: mit R8, ab **Isenburger Schneise** mit G

37,60 km
Oberschweinstiege; weiter: zur **Stadtmitte;** später als **F6 Museumsufer**

40,35 km
Auf **Mörfelder Landstraße** zum (**F6** geradeaus)

SEEN & MEHR #7

VIEL LOS IM DAZWISCHEN

Die Tour erkundet eine Region, die sowohl für Radler aus Frankfurt wie aus Darmstadt eher unbekanntes Terrain ist. Das „Zwischenland" ist dennoch bestens per Bahn zu erreichen, wie ein Blick auf die Karte zeigt. Auch Einkehrmöglichkeiten gibt es zuhauf. Vor allem aber präsentiert die Route wie auf einer Perlenkette mehrere hochkarätige Ziele. Tänzeln Sie auf den spektakulärsten Aussichtsturm der Region, das Ballett der Bewegung. Staunen Sie über das rätselhafte Landschaftskunstwerk Seelenvogel. Und lassen Sie sich vom Charme der Altstadt von Dreieich mit der urigen Burgruine Hayn (↗ Tour 7) einfangen.

Start klar: Der Seelenvogel nimmt Anlauf für seinen Flug durch die Lüfte

Achtung, Kalorienattacke

Wenn Sie sich aufmachen, werden Sie aber schnell merken: Auch bevor Sie die eben erwähnten Hochkaräter erreichen, gibt es schon reichlich zu sehen. Auf den ersten Kilometern etwa liegen drei hübsche Seen am Weg. Ab dem Gräfenhäuser **Steinrodsee** (erste Einkehrmöglichkeit) tauchen Sie dann auch in die alten Wälder der Dreieich ein. Das Grün begleitet einen auf längeren Abschnitten, so auch vom Mörfelder **Bornbruchsee** zum **Schloss Wolfsgarten.** Für die Residenz der hessischen Landgrafen lohnt ein Blick in den Kalender: zwei Mal im Jahr ist der Park für die Öffentlichkeit zugänglich. Nach **Landschaftspark Bruchsee** und dem **Egels-**

Tourtelegramm Zwischenland

Start: Arheilgen Bhf | Ziel: Arheilgen Bhf

Arheilgen – Kleewoog von Gräfenhausen (NSG) – Gräfenhausen – Steinrodsee – Bornbruchsee – Schloss Wolfsgarten – Landschaftspark Bruchsee – Flugplatz Egelsbach – Götzenhain – Schwerspatgrube Anna – Aussichtsturm Wingertsberg – Dietzenbach – Gut Neuhof – Stangenpyramide – Dreieichenhain Altstadt – Koberstädter Falltorhaus – Altes Forsthaus Kalkofen – Arheilgen

57,89 km | 3:20 Std | Schwierigkeit: ■■■

Profil der Tour: Die Runde lässt sich trotz der Länge gut bewältigen, nur sollte man nicht den Fehler begehen, auf dem ausgedehnt flachen ersten Teil zu viel Gas zu geben. Denn hinter Egelsbach wird es bis zum Schluss wellig: Es geht gemütlich, aber stetig auf und ab, lediglich der Anstieg zum Dietzenbacher Aussichtsturm ist auf 20 m kräftig steil. Ebenfalls einkalkulieren sollte man: Der größte Teil der Tour verläuft auf Waldwegen mit wassergebundener Decke, was etwas anstrengender zu fahren ist als geteerte Wege. Durch anhaltend nasses Wetter werden die Waldwege regelrecht schwer! Wer sie dann fahren will, naja. Umgekehrt gilt aber für heiße Tage: Trotz waldiger Abschnitte ist man oft auf offenem Feld der direkten Sonneneinstrahlung ausgesetzt.

Variante: Kurzer Weg: Radschnellweg (sobald fertig) ab Bhf Arheilgen bis kurz vor Egelsbach, dort Anschluss an Regionalpark-Rundroute. Bei zu großer Hitze:

bacher Flugplatz mit dem nächsten Restaurant folgt eine längere Passage, bei der man sich aufs Radeln konzentrieren kann. Die Querung von Götzenhain leitet dann hin zu den schon genannten Highlights der Tour. Ach ja: Wer zwischendurch stilvoll pausieren will, macht einen kleinen Abstecher zu **Gut Neuhof** (↗ Tour 6), ansonsten heißen gleich mehrere Cafés in der **Dreieicher Altstadt** Gäste willkommen. Der Rest der Tour zurück nach Westen ist viel Wald. An dessen Ende, kurz vorm Zieleinlauf, wartet mit dem beliebten Ausflugslokal **Forsthaus Kalkofen** eine Einkehr, die dem Darmstädter sagt „Jetzt bin ich wieder daheim" und dem Frankfurter einen Abschied vom Dazwischen mit Stil beschert.

Götzenhain, Dietzenbach und Gut Neuhof auslassen und direkt Altstadt Dreieichenhain ansteuern.

▲ 491 hm

S3 Ffm Hbf – Darmstadt bis DA-Arheilgen.

R8, Regionalpark-Rundroute, Familien-Radroute LaDaDi, Radschnellweg DA – FFM (im Bau).

Bei Einkehr und auf Anfrage in der Fischerhütte am Steinrodsee, im Restaurant Panorama auf dem Wingertsberg und im El Castillo in Dreieichenhain.

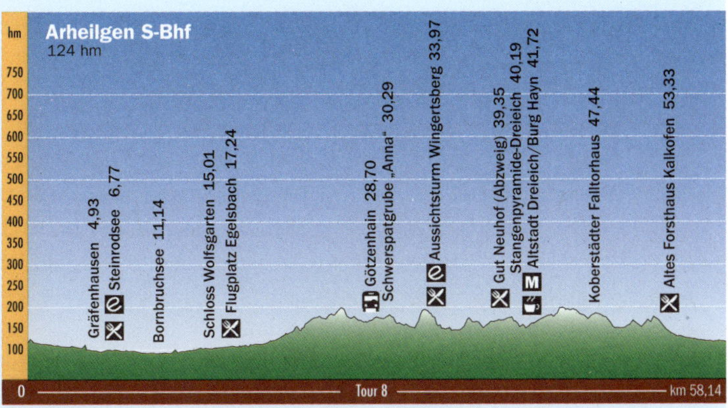

Besichtigungsstopps

Rhododendron fürs Volk: Schloss Wolfsgarten

Wie ↗ **Schloss Kranichstein** ist auch Schloss Wolfsgarten ein Erbe des Landgrafen *Ernst Ludwig von Hessen-Darmstadt.* Erbaut 1722 – '24 endete seine Blütezeit mit der Abschaffung der Parforcejagd 1768. Spannend sind die Umbauten aus den letzten Jahren der Regenten: Zum einen wurde der Park angelegt, zum anderen erbaute der Darmstädter Jugendstil-Architekt *Joseph Maria Olbrich* (1867 – 1908) das **Prinzessinenhaus.** Das war in der Größe ganz auf die 1902 siebenjährige *Elisabeth Maria Alice Victoria* zugeschnitten und ist das einzige unveränderte Werk Olbrichs. Das Schloss wurde nach dem Ende der Adelsherrschaft in der Weimarer Republik zum **Hauptwohnsitz** der ehemaligen großherzoglichen Familie. Seit 2013 ist *Heinrich Donatus Philipp Umberto Prinz und Landgraf von Hessen* das Familienoberhaupt. Zwei Mal im Jahr ist der Wolfsgarten, der sich im Besitz der Stiftung des Hauses Hessen befindet, für die Öffentlichkeit zugänglich: während der **Rhododendronblüte** im Mai und beim **Fürstlichen Gartenfest** im September (Termine wechselnd).

Die Schwere beim Abheben: Im Landschaftspark Bruchsee

Der kleine **Landschaftspark Bruchsee** zwischen Ortsrand und dem Egelsbacher Flughafen hat sich seit der Eröffnung 2003 zu einem hübschen Naherholungsgebiet rund um den 3,5 Hektar große See entwickelt. Der Namensteil *Bruch* deutet an, dass es sich einst um einen Tümpel in ziemlich feuchter Umgebung gehandelt hat. Vom See ausgehend, wurde für das **Regionalpark-Projekt** die Umgebung mit sanften Eingriffen geordnet. Eine Zierbirnen-Allee weist den Weg zum Zentrum. Den füllt der **Platz des Windes** aus, über dem der **Seelenvogel** seine Flügel ausbreitet. Die Skulptur des Künstlers *Kai Wujanz* verbindet Leichtigkeit und Schwere. An den Armen hat der Flugmensch Tragflächen geschnallt; die klobige Pilotenbrille weckt Erinnerungen an die Pionierzeiten der Flieger. Doch die gebückte, angestrengte Haltung und der über dem Leeren schwebende Fuß vermitteln keineswegs reine Unbeschwertheit: Das Dasein als Luftwesen scheint nicht nur immer wolkig-leicht zu sein.

Graswurzelbewegung mal anders: Flugplatz Egelsbach

Genau daran wird man erinnert, wenn der **Flugplatz Egelsbach** mal wieder in die Schlagzeilen gerät: In die Nachrichten schafft er es meistens dann, wenn eines der dort lande- oder startberechtigten **Kleinflugzeuge abgestürzt** ist. Allein seit 2009 sind dabei 13 Menschen ums Leben gekommen. Dann ist auch die Aufregung unter den Anrainern groß – und sie fragen sich: Brauchen wir noch einen Extra-Flughafen, wo doch der große so nah ist? Privatflieger, ob geschäftlich unterwegs oder zum Freizeitvergnügen, werden das bejahen. Denn obwohl es technisch fast unmöglich ist, verschieden schnelle und große Flugzeugtypen zeitgleich starten und landen zu lassen, ist es hier möglich. Der Egelsbacher Flugplatz mit seiner heute 1400 m langen, asphaltierten **Piste** ist sogar der einzige in Deutschland, bei dem es unterschiedliche Verfahren für die langsamen und schnellen Blechvögel gibt – was ausgiebig genutzt wird! Allerdings sind die gut 70.000 Bewegungen pro Jahr erheblich weniger als in den Hochzeiten in den 1970er-Jahren, wo auch schon mal 125.000 gezählt wurden. Dabei hatte alles mal so bescheiden mit einer **Grasbahn** angefangen. Die schaffte aber schon 1956 über 35.000 Flugbewegungen – und mit dem Ausbauen von Flugfeldern ist man in Rhein-Main ja bekanntermaßen schnell bei der Hand. Da haben dann sogar das Bundesministerium für Umwelt und Naturschutz, Bürger und die *Groppe,* eine geschützte Fischart, keine Chance. Ihr *Hegbach* wurde trotzdem umgeleitet.

Das Küchendorf: Götzenhain

Manchmal muss man schon sehr genau hinsehen. Auch wenn das Ortsbild von **Alt-Götzenhain** sehr unscheinbar daherkommt, es steckt dennoch etwas Bemerkenswertes darin: Es ist weder ein lang gestrecktes Straßen- noch das in der Region typische Haufendorf, das im Kern ein paar Höfe aufweist. Der rechtwinklige Verlauf der alten Ortsgassen lässt die Heimatforscher deshalb vermuten, dass es sich um eine planvoll angelegte Siedlung handelt. Grund dafür könnte gewesen sein, dass die um 1200 auf ↗ **Burg Hayn** residierenden Reichsvögte zusätzliches Ackerland benötigten und zu seiner Bewirtschaftung das im Volksmund „Küchendorf“ genannte Götzenhain anlegen ließen. Aber in **Götzenhain** gibt es noch mehr spannende Relikte aus vergangenen Zeiten. Auf der Tour passieren Sie die ehemalige **Schwerspatgrube Anna,** wo von 1921 bis ’28 Baryt abgebaut wurde. Und im **Ringwäldchen** südlich des Bahnhofs stößt man auf Reste des … Vogelsberg! Der größte Vulkan Europas hat hier in einer

letzten Aufwallung ein bisschen Basalt aus dem Boden gepresst, das um 1800 systematisch abgebaut wurde. Heute erinnert daran nur noch ein doppelter Ringwall als Naturdenkmal (wobei die wellige Erhebung vor allem jugendliche BMX-Radler anlockt). Der schwarze Stein findet sich wieder in Bauten auf Götzenhainer Gemarkung, etwa der katholischen Kirche. Erstmals erwähnt wurde Götzenhain 1318. Nach dem Aussterben der ersten Herren, der Grafen von Falkenstein (Pfalz), übernahmen es die Isenburger. Graf *Johann Philipp von Isenburg-Birstein* erbaute um 1715 **Schloss Philippseich** (nicht zu besichtigen), der als Mustergut errichtete **Neuhof** liegt an der Route der Tour.

Kleine Forsthaus-Elegie

Mitten auf der Wiese steht die einsame Pumpe mit gusseisernem Schwengel – bizarr! Doch eine Tafel klärt auf: Hier stand einst das **Forsthaus Koberstädter Falltorhaus.** Errichtet 1833, wurde es 2007 von HessenForst abgerissen. Zwischendrin erlangte es einige Berühmtheit und war sehr beliebt bei den Einheimischen: Die Försterfamilien *Siegel* und *Loidel,* die fast das ganze 20. Jahrhundert hindurch die Bewohner des Hauses auf der lauschigen Wiese waren, schenkten Ebbler aus und reichten Handkäs dazu. Gute alte Zeiten ...

*Der Name **Arheilgen** hat schon zu vielen Spekulationen über die Herkunft verleitet, er hat aber mit ziemlicher Sicherheit nichts mit Heiligen zu tun. Spannender ist aber, dass die „Oarhelljer“ im Volksmund „die Mucker“ heißen und im September das „Muckerfest“ gefeiert wird. Warum? 1000 Einwohner demonstrierten 1850 am Darmstädter Schloss und muckten gegen die Abberufung ihres Vikars auf.*

Service-Adressen

eBike-Ladestation

Auf Nachfrage im Ristorante Panorama und im El Castillo.

Freizeit & Sehenswertes

Schloss Wolfsgarten Gartenfest, Hessische Hausstiftung, Donatus Landgraf von Hessen, Prinzessin-Margaret-Allee (K168), 63225 Langen. VVK Gartenfest ✆ 0661/9486-61, www.gartenfest.de. Mitte Sep Fr – So. VVK 16,50 €, Tagesticket 18 €, Dauerkarte 36 €; Kinder bis 14 Jahre frei, Schüler und Studenten bis 26 Jahre 16 € (VVK 14,50 €). Infos: Hunde nicht erlaubt. Das Fürstliche Gartenfest ist eine Verkaufsausstellung für Pflanzenzüchter mit überregionaler Bedeutung.

Einkehr & Camping

Ristorante Panorama, am ↗ Wingertsbergturm, Enver Bayrak, Jungfern-Wingert-Straße 5, 63128 Dietzenbach. ✆ 06074/9193120, www.ristorantepanorama.de. So und Fei 11.30 – 22 Uhr, Apr – Okt Mo – Sa 11.30 – 14.30 und 17 – 23 Uhr, Nov – März 11.30 – 14.30 und 11.30 – 22 Uhr. Italienisch-mediterrane Speisen, hausgemachte Pasta, überdachter Biergarten.

El Castillo, Susann Garcia, Fahrgasse 52, 63303 Dreieich-Dreieichenhain. ✆ 06103/9886643, www.elcastillo-dreieich.de. Mo – Sa 17 – 23 Uhr, So 12 – 22 Uhr, geänderte Öffnungszeiten während der Burgfestspiele. Spanisches Restaurant mit Ensaladas, Tapas und Paella.

Rodizio Flughafen, Flugplatz 1, 63329 Egelsbach. ✆ 06103/3922315, www.rodizio-flughafen.de. Vom Platz des Windes 400 m nach Süden. Mo – Fr 17 – 22, Sa 12 – 22, So, Fei 12 – 21 Uhr. Plätzchen mit Flair und einem Extra: genießen und den Fliegern zuschauen.

Zum alten Forsthaus Kalkofen GmbH, Susanne Bausch, Kalkofenweg 90, 64291 Darmstadt-Arheiligen. ✆ 06151/371480, www.kalkofen.com. Biergartensaison ab März Mo – Sa 12.30 – 23 Uhr, So, Fei 9.30 – 23 (mit Schwenkgrill 11.30 – 19.30 Uhr), wetterabhängig. Wunderbar zum Ausklang einer Tour. Großer Biergarten, Natur und Tiere drumherum, Spielplatz, Sonnenwiese. Die Hirsche dürfen gefüttert werden.

Camping am Steinrodsee, 64331 Weiterstadt-Gräfenhausen. ✆ 06150/53593, www.camping-steinrodsee.de. Kiosk-Café April – Okt 8 – 18 Uhr. Im Steinrodsee darf nicht gebadet werden (Blaualgen). Der Kiosk bietet Kaffee und Kuchen, Snacks.

Tour 8: Zwischenland | 58,14 km | 491 hm

0,00 km	Brücke über Gleise und B3: mit **16** Richtung **Weiterstadt**
1,81 km	Auf **17** Richtung **Wixhausen**
3,60 km	Auf **14** nach **Gräfenhausen** mit ; am Ortsrand Hinweis zum **Steinrodsee** folgen
5,64 km	verlassen: Mit **19** auf **Triftweg** zum **Steinrodsee**
6,59 km	Über **Fischerhütte** am **Steinrodsee** vorbei; am Ende wieder auf Triftweg mit **19** weiter
8,18 km	Auf **12** Richtung **Nauheim**
8,91 km	Mit zum **Bornbruchsee**
11,31 km	Hinter **Bornbruchsee**: nach **Egelsbach**, dann mit stets auf **Regionalpark-Rundroute**
14,48 km	**Schloß Wolfsgarten**: weiter **Regionalpark Rundroute** auf **Wegachse Hegbachsee**
16,60 km	**Landschaftspark Bruchsee**: zu **Flughafen Egelsbach**; weiter: Richtung **Keltenzug**
18,09 km	In **Hans-Fleißner-Str.** dann Bahntunnel und weiter **Rundroute** Richtung **Dietzenbach**
22,85 km	verlassen (nach **Langen**): weiter mit R8 Richtung **Dietzenbach**; über B486
26,80 km	R8 verlassen; nach **Offenthal**; nach 1,3 km in Götzenhain geradeaus in **Langener Str.**
28,06 km	Götzenhain: **Ringwäldchen** (letzte m zu Fuß); hinter Bahn **Ringwaldstr.** folgen
29,14 km	In **Rheinstraße**, in **Friedensstr.** (Kirche), **Wallstr.**, **Höllgartenstraße** aus dem Ort
29,92 km	**Rudi** folgen: über Umgehungsstraße zu **Grube Anna**; dann weiter **Wingertsberg**
31,81 km	**Rudi** verlassen: geradeaus auf Berg mit Aussichtsturm zufahren
32,50 km	Auf Feldweg in die **Obstgärten auf dem Wingertsberg**; am Ende kurz steil hoch
33,19 km	Grenzstein 100 m oberhalb von Landstraße; im Ort **Hochstraße** bis zum Aussichtsturm
34,00 km	**Aussichtsturm Wingertsberg**; weiter: auf **Jungfernwingertstr.** und **Darmstädter Str.**
34,70 km	In **Brunnenstr.**, am Feld zur **Feldstr.**: Richtung **Stangenpyramide** bis Ende Bebauung
35,38 km	Nach **Frankfurt** und **Neu-Isenburg**, stets am Siedlungsrand; dann in Wald
37,28 km	Mit nach **Dreieichenhain**
39,44 km	**Gutsschänke**: ab hier wie TOUR 7 (17,34 km bis 22,20); dann wie Hinweg mit R8 über B486
44,52 km	Vor Radarturm: Richtung **Dieburg** und **NSG Hegbachaue**
46,75 km	verlassen; nach 600 m Kreuzung am (ehemaligen) **Koberstädter Forsthaus**
49,15 km	Kurz nach Hegbachaue: Richtung **Darmstadt**
49,94 km	verlassen und auf **Speierhügelschneise**
52,23 km	Auf **14**; nach 1,1 km **Kalkofen**; dann weiter **14**, stets Richtung **Weiterstadt**
56,32 km	Vor **B3** bleiben, auf Radweg hinein nach Arheilgen, dort zum **DA-Arheilgen**

KELTEN, KINZIG & KULTUR

#9

WO SICH KELTEN UND RÖMER GUTEN TAG SAGTEN

Eine gewaltige Runde, gewiss. Aber eine mit zwei der großartigsten Ausflugsziele im ganzen Rhein-Main-Gebiet. Das erste ist das spektakuläre Museum am Glauberg, gebaut um einen archäologischen Jahrhundertfund, die steinerne Keltenfürsten-Figur, zu würdigen. Und dann Büdingen, die wohl schönste Altstadt der Region. Ebenso genial die Infrastruktur: Vulkanradweg, Hohe Straße und Limesroute sind Premium-Radwege! Bestens ausgeschildert, entführen die Sie in höchst reizvolle Gefilde: zu den Störchen im Niddertal auf die Höhe zwischen Wetterau und Main und zu den aparten, lustigen oder nachdenklich stimmenden Stopps am Limes.

In rostigen Stahl eingefasst: Das Museum Keltenwelt am Glauberg

© Alexander Kraft

Wege zu Kelten und Römer

Direkt am Bahnhof **Altenstadt** steigen Sie auf dem **Vulkanradweg** ein. Dem könnte man bei seinem heiteren Haken schlagen im Niddertal durchgehend bis Lißberg folgen. Wäre da nicht der Abstecher zum **Keltenmuseum** am Glauberg! Das muss natürlich sein, danach können Sie sich aber wieder aufs Störchebeobachten an der Nidder konzentrieren. Oder einen kleinen Kulturabstecher ins **Modellbahnmuseum Stockheim**

Tourtelegramm Keltenfürst

Start: Altenstadt Bhf | Ziel: Altenstadt Bhf

Altenstadt/Vulkanradweg – Lindheim – Düdelsheim – Glauberg-Museum Glauberg-Plateau – Glauberg – Stockheim – Selters – Ortenberg – Weidmühle Lißberg – Bergheim – Dudenrod – Wolf – Büdingen – Altstadt/Schloss – Hohe Straße – Vonhausen – Diebach am Haag – Marköbel – Hammersbach – Limes Oberau – Altenstadt

66,15 km | 3:45 Std | Schwierigkeit: ■■■

Profil der Tour: Die Tour im Land zwischen Wetterau und Vogelsberg ist ein ziemlicher Brocken. Dazu tragen auch die fast 900 Höhenmeter bei, bis aufs Niddertal ist es ein stetes Auf und Ab. Zum Glück macht es Ihnen die Tour sonst einfach: sowohl im Hinblick auf den zu befahrenden Untergrund, als auch bei der Beschilderung. Die ist bei Vulkanradweg, Hoher Straße und Limesroute vorbildlich. Sparsamer ist sie (aber dennoch gut zu finden) beim welligen und waldigen Transfer vom Niddertal nach Büdingen. Nur auf eines sei nachdrücklich hingewiesen: Außer jenem Waldabschnitt fahren Sie fast durchgehend übers offene Land, da ist nicht nur an heißen Tagen Schutz vor der Sonne angesagt!

Variante: Verkürzter Weg: Büdingen Bhf: RB46 Gelnhausen – Gießen. Sie können den Charakter der Tour verändern, wenn Sie mit der Bahn bis Stockheim fahren und somit den Besuch im Keltenmuseum an den Schluss der Runde setzen. Schöner Nebeneffekt: Wenn Sie den Vulkanradweg als Abschlusspassage wählen, finden Sie fast im Kilometertakt Vorschläge zur Einkehr – die Wirte im Niddertal wissen, was sie an diesem Radweg haben.

sowie hinauf nach **Ortenberg** einplanen. Die lange Passage Richtung Büdingen quert die lichten Wälder zu Füßen des Vogelsberg und führt durchs verträumte **Bergheim.** Auf dem Weg hinab nach Dudenrod heißt es öfter mal bremsen, um die vielen lehrreiche Tafeln zu studieren, die den **Keltenweg** begleiten. **Büdingen** können Sie mit unserem Bogen durch die Altstadt intensiv kennen lernen; das beginnt gleich mit dem *Sandrosen-Museum* im **Jerusalemer Tor.** Auf der Hohen Straße folgt eine tolle Aus-

▲ 873 hm

Niddertalbahn RB34 (Ffm Hbf –) Bad Vilbel – Glauburg-Stockheim bis Altenstadt.

Vulkanradweg, Hessischer Bahnradweg, Regionalparkroute Hohe Straße, Ysenburgroute, Limes-Radweg.

Eine Ladestation finden Sie in Büdingen am Marktplatz (Rückseite Markthalle): Schließfach mit Pfandschloss. Bei Einkehr und auf Anfrage im La Terrazza sowie im Ronneburg-Lokal.

Die drei **Premium-Radwege** laden immer wieder zu kleinen, gut ausgeschilderten Abstechern ein. Wer sich die Zusatzkilometer zutraut, wechselt zum Beispiel in Diebach am Haag auf die Ysenburg-Route und steuert die Ronneburg an. Hin und zurück sind das ca. 6 km mehr.

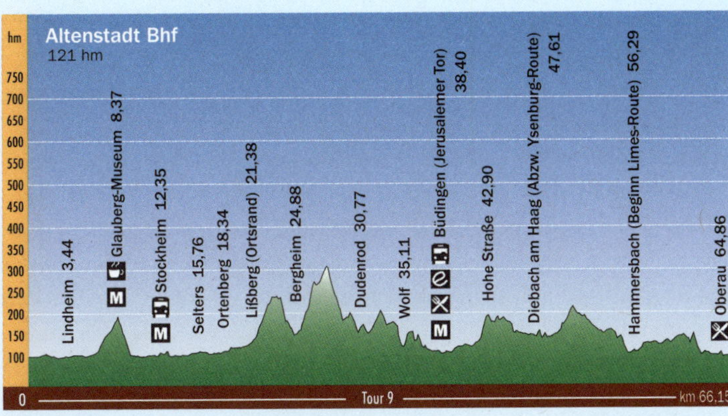

sicht auf die nächste. Achten Sie mal darauf, wie schön zum Beispiel **Ronneburg-Blick** und die **Weitsicht** vor Marköbel gerahmt sind! Die **Limes-Route** bis Altenstadt verbindet dann noch einmal Radelgenuss mit Wissensexkursen zur römisch-germanischen Grenzziehung.

Besichtigungsstopps

Im Zeichen der Mistelkrone: Keltenwelt am Glauberg

In der Jahrtausende währenden Geschichte des Glaubergs sind die Kelten eigentlich nur eine Episode. Doch der Fund des großohrigen „Mickymaus-Fürst" aus dem 5. Jahrhundert v. Chr. hat die keltische Epoche zur wichtigsten Zeit für diesen vorgeschobenen Ausläufer des Vogelsberg gemacht! Die archäologische Jahrhundert-Sensation war perfekt, als 1994 jene mannsgroße Sandsteinfigur zu Tage kam, die ein 2400 Jahre altes, ungeplündertes und weitgehend erhaltenes **Grab eines Keltenfürsten** bewachte. Seither ist am Glauberg keine Ruhe mehr eingekehrt. Eine derart ausdifferenzierte Skulptur so früh so weit nördlich der Alpen? Undenkbar bis dato für die Historiker. Doch ähnlich wie bei Ötzi mussten sie nun die Geschichte umschrieben. Wofür steht „Micky"? Ein Herrscher, gewiss. Der ausladende Kopfputz wird als Blätter- oder Mistelkrone gedeutet. Aber die Entdeckungen gehen ja weiter: Hoch spannend etwa das erst danach gefundene **Massengrab.** Das liefert möglicherweise ganz neue Erkenntnisse über den bizarren Totenkult der Kelten.

Viele Fragen – und seit Mai 2011 großartig präsentierte Antworten! Sozusagen rund um die 1,86 m große Sandsteinfigur wurde das spektakuläre **Museum Keltenwelt** samt einem **Archäologischen Park** geplant. Gewiss, die Architektur des Landesmuseums spaltet die in großer Zahl strömenden Besucher. Doch der Anblick bleibt wohl jedem unvergesslich. Insofern ist der mächtige Kubus aus kunstvoll angerostetem Corten-Stahl, der den Blick hinaus in die Landschaft symbolisieren soll und exakt über den Grabtumulus hinweg schaut, dem Rang des Fundes unbedingt angemessen. Die Schau im Innern präsentiert auf 600 qm die originalen Fundstücke und erläutert anschaulich die Welt der Kelten. Spezialisten werden

Geheimnisvolle Keltenwelt
© Alexander Kraft

dort eher wenig Neues erfahren: Die Museumsdidaktik wendet sich auf wohltuende Weise an Laien, während das angegliederte Forschungszentrum auf internationaler Ebene der Wissenschaft dient.

Vom Faustkeil zur Reichsburg: Archäologischer Park auf dem Glauberg

Eins vorweg: Radeln oben auf dem Plateau ist untersagt – man sollte sich aber dennoch unbedingt Zeit auch für jenen Teil des **Archäologischen Parks** nehmen. Die 21 Stationen des Rundkurses (gut 1 Std) sind mit höchst informativen Tafeln bestückt. Spannend, was Steine, Geo- und Biologie zu erzählen haben – oder hätten Sie gewusst, dass die Büdinger dort mal Wein anbauten?

Der **Glauberg** ist einer der zentralen Punkte für die Besiedlungsgeschichte der gesamten östlichen Wetterau. Das fruchtbare Land zog sie seit 7000 Jahren alle an: die Menschen der Jungsteinzeit, die Kelten, die Römer, die Alemannen. Bis auf das Imperium aus Italien richteten sie sich dann auch stets oben auf jenem letzten basaltenen Ausläufer des Vogelsberg häuslich ein. Die nach den Alemannen nächsten nachweisbaren Spuren auf jenem

600 m langen und bis 200 m breiten Plateau, das erstaunlicherweise über eine immer noch vorhandene Wasserstelle verfügt, hinterließen vom 7. bis 9. Jahrhundert die Franken. Die Staufer errichteten sogar eine Reichsburg, um das weite, offene Land zu kontrollieren.

Heiß geliebt: Der Kalte Markt von Ortenberg

Im späten 12. Jahrhundert werden erstmals ein *Werner* und ein *Heinrich von Ortenberg* erwähnt. In **Ortenberg** wurden Zehntgericht, Messen und Märkte abgehalten; spätestens im Jahre 1266 erhielt es Markt- und Stadtrechte. Bemerkenswertester Bau ist die (evangelische) **Marienkirche,** eine dreischiffige gotische Hallenkirche mit viel Originalinventar. Der Turm, der 1325 erbaut worden sein soll, trägt einen der ältesten noch original erhaltenen Dachstühle in Deutschland (1368). Chor und Chorgestühl, die aus den 1380er-Jahren stammen, zählen ebenfalls zu den ältesten in Hessen, ihr Schnitzwerk wirkt noch etwas ungelenk. Die floralen Deckengemälde zeigen Marias Kräutergarten, das war sogar der Post eine Briefmarke wert. Nur noch als Kopie hingegen ist der **Ortenberger Altar** zu besichtigen; das Original steht im Hessischen Landesmuseum Darmstadt. Der Altar gilt als hervorragendes Beispiel mittelrheinischer Malkunst und ist um 1420 entstanden, das lebensgroße Kruzifix um 1500. Im Jahre 1634 werden die Stadt und das Schloss durch die Kroaten zerstört. Die große Bedeutung der Ortenberger **Märkte** für das Umland erklärt sich daraus, dass zu Amt und Landgericht 20 Dörfer gehörten. Der weithin bekannte **Kalte Markt** ist eines der größten Volksfeste Oberhessens und wird erstmals 1422 erwähnt. Seine Bedeutung hat er durch den späten Zeitpunkt Ende Oktober: Die Ernte war eingefahren, die Jungtiere groß genug, also konnte die Verkaufsschau gut beschickt werden – was in früheren Jahrhunderten für die Menschen besonders wichtig war: Sie konnten ihre Wintervorräte termingerecht einkaufen.

> Um zur Marienkirche zu gelangen: die Straße Am Mühltor hinauf, dann durch Steingasse und Marienkirchgasse weiter bis zum Schlossplatz.

DAUERHAFTE GRENZE: DER LIMES

Er ist 500 km lang und verläuft durch vier Bundesländer, er ist eines der wichtigsten Kulturdenkmäler der Vor- und Frühgeschichte und ein gigantisches Bauwerk mit einst 900 Wachtürmen sowie rund 60 rückwärtig gelegenen großen Kastellen: Zu Recht erhob die UNESCO 2005 den **Obergermanisch-Raetischen Limes** zum Weltkulturerbe. Historisch gesehen markiert er den Zeitpunkt, da die Römer die Germanen von den Bäumen geschüttelt haben und ihnen die Kultur brachten. Denn obwohl Limes als Grenze verstanden und auch so übersetzt wird, war er nicht ausschließlich als unüberwindliches Hindernis gedacht. Er sollte Besitzverhältnisse markieren – und so blühte bald dort ein reger Handel mit den Barbaren auf, wo um die Lager der Römer zunehmend Siedlungen entstanden.

Für den Bau des bau- und vermessungstechnischen Meisterwerks (hinter Walldürn etwa verläuft der Limes auf 80 km schnurgerade!) gibt es keinen exakt datierbaren Baubeginn. Erste Pläne entstanden unter Kaiser *Domitian* (81 – 96 n.Chr.). Der Limes wuchs und das in zweierlei Hinsicht: sowohl was die Ausdehnung angeht als auch das Bauwerk an sich. In der hiesigen Gegend waren es zunächst nur kleine befestigte Lager mit Holztürmchen als Vorposten. Damit die Legionäre untereinander in Sichtkontakt standen, wurde der Wald gerodet. Irgendwann fingen sie an, Palisaden aufzustellen, einen Graben auszuheben, die Türme in festem Stein auszuführen – viel Beschäftigung gab es für die Truppen fern von *bella italia* sonst nicht im kalten Germanien. Richtig durchgehend ausgebaut von der Donau (kurz vor Regensburg) bis zum Rhein (hinter Koblenz) war der Limes schließlich im 2. Jahrhundert.

Mit dem Niedergang des römischen Imperiums, begann auch der Limes zu bröckeln: Ein praktischer Steinbruch für jene, die keine Ahnung hatten, wie sie so präzises Baumaterial hätten herstellen sollen. Am Ende war vom Limes so wenig übrig, dass man erst im 17. Jahrhundert anfing, sich für den seltsamen, unendlich langen Wall zu interessieren, der da schon kaum anders als eine mittelalterliche ↗ **Landwehr** aussah. Die Begeisterung hierzulande gipfelte in der *Reichslimeskommission* (gegründet 1892). Ein ganz großer Fan war Kaiser *Wilhelm II.* – er sorgte ja auch für den Wiederaufbau der ↗ **Saalburg.**

Einzug in die gelobte Stadt: Büdingen

Die historische **Altstadt von Büdingen** und das **Schloss der Ysenburger** auf halber Strecke sind der perfekte Ort für eine längere Rast auf dieser langen Tour. Der seltene Glücksfall des „hessischen Rothenburg“ hat auch damit etwas zu tun, dass die Herrschaft nicht wechselte und Büdingen von den rabiaten Phasen der Industrialisierung verschont blieb. Ein hessischer Landeskonservator hat den Ort einmal als „schönste Stadt Hessens“ bezeichnet, ein Professor aus Marburg sagte sogar: „Büdingen bleibt die spätgotische Stadt und ist als solche einer Betrachtung wert wie ein Gesamtkunstwerk.“ Heute steht die Altstadt als Gesamtanlage unter Denkmalschutz.

Kern der Entwicklung ist das ursprünglich als Wasserburg gebaute **Schloss.** Auf Geheiß Kaiser *Friedrich Barbarossas* von den *Herren von Büdingen* im 12. Jahrhundert errichtet, sollte damit die Wetterau als Reichsterritorium gesichert werden. 1258 übernehmen die *Ysenburger* die Herrschaft und entwickeln eine selbstständige Grafschaft. Mit ihr wächst auch das Ensemble um den **13-eckigen Zentralbau mit Bergfried.** Vor allem im 15. und 16. Jahrhundert kommen zahlreiche An- und Ausbauten im Stile der Zeit hinzu, so dass jener fantastische Mix aus Romanik, Spätgotik und Renaissance entsteht. Obwohl heute noch von der Familie *Fürst zu Ysenburg und Büdingen* bewohnt, darf die über Jahrhunderte zusammengetragen Originalausstattung mit Mobiliar und Waffen sowie Fresken besichtigt werden.

Das praktisch unzerstörte **Ortsbild** von Büdingen ist ein seltener Glücksfall und zeichnet nach, wie aus kleinen Anfängen eine Stadt mit Marktrecht (1330) wurde. Die erste Siedlung teilten sich Burgmannen und die für den Reichsforst im Süden zuständigen Waldleute. Bald reichte der Platz innerhalb der ersten Befestigung (zum Teil heute noch vorhanden) nicht mehr aus. Die **Neustadt,** in die vor allem Handwerker zogen, wurde planmäßig nach Norden zum Hang hin entwickelt. Schon 1428 vereint, folgte 60 Jahre später der nächste Schritt:

> *In der Büdinger Altstadt gibt es zahlreiche Gaststätten, auch direkt an der Route. Tipp: Platz nehmen, wo es am besten gefällt!*

Gelobtes Tor: Das Jerusalemer Tor in die Altstadt von Büdingen
© Annette Sievers

Ludwig II. von Ysenburg begann den Bau der mächtigen **Stadtmauer.** Krönender Abschluss war 1503 die Doppelturmanlage des **Untertores** (heute mit dem ↗ *Sandrosenmuseum).* Dass es seit dem 19. Jahrhundert auch **Jerusalemer Tor** heißt, hängt wahrscheinlich mit Hugenotten und Waldensern zusammen: Als die Glaubensflüchtlinge 1724 in das bereits 1521 evangelisch gewordene Büdingen kamen, empfanden sie den Einzug durch das Tor, als hätten sie ihr Jerusalem erreicht.

Rosen aus Feuer und Wasser: Sandrosenmuseum

Feuer und Wasser, genauer: Der Vulkan Vogelsberg und das Meer, das vor 30 Mio Jahren dort schwappte, wo heute Mitteleuropa ist, haben für eine bizarre Naturschönheit gesorgt: **Sandrosen.** Die Kristallgebilde in unterschiedlichen Formen und Farben entstehen durch das Ausfällen von Schwerspat (Baryt) aus hochmineralisierten Lösungen. Die dabei mit eingeschlossen Sandkörner sorgen für die feingliedrigen Formen, die an Rosen erinnern. Museumsleiter *Lothar Keil* zeigt neben besonders schönen Exponaten auch Großfotos – die Fundstätten aber hält er geheim. Wem die geologischen Raritäten nicht genügen: Der Besuch lohnt sich doppelt, denn Sie sehen das imposante **Jerusalemer Tor** von innen.

Schloss Büdingen

Das heutige **Schloss Büdingen** geht auf eine kleine mittelalterliche Wasserburg zurück. Im Laufe der Jahrhunderte ist durch zahlreiche Neu- und Umbauten ein anderes und weitaus größeres Bauwerk entstanden. Charakteristisch sind daher Architekturelemente aus der Romanik, Gotik, Renaissance und dem Barock. Die Kernburg ist ein dreizehneckiger **Rundbau** mit massiven Außenmauern aus der Stauferzeit, der von einem hohen **Bergfried** überragt wird. Es existiert ein kleiner Innenhof. Im Westen schließt ein großer **äußerer Burghof** an, der ebenfalls geschlossen umbaut ist.

Im **Schloss-Café** mit Gartenlokal können Sie unter einer alten Kastanie mit Blick auf die Fachwerkfront des Schloss und die Marienkirche sitzen und hausgemachten Kuchen sowie Snacks genießen.

Schön ist es, sich vom **inneren Schlosshof** aus die stilistisch sehr unterschiedlichen Gebäudeteile anzusehen. Insbesondere die Einrichtung der verschiedenen **Zimmer** der ehemaligen Wasserburg sowie die kunstvollen Schnitzereien der **Schlosskapelle** sind sehr interessant. In der mittelalterlichen **Apotheke,** in der „Alchimistenküche“, soll einst versucht worden sein, Gold herzustellen. An die Besichtigung können Sie einen Spaziergang durch den **Schlosspark** und die wunderschöne Altstadt anschließen.

Runde Sache: Büdingens äußerer Schlosshof
© Annette Sievers

Die **Altstadt** von Büdingen ist von einer hohen Mauer umgeben, durch die mehrere breite, einst gut gesicherte Tore führen. Der mittelalterliche Kern bezaubert mit seinen vielen reizvollen Fachwerkbauten und engen verwinkelten Gassen. Es macht Spaß, ganz spontan einen Streifzug zu unternehmen. Interessant ist auch, von außen an der mächtigen Sandstein-Stadtmauer mit ihren Toren und Türmen entlangzugehen. Dafür bietet sich der Abschnitt zwischen dem *Jerusalem-Tor* und dem *Mühltor* an.

Dem Hessen ist alles Wurst und Museum: Metzgermuseum

Dass der Hesse sich selbst für museumsreif hält, konnte man in ↗ Tour 4 im *Hessenpark* überprüfen. Aber dass er selbst Metzger museumsreif hinbekommt? Doch, die Büdinger können's! Im **Schlaghaus,** einem Turm der alten Stadtbefestigung aus dem 14. Jahrhundert, eröffneten sie 2006 ein kleines Museum. Vier Jahre später wurde der Verein dazu gegründet und bald darauf die **Historische Wurstküche** zugänglich gemacht. 2020 schließlich eröffnete der **Historische Metzgerladen.** Blickfang ist die Theke von 1896 mit ihrer bildhübschen Keramik-Ummantelung (Majolika-Technik), hergestellt von Villeroy&Boch. Angeboten werden u.a. Hausmacher Wurstwaren und Schinken. Im **Museum** sind mehr als 350 Objekte zu sehen, die zum Teil über 200 Jahre als sind.

Service-Adressen

eBike-Ladestation

e Ladestation (mit eigenem Ladegerät) am Marktplatz in Büdingen (Rückseite Markthalle), dort auch Schließfach mit Pfandschloss für Helm etc.

Infostelle & ÖPNV

i e **Büdinger Tourismus und Marketing GmbH,** Marktplatz 9, 63654 Büdingen. ✆ 06042/9637-0, www.buedingen.info. RB46 Lahn-Kinzig-Bahn Gießen – Nidda – Gelnhausen. ◷ Mo – Fr 10 – 17, Sa, So, Fei 11 – 15 Uhr. Infos: Zahlreiche Angebote für Führungen wie thematische Erlebnisführung, Stadt, Kulinarisches, Natur oder für Kinder.

Freizeit & Sehenswertes

M **Sandrosenmuseum,** Lothar Keil, Jerusalemer Tor/Untertor, 63654 Büdingen. Handy 0160/91355473. www.buedingen.info. ◷ Fr – So und Fei 14 – 17 Uhr, Gruppen nach Vereinbarung. € 3 €; Kinder bis 13 Jahre 1 €, 14 – 18 Jahre 2 €.

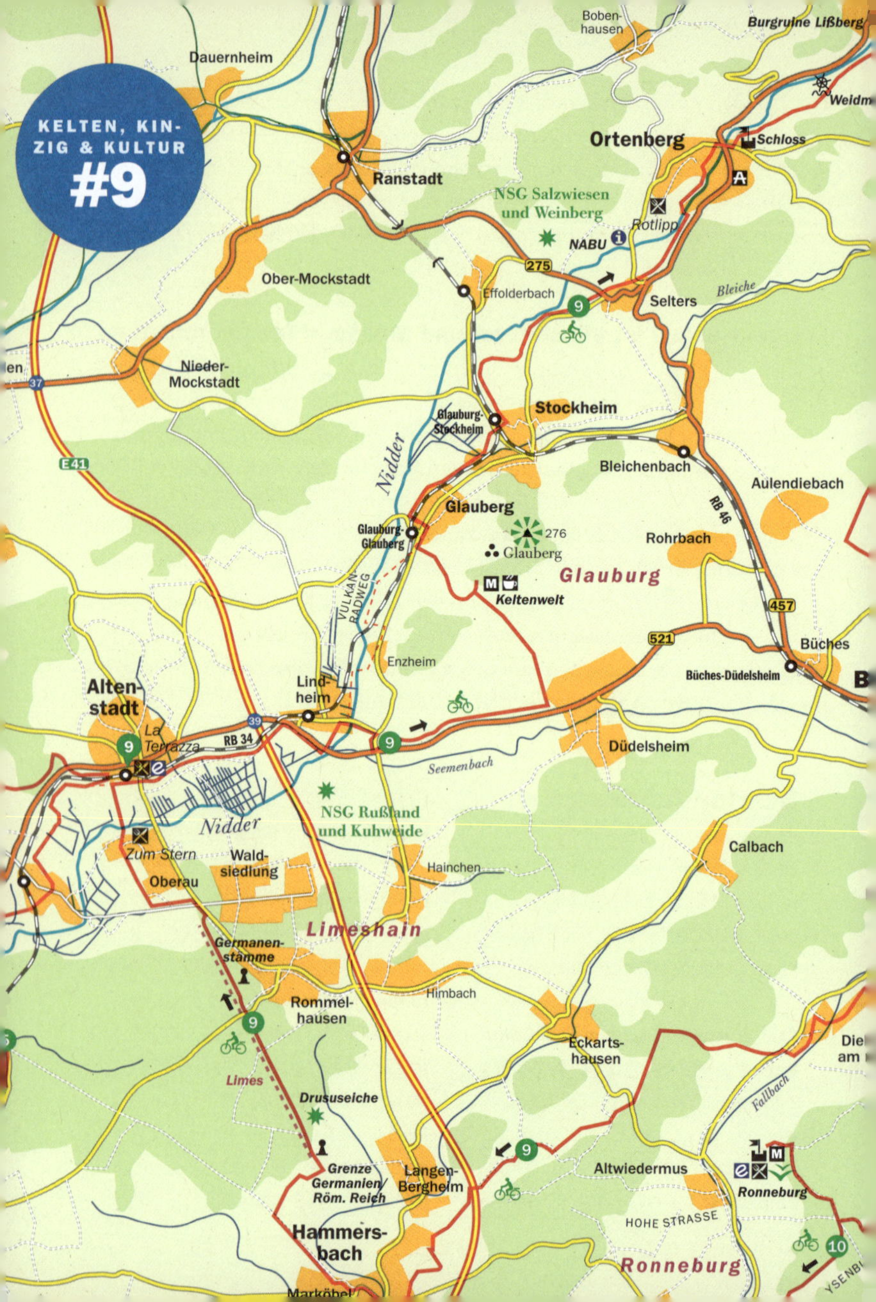
KELTEN, KINZIG & KULTUR
#9
Dauernheim
Boben-hausen
Burgruine Lißberg
Weidm
Ortenberg
Schloss
Ranstadt
NSG Salzwiesen und Weinberg
Rotlipp
NABU
275
Ober-Mockstadt
Effolderbach
Selters
Bleiche
Nieder-Mockstadt
37
Stockheim
Glauburg-Stockheim
Nidder
E41
Bleichenbach
Aulendiebach
Glauberg
RB 46
Glauburg-Glauberg
276
Glauberg
Rohrbach
Glauburg
Keltenwelt
VULKAN-RADWEG
457
521
Büches
Enzheim
Büches-Düdelsheim
Alten-stadt
Lind-heim
39
La Terrazza
RB 34
Düdelsheim
Seemenbach
NSG Rußland und Kuhweide
Nidder
Zum Stern
Wald-siedlung
Calbach
Oberau
Hainchen
Limeshain
Germanen-stämme
Himbach
Rommel-hausen
Eckarts-hausen
Limes
Drususeiche
Fallbach
Grenze Germanien/Röm. Reich
Langen-Bergheim
Altwiedermus
Ronneburg
HOHE STRASSE
Hammers-bach
Ronneburg
Marköbel
YSENB
9
10

Keltenwelt am Glauberg, Museum und Archäologischer Park, Am Glauberg 1, 63695 Glauburg. ✆ 06041/82330-0, www.keltenwelt-glauberg.de. März – Okt Di – So 10 – 18 Uhr, Nov – Feb Di – So 10 – 17 Uhr; Archäologischer Park frei zugänglich.
7 €; Kinder 6 – 17 Jahre 3 €; Senioren, Behinderte, Arbeitslose 5 €, Familienkarte (2 Erw mit Kindern) 14 €, Kombiticket Saalburg und Keltenwelt (gültig 12 Monate) 9 €, ermäßigt 7 € und Kinder 5 €, Familien 18 €. Infos: Umfangreiches Angebot für Familien und an Vorträgen; Museumsshop und Bistro vorhanden.
Das Museum ist eine Zeitreise zu den Kelten vor 2400 Jahren. Die prähistorischen Funde, darunter der „Keltenfürst", werden anschaulich präsentiert.

Büdinger Metzgermuseum im Schlaghaus, Altstadt 30, 63654 Büdingen. ✆ 06042/1485, www.metzgermuseum.de. ab März Sa, So 13 – 17 Uhr und während Stadtfesten.
Angeboten werden u.a. Hausmacher Wurstwaren und Schinken. Die beiden anderen Museumsräume (Schlaghaus und Historische Wurstküche) sind zeitgleich für Besucher geöffnet.

Unterkunft & Einkehr

Bistro in der Keltenwelt, Am Glauberg 1, 63695 Glauburg. ✆ 06041/82330-16, www.keltenwelt-glauberg.de. Ⓛ März – Okt Di – So 10 – 18 Uhr, Nov – Feb Di – So 10 – 17 Uhr. Infos: reservierung@bistro-keltenwelt.de. Kindergeburtstage und private Feiern möglich.
Regionale Gerichte, Landkuchen und Kaffee aus einer Rösterei in Nidda. Beliebter Frühstücksbrunch an Sonntagen und Grillabende im Sommer.

Zum Stern, Gerhard Kautz, Hauptstraße 19, 63674 Altenstadt-Oberau. ✆ 06047/5691, https://zumstern-oberau.business.site. Nach Nidder-Querung hinter der Neumühle (seit 2011 geschlossen) noch 500 m, dann zum gut sichtbaren Haus wenige Meter links. Mo – Mi 11.30 – 14 und 16.30 – 24 Uhr, Fr ab 11, Sa ab 11.30, So ab 17 Uhr.

Landgasthof Rotlipp, Heike Reinhart, Rotlippstraße 53, 63683 Ortenberg. ✆ 06046/7118, www.landgasthof-rotlipp.de. Mo, Mi – Sa 17 – 22.30 Uhr, So 11 – 14.30 Uhr, Gruppen auch nach Absprache. EZ 50 €, DZ 75 €, Frühstück 8,50 €.
Traditionelle Gaststätte im Grünen mit kleinem Biergarten und Gästezimmern im Landhausstil.

Hotel Schloss Büdingen und Schlossmuseum, Das Gastliche Schloss, Schlossplatz 1, 63654 Büdingen. ✆ 06042/9647-0, www.schloss-buedingen.de. Lahn-Kinzig-Bahn Gelnhausen – Gießen. Vom Bhf 1 km durch Bahnhofstraße und Vorstadt. Frühzeitig parken. Eintritt nur mit Führung Sa, So, Fei 14 – 17 Uhr und ab 5 Pers nach Vereinbarung. 6 €; 4,50 €; Gruppen ab 20 Pers je 5,50 €. Infos: DZ ab 125 €, EZ 87 €.
Mit Schlosscafé und Unterkunft stilvoll in Kemenate oder Brauhaus.

Burgruine Lißberg Zeltplatz, 63683 Ortenberg-Lißberg. ✆ 06046/8000-0 (Stadtverwaltung), www.ortenberg.net. Von Büdingen bzw. Gedern FB-22. Bei 21,36 km Vulkanradweg links nach Lißberg verlassen, dann via Mühlgasse, Vogelsbergstraße und Schlossgasse hinauf zur Burg (ca. 800 m). Platz mit Du/WC 2,50 € pro Pers pro Tag, plus Lagerküche 4 €, plus Burghalle 4 €, Platz inkl. allem 5,50 €, Müllentsorgung pauschal 7 €. Infos: Geeignet für Gruppen 20 – 250 Personen.
Lagerplatz mitten in der Burg von um 1200, von der allerdings nur noch die Grundmauern und der Turm geblieben sind.

Tour 9: Keltenfürst | ■■■ | 66,15 km | 873 hm

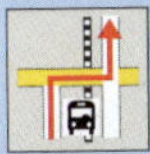

Vom Bus auf **Hanauer Straße** über Gleise, dann **Vulkanradweg** nach **Lindheim**

0,00 km

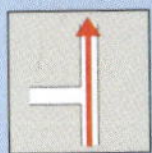

In Lindheim geradeaus auf **Düdelsheimer Straße** (**Vulkanradweg** verlassen)

3,62 km

Nach **Büdingen** (Radweg links neben B521)

4,18 km

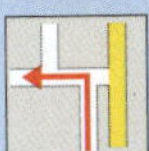

Ortsanfang **Düdelsheim**: hoch zum Glauberg, nach wenigen Metern auch

6,50 km

M **Keltenwelt am Glauberg**; weiter: Verkehrsstraße auf anderer Seite hinab

8,37 km

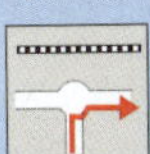

Kreisel Ortseingang **Glauberg**: auf **Enzheimer Straße**

9,60 km

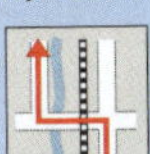

In **Heegheimer Str.**, gleich darauf: **Vulkanradweg** nach **Stockheim Ortenberg**

9,92 km

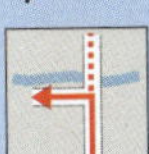

Ortenberg (fakultativ: **Am Mühltor** gerade hoch bis Schloss); nach **Lißberg**

18,32 km

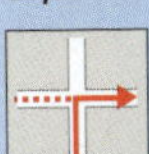

Bei Lißberg: verlassen, nach **Bergheim** (fakultativ: hoch zu Burgruine)

21,36 km

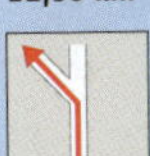

300 m nach Straßenquerung: weiter nach Bergheim

23,60 km

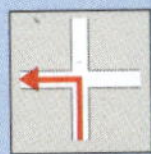

In Bergheim Ende **Neue Schulstraße**: auf Durchgangsstraße (**Im Bleichetal**)

24,86 km

Vor Kirche in **In der Burg**

25,13 km

Vor Friedhof: Asphaltweg hoch in den Wald, dann WZ — folgen

25,37 km

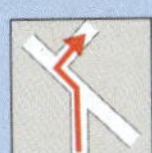

Kurz auf kleine Straße, dann steilen Forstweg hoch, später wieder WZ —

26,17 km

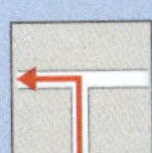

Weiter mit WZ — später auch

26,96 km

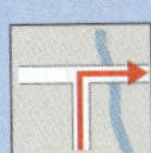

Mit WZ — und über Wolfsbach und hoch zur Straße

29,42 km

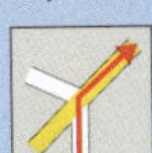

Ohne WZ hinab in nach Dudenrod

30,08 km

In **Otto-Heck-Straße** nach **Büdingen** und **Wolf**: auf anderer Talseite in den Wald

30,72 km

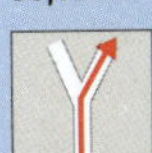

Waldweg stößt auf Forstpiste: weiter mit

34,08 km

Auf freiem Feld: nach **Wolf** und **Büdingen**; Wolf auf **Friedhofweg** verlassen, weiter

34,08 km

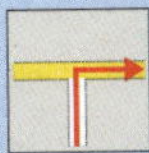

Ende von **Am Kälberberg** (Ortsanfang Büdingen): nach **Büdingen Altstadt**

37,05 km

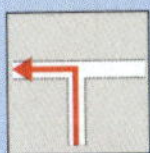

Ende **Vogelsbergstraße**: zum **Schloss Büdingen** und durch Jerusalemer Tor

37,98 km

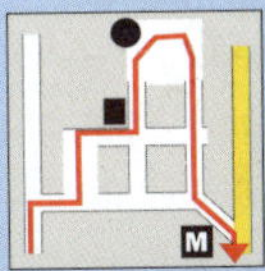

In **Neustadt**, über **Marktplatz**, **Kirchgasse**, dann **Schloßplatz** zum **Schloss**

Auf **Schloßgasse** und **Altstadt** durch Mühltor raus auf **Mühltorstr.**

38,34 km — 39,10 km

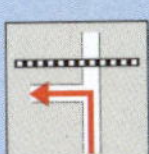

Vor Bahnbrücke: nach **Vonhausen**; dann immer **Hohe Straße** bis Diebach am Haag

39,62 km

Ab Diebach: **Hohe Straße** bis **Marköbel Hammersbach**

47,56 km

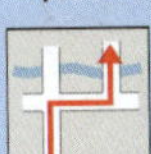

Hammersbach: **Langenbergheimer Str.** und **In den Gräben**, dann **Limesroute**

56,10 km

Schnurgerade **Limesroute** verspringt zur Straße, dann weiter mit nach **Oberau**

63,00 km

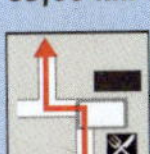

Auf **Hauptstraße**, weiter mit zum **Vulkanradweg**

64,75 km

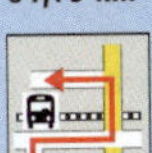

Auf **Vulkanradweg**, dann zum Bus Altenstadt

65,63 km

BUCKELN FÜR KAISER UND KRONE

Kinzigtal und Ronneburger Hügelland verleihen der Tour einen ungewöhnlichen Charakter: Üblicherweise fährt man in der Rhein-Main-Region flach übers Land – oder lässt sein eBike mit den Höhen der umliegenden Mittelgebirge kämpfen. Hier surfen Sie über kleine Buckel und sammeln ganz unterschiedliche Eindrücke. Auf dem Weg nach Gelnhausen lockt mehr als eine stilvolle Aussicht herab von den ersten Anhöhen des Spessart, dazwischen harrt der skurrile ehemalige Mittelpunkt der EU seiner Entdeckung. Die uralte Kaiserpfalz in der Barbarossastadt und schließlich die Ronneburg künden von großer, aber vergangener Macht.

Ring der Ysenburger: Landschaftskunst mit Blick auf die Ronneburg

Entdeckungsreise rechts und links der Kinzig

Gleich zu Beginn der Tour verschaffen Sie sich erst einmal einen Überblick: Vom Bahnhof in **Langenselbold** geht es schnurstracks auf den **Buchberg,** und da auf den Aussichtsturm. Der Blick schweift das Kinzigtal hinauf, dorthin, wo auch die Durchgangsstationen Hasselroth und Niedermittlau warten. Ziel auf der Südseite der Kinzig ist **Meerholz** mit der ehemaligen „Mitte der EU“ und einer weiteren schönen Aussicht, die an guten Tagen das ganze Tal hinab bis zu Frankfurts Hochhäusern reicht. In **Gelnhausen** steht die Kaiserpfalz auf dem Programm – wer mag, kann optional noch einen Abstecher hinauf in die prachtvolle Altstadt unternehmen. Dort erwarten einen natürlich auch die verschiedensten Einkehrmöglichkeiten. Hügelig wird es danach auf jeden Fall, aber mit

Tourtelegramm Ronneburg

Start: Langenselbold Bhf | Ziel: Langenselbold Bhf

Langenselbold – Buchberg – Hasselroth – Niedermittlau – Meerholz – (Ex-)Mittelpunkt der EU – Heiligenkopf – Segelflugplatz Gelnhausen – Kaiserpfalz Gelnhausen – Altstadt Gelnhausen – Gründau-Lieblos – Mittelgründau – Ronneburg – Ysenburg-Route – Gründau-Tal – Langenselbold – Kinzigsee – Langenselbold

48,90 km | 2:50 Std | Schwierigkeit: ❑❑■

Profil der Tour: Die Runde beginnt zwar mit dem einen kräftigen Anstieg, aber im weiteren Verlauf bis Meerholz sind Sie fast nur noch auf flachen und asphaltierten Radwegen unterwegs sowie – innerorts – auf Nebenstraßen. Dass der (ehemalige) EU-Mittelpunkt leichten Gipfelcharakter hat, liegt irgendwie auf der Hand. Dafür rollt es sich bis hinter Gelnhausen wieder sehr kommod. Dann aber macht der Landstrich, das Ronneburger Hügelland, seinem Namen Ehre. Wobei die Aufs und Abs stets überschaubar bleiben. Sie folgen zwei gut durchgeschilderten Radrouten: dem *Rhein-Main-Vergnügen 6* sowie der *Ysenburg-Route* des Regionalparks.

Variante: Bhf Gelnhausen (RE, RB): Radwegbeschilderung in der Stadt zum Bhf.

der **Ronneburg** wartet ein weiteres Highlight unter den regionalen Ausflugszielen. Mit den verspielten Installationen entlang der **Ysenburg-Route** gestaltet sich die Rückfahrt nach Langenselbold höchst vergnüglich, wo eine Einkehr am **Kinzigsee** den zünftigen Abschluss bildet.

Besichtigungsstopps

Kleiner Hügel mit großer Aussicht: Auf dem Buchberg

Der Turm stammt aus den Anfängen der Wanderbewegung. 1906 vom gerade gegründeten *Buchberg-Verein* in Angriff genommen, dauerte es bis zur Fertigstellung drei Jahre. Im Mai 1910 feierten die Turmbauer Einweihung. Wie ehedem muss der Besucher in dem 30 m hohen Wahrzei-

▲ 495 hm

Kinzigtalbahn RE50, RB51 Ffm Hbf und Süd – Hanau bis Langenselbold.

Hessischer Bahnradweg, R3, Ysenburg-Route.

Grünfläche kurz vor Kaiserpfalz (Müllerwiese, am R3): öffentliche Ladestation ca. 100 m nach links im Rosengärtchen; bei Einkehr und auf Anfrage in der Gastronomie von Burg Ronneburg sowie im Burgmuseum.

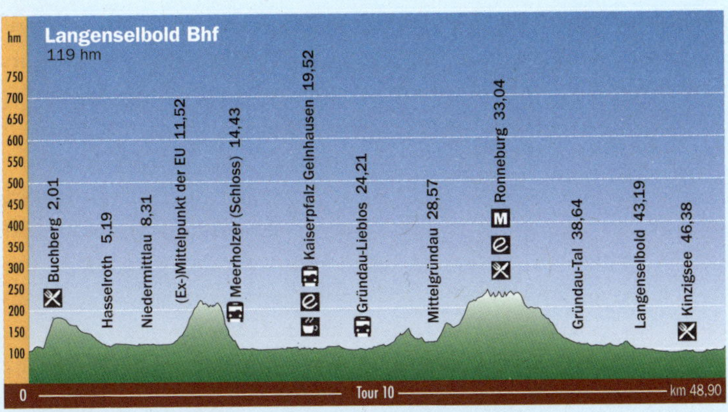

chen über der Langenselbolder Kinzigaue 150 Stufen hinaufkraxeln. Wer mal genauer die Stufen betrachtet, sieht, dass sie aus Sandstein sind. Der soll angeblich von einem **Kloster in Rückingen** stammen. Da gab es nur nie eines. Die örtlichen Heimatforscher vermuten, dass sie zu einem Teil von einem abgetragenen Herrenhaus stammen könnten, das im frühen 15. Jahrhundert ein *Johann von Rüdigheim* errichtet haben dürfte. Zu der Vermutung passt, dass Abbruch und Turmbau ins selbe Jahr, 1909, fallen.

> Der **Buchbergturm** ist bei schlechtem Wetter (Gewitter, Eis) geschlossen, Schlüssel beim ↗ *Buchberggrill*.

Die **Aussicht** über das Rhein-Main-Gebiet ist beeindruckend: Über das Kinzigtal hinweg bilden Vogelsberg und im Westen der Taunus die Horizontlinie, im Süden streift der Blick über den Odenwald. Der Witz aber ist: Bei klarer Sicht taucht exakt in verlängerter Achse des Kinzigtals die Rhön mit der *Wasserkuppe* in knapp 90 km Entfernung auf. Und bei noch besserer Wetterlage in genau entgegengesetzter Richtung (zwischen Frankfurt und Darmstadt) der *Donnersberg* in der Pfalz – ganz schön imposant für so ein Hügelchen mit 200 m.

Besuch beim Ex-EU-Mittelpunkt bei Meerholz

„Ein Ziel mit Verfallsdatum: Wenn die EU erweitert wird – wandert ihr **Mittelpunkt** wo anders hin“, hatte ich in einem anderen pmv-Ausflugsführer vor Jahren über diese landschaftlichen Skurrilität geunkt. So ist es eingetreten: 2013 durch den Eintritt Kroatiens in die EU. Seitdem ist die Mitte nach Bayern abgewandert – wenn das mal kein Zeichen ist. Doch zum Glück gibt es die Briten ... okay, das wird eine andere Geschichte. Doch das alles – und wo es die EU noch hin treibt – darf man sich durch den Kopf gehen lassen, denn für ein stilvolles, zum Nachdenken einladendes Ambiente ist ja gesorgt: Fahnen, Bäume, die *Europäische Zentralruhebank* und lauter andere Sitzgelegenheiten sind dekorativ um den dicken roten Stein auf dem Feld bei Meerholz angeordnet. Fehlt eigentlich nur, so der Spott der Einheimischen, ein Getränkeautomat. Das schöne an diesem (ehemaligen) Nabel der EU ist: Er lässt sich im Unterschied zu

Schloss Meerholz: *Erster Bau war ein Kloster der Prämonstratenserinnen 1173. Nach der Reformation bemächtigten sich die Fürsten zu Ysenburger und Büdingen des Areals und bauten das Anwesen mehrfach prächtig um, bevor sie 1942 an die Stadt Frankfurt verkauften. Die betreibt es als Pflegeheim der Inneren Mission.*
© Alexander Kraft

dem von Europa exakt ausrechnen (50°, 10', 2" Nord und 9°, 9', 0" Ost). Das geografische Europa dagegen ... ist Definitionssache: Wo endet es im Osten – vor, am, hinter dem Ural? Übrigens: Bevor Meerholz 2007 Mittelpunkt wurde, beanspruchte zuerst Belgien das für sich, und nach der Erweiterung 2004 war Kleinmaischeid (bei Neuwied) an der Reihe.

Mit dem Kaiser in Godebrechtshusen: Gelnhausen und die Kaiserpfalz

So imposant und geschlossen wie sich das Bild der Stadt **Gelnhausen** beim Näherkommen präsentiert – man achte mal darauf, wie einem Türme und Tore entgegenwachsen – so bedeutend war sie einst auch. 1170 schloss Kaiser *Friedrich I.*, genannt *Barbarossa* (1122 – 1190), an einer verkehrsgünstigen Stelle der *Via regia* drei Weiler zusammen. Sie hörten auf so putzige Namen wie *Geylhausen* oder *Godebrechtshusen,* doch der Rotbart machte sie zur Reichsstadt und ließ sogleich auf einer Insel in der Kinzig die **Kaiserpfalz** errichten. Die gilt hierzulande als das besterhaltene unter den staufischen Palastgebäuden. Das mächtige Portal, die luftige Arkadenreihe und die prächtigen Verzierungen am dreistöckigen Palas machen die Wasserburg zu einem hochrangigen Beleg romanischer Baukunst. Verkehrsgünstig gelegen, kam Gelnhausen aber nicht nur durch die Politik zu Ansehen und Reichtum, sondern auch durch Handel und Wandel. So entstand bis 1250 die **Marienkirche,** das heutige Wahrzeichen der Stadt – allerdings brauchte es fünf Bauabschnitte, bis sie in ihrer sandsteinernen Pracht erstrahlte.

Weitere erwähnenswerte Bauten sind: am **Obermarkt** ein *Kaufhaus* von 1331, das alsbald der Stadtverwaltung diente und heute, trotz Bränden und anderer Unbill, *Rathaus* ist. Oder das *Romanische Haus* am **Untermarkt,** das älteste Amtshaus Deutschlands, das schon 1370 erwähnt wird, aber wohl schon zur Zeit von Rotbarts Reichstag 1180 stand. Oder eines der ältesten Fachwerkhäuser Hessens in der **Kuhgasse.** Weit über die engen Mauern hinaus bekannt wurden zwei Söhne der Stadt: *Hans Jakob Christoffel von Grimmelshausen* (1622 – 1676), dessen „Simplicissimus" zum Kanon der deutschen Literatur gehört, sowie *Philipp Reis* (1834 – 1874), den in der Langgasse geborenen Erfinder des Telefons.

Mekka für Burgenfans: Die Ronneburg

1231 erstmals erwähnt, dürfte die ursprünglich wohl staufische Wehranlage deutlich älter sein. Der Posten auf steilem **Basaltkegel** diente jedenfalls dazu, die vorbeiführenden Handelsstraßen zu überwachen. Mehrfach überschrieben, verpfändet und belehnt, landete der Besitz schließlich bei den **Grafen von Ysenburg-Büdingen.** Nach einem verlustreichen Erbfolgekrieg fiel die Burg 1523 an *Philipp,* der die Ronneburger Linie des Hauses begründete und unter dem die Anlage ihren endgültigen Ausbau erfuhr. Der aber nur ein Jahrhundert hielt: Erst brannte sie, dann zerstörten Kroaten die Burg im 30-jährigen Krieg. Im 18. Jahrhundert gewährten die Ysenburger dort Glaubensflüchtlingen Zuflucht. Die **Herrnhuter Brüdergemeinde** unter Graf *Nikolaus Ludwig von Zinzendorf* machte das Gemäuer zu einem oft besuchten Wallfahrtsort.

Unter der Haube: Der Kuppelhelm des Ronneburger Bergfrieds stammt noch aus der Renaissance
© Freunde der Ronneburg

Eine der Sehenswürdigkeiten in der ziemlich vollständig wieder aufgebauten Festung ist der 96 m tiefe **Brunnen,** der trotz hoher Lage die Bewohner mit Wasser versorgte. Bei klarem Wetter ist der Aufstieg auf den 32 m hohen **Bergfried** Pflicht (im Rahmen einer Führung). Von dort oben hat man einen wunderbaren Blick über die Landschaft bis zu den Frankfurter Bürotürmen. Reichlich zu schauen gibt es darüber hinaus bei den historischen Märkten, den Ritterspielen oder in der **Falknerei** der Ronneburg.

Am Rockzipfel der Weltkultur: Langenselbold und Graf Dietmar

Wer vor Jahren die Gründungsgeschichte Langenselbolds las, nahm zur Kenntnis, dass ein gewisser Graf *Dietmar von Selbold-Gelnhausen* 1108 ein Kloster gestiftet hat. So weit, so gut. Doch schon bei der Zuordnung zu einem Orden haperte es. Später waren dort Augustiner, dann Prämonstratenser nachweisbar. Anstelle des Klosters ließen ab 1722 die damaligen Herren, die Grafen zu *Isenburg-Birstein,* ihr Schloss bauen, in dem heute die Stadtverwaltung residiert. Doch mittlerweile hat Graf Dietmar Ge-

Die Route führt unterhalb der Stadt durchs Gründautal. Um zu den historischen Bauten zu gelangen, einfach dort, wo am Ortsende die Ravolzhäuser Straße kreuzt, auf dieser links hinauf. Immer auf der Hauptstraße bleibend, sind Sie nach 500 m am **Schloss von Langenselbold.**

schichte gemacht: Es scheint einiges dafür zu sprechen, dass er identisch ist mit dem **Ditmar** unter den zwölf berühmten Stifterfiguren im *Naumburger Dom.* Der ist Weltkulturerbe, unter anderem, da die – für ihre Zeit – höchst filigran ausgeführten Figuren zu den bedeutendsten deutschen Skulpturen im Mittelalter zählen.

Wer sich in Langenselbold das Ensemble mit barockem **Schloss** und **Schlosspark** anschaut, sollte zudem den Besuch einer ungewöhnlichen **Kirche** ins Auge fassen: Die von 1727 bis 1735 erbaute evangelische Kirche ist eine sogenannte Querkirche – nicht wegen verquerer Riten oder anderweitig Widerspenstiger. Vielmehr geht es um die ungewöhnliche Architektur, bei der das Hauptschiff breiter ist als lang: Der Grundriss der wie das Schloss in Buntsandstein-Bruchsteinmauerwerk errichteten Kirche ist oval.

Service-Adressen

Infostelle & ÖPNV

Tourist-Information Gelnhausen, Obermarkt 8, 63571 Gelnhausen. ✆ 06051/830-300, www.gelnhausen.de. RE- und RB-Station an den Strecken Frankfurt – Fulda und Gelnhausen – Gießen. Mo – Fr 10.30 – 16.30 Uhr, Sa, So 13 – 16 Uhr.

Freizeit & Sehenswertes

Ronneburg und Museum, Wolfgang Grün, 63549 Ronneburg-Altwiedermus. ✆ 06048/950904, www.burg-ronneburg.de. Ab Hanau Hbf Bus 565 bis Ronneburg-Altwiedermus Post, 30 Min Fußweg. vom Parkplatz unterhalb der Burg 15 Min Fußweg. März – Nov Di – So 11 – 17 Uhr; Einlass bis 17 Uhr; Dez – Feb Sa und So 11 – 16 Uhr, bei Festen und Märkten gesonderte Öffnungszeiten. 7 €; Kinder 5 – 13 Jahre 5,50 €, 14 – 17 Jahre 6,50 €; Rentner, Studenten 6,50 €. Familienkarte ab 2 Kindern 21 €. Gruppen ab

Ronneburger Mahlzeit: In der Burgküche steht alles bereit
© Freunde der Ronneburg

10 Pers vergünstigt. Infos: Veranstaltungskalender beachten.

Vom Burghof aus startet ein Rundgang durch die ehemaligen Wohnbereiche der Burg, in denen Sie sich ein Bild vom Leben im Mittelalter machen können. Große Mittelalterfeste und Märkte und im Sommer Theateraufführungen beleben die Gemäuer zusätzlich. Außerdem mittelalterliche Kochkurse, Kurse für Kräuterkunde, Bogenbau, Lederbearbeitung, Schwertkampf etc.

Kaiserpfalz & Museum Burgmannenhaus, Burgstraße 14, 63571 Gelnhausen. ✆ 06051/3805, www.schloesser-hessen.de. Ab Bhf Bus 61 oder 62 bis Obermarkt. März – Okt Di – So 10 – 17 Uhr, Nov – Dez Di – So 10 – 16 Uhr, Winterpause 23. Dez – März. 3,50 €; Familienkarte 8 €; Ermäßigung für Studenten und Gruppen ab 15 Personen 2 €. Infos: Führungen Sa, So und Fei 11 und 15 Uhr mit Anmeldung, außerdem im Rahmen einer Stadtführung, ↗ Tourist-Info Gelnhausen.

In einem früheren Burgmannenhaus der Kaiserpfalz sind Bruchstücke von Bauteilen ausgestellt, die man bei Grabungen gefunden hat. Informationen zu Friedrich Barbarossa, den Staufern und zur Kaiserpfalz ergänzen die Ausstellung. Interessant ist das Modell der Stadt Gelnhausen im Mittelalter.

M Mitmach-Museum Gelnhausen, Obermarkt 24, 63571 Gelnhausen. ✆ 06051/830-303, www.gelnhausen.de. 🚌 Ab Bhf Gelnhausen Bus 61, 62 bis Obermarkt. 🕒 Di – So 10.30 – 16.30 Uhr. € Museum 4 €, Begehbares Ohr inkl. Führung 6 €, Kombikarte 8,50 €; Kinder 3 – 6 Jahre Museum frei, Begehbares Ohr inkl. Führung 4 €, Kinder 7 – 16 Jahre Museum 2,50 €, Begehbares Ohr 4 €, Kombikarte 5 €; Familienkarte (2 Erw, eigene Kinder) 11 bzw. 18 €, Kombikarte 25 €.

Das Heimatmuseum in der ehemaligen Augustaschule wurde zu einem Familien-Mitmach-Museum umgestaltet. Anfassen, hören, riechen, eintau-

chen, mitmachen, ausprobieren statt „nur mit den Augen zu schauen“ ist das Motto des kleinen, aber feinen Stadtmuseums. Im Mittelpunkt stehen Stadtgründer Barbarossa, der Barockdichter Hans Jacob von Grimmelshausen und der Telefontüftler Philipp Reis. Interessante Führungen und Workshops.

Freizeit- und Erholungszentrum Kinzigsee, Am Kinzigsee, 63505 Langenselbold. ✆ 06184/802-604 (Stadtverwaltung), www.langenselbold.de. Ab Hanau Freiheitsplatz Heuser-Bus MKK-54 bis Rathausplatz, von dort 15 Min Fußweg ausgeschildert. Über den Kinzigradweg oder vom Bhf Langenselbold 2 km nach Nordwesten. Juni – Mitte Sep witterungsabhängiger Badebetrieb 9 – 21 Uhr, im Sep nur 9 – 19 Uhr. 4 €, 10er-Karte 35 €; Kinder 6 – 15 Jahre 2,30 €; Ermäßigungsberechtigte 2,30 €.

Herrliches Strandbad mit großem Sandstrand und Liegewiese am Nordostufer des großen Sees. Fkk-Bereich liegt im Ostteil des Strandes.

Falknerei Ronneburg, Walter Reinhart, Burg Ronneburg, 63549 Ronneburg-Altwiedermus. ✆ 0163/4094500, https://falknerei-ronneburg.de. ↗ Ronneburg.

Flugvorführungen März – Okt Sa, So, Fei 15 Uhr, witterungsabhängig. 6 €; Kinder 3 – 14 Jahre 5 €.

Im Schatten der Burgmauern leben verschiedene Greifvogelarten in Volieren. Sie werden hier gepflegt, gezüchtet und auch wieder ausgewildert. Über die Lebensweise von Falken, Eulen, Adlern und Uhus wird anschaulich berichtet. Aber am eindrucksvollsten ist es, die Falken fliegen zu sehen.

Einkehr

Restaurant Villa Aurora, Am Kinzigsee 3, 63505 Langenselbold. ✆ 06184/63132, https://villa-aurora-langenselbold.business.site. Täglich 11.30 – 23.30 Uhr.
Italienisches Restaurant und Pizzeria mit Sommerterrasse und Wintergarten mit Blick auf den Kinzigsee.

Restaurant und Café Ronneburg, 63549 Ronneburg. ✆ 06048/7130, www.restaurant-ronneburg.de. Mi – Fr 17 – 22.30 Uhr, Sa 11 – 22.30 und So 11 – 20 Uhr, Biergarten Mi – Fr 11 – 17 und Sa, So 11 – 18 Uhr.
Feine und deftige, regionale Küche à la carte im ehemaligen Marstall von 1551, im Ritterkeller oder Kaminzimmer, im Lindenhof-Biergarten mit Selbstbedienung. Öffentliche Rittertessen und andere Events, private Feiern und Hochzeiten.

Zum Mühlrad, Christof Klages, Burgstraße 2, 63571 Gelnhausen. ✆ 06051/8888389, www.zum-muehlrad-gelnhausen.de. Auf Burgstraße geradeaus 50 m über die Kinzig. Mi – Sa 17 – 22 Uhr, So 12 – 14 und 17 – 2.30 Uhr.
Traditionell hessische Küche und vegane Hausmannskost, mehrfach ausgezeichnet. pmv-Öko-Tipp!

Buchberggrill, Aussichtsturm Buchberg, Auf dem Buchberg 1, 63505 Langenselbold. ✆ 06184/1201, www.buchberggrill.de. Täglich 11 – 22 Uhr. Infos: Schlüssel für den Aussichtsturm.
Großes Ausflugslokal mit rustikalem Biergarten direkt im Schatten des Aussichtsturms. Die italienische Küche macht Lust, bereits hier einen Kohlenhydrat-Vorrat aufzubauen.

Zen oder die Kunst im Ysenburger Land
© Alexander Kraft

Tour 10: Ronneburg | ❑❑■ | 48,90 km | 495 hm

0,30 km – Parallel zu Gleisen, dann kleine Rampe hoch zu Radweg neben L3339

0,75 km – Mit Ampel über Kreuzung

1,03 km – Auf kleiner Teerstraße in den Wald hoch bis **Gaststätte Buchberg**

2,05 km – **Gaststätte Buchberg** mit Aussichtsturm; weiter WZ

2,52 km – Nach **Hasselroth**; alle Abzweige im Wald mit

4,88 km – In Neuenhaßlau-Hasselroth: von **Jahnstraße** in **Laubersbachstraße**

5,21 km – In **Bahnhofstr.**, dann in **Bornwiesenweg** und nach **Niedermittlau Gelnhausen**

8,30 km – In Niedermittlau auf **Hanauer Landstraße** und weiter nach **Gelnhausen**

9,97 km – In Meerholz in **Am Viadukt**

10,41 km – **Am Viadukt** geht in **Taunusstraße** über: rechts aufs freie Land hinaus

11,40 km – Zum (Ex-)**Mittelpunkt der EU**; dann im Wald mit WZ Richtung **Geiselbach**

12,01 km – Im Wald: auf ebenem Hauptweg (WZ geht geradeaus)

12,88 km – Vor Friedhof; danach teilweise schöne Aussichten übers Kinzigtal

13,82 km – In Meerholz auf **Waldstraße**, die immer hinunter bis **Hanauer Landstraße**

14,35 km – Auf **Hanauer Landstraße** Abstecher zum **Schloss Meerholz**; dann in **Liebloser Str.**

14,96 km – In **Ladestraße**, dann **Am Bahnhof** weiter

15,71 km – In **Bleichstraße**, dann nach **Gelnhausen**, dort am Kinzigufer bleiben

18,70 km – Über Kinzig: auf R3 zur **Kaiserpfalz** (**19,52 km**); dann hierher zurück und R3 folgen

23,39 km – R3 verlassen: **Rhein-Main-Vergnügen 6** erst nach **Lieblos**, dann bis **Ronneburg**

24,89 km – **Rhein-Main-Vergnügen 6** teilt sich: weiter **Mittel-Gründau Burg Ronneburg**

28,52 km – In Mittel-Gründau (Schilder fehlen): um **Fürstliche Domäne** in **Altwiedermuser Weg**

31,43 km – **Rhein-Main-Vergnügen 6** stößt auf **Regionalparkroute Ysenburgroute**

33,08 km – **Ronneburg**; dann zurück zu Kreuzung bei 31,43 km

34,67 km – Bekannte Kreuzung: jetzt geradeaus **Ysenburgroute** zum **Kinzigtalradweg**

45,38 km – Hinter Langenselbold: verlassen; auf R3 zur **Gründauaue Langenselbold**

46,20 km – R3 folgen oder rechts zum Kinzigsee und **Villa Aurora / Bistrorante Caruso**

47,90 km – R3 verlassen: geradeaus und zum **Bahnhof**

BREITENGRAD
ALEUTEN
(USA)
50. BREITENGRAD

KELTEN, KINZIG & KULTUR

#11

RADELN IM GRÜNEN BEREICH

Die Runde durch den Rodgau ist Radeln im Grünen par excellence. Bis auf ein paar Berührungs- und Schnittpunkte mit zum Teil sehr hübschen Städtchen fahren Sie durch Feld, Flur und die weiten Wälder im Osten des Landkreises Offenbach. Nicht zu kurz kommen dabei die „wässrigen“ Erlebnisse. Wer mag, plant einen Abstecher zum berühmten Badesee Nieder-Roden ein. Später folgen Sie der Gersprenz, die heiter durch die Auen zu Füßen des Odenwaldes murmelt. Dramaturgischer Höhepunkt am Schluss: Der grandiose Aussichtsturm Ballett der Bewegung auf dem Dietzenbacher Wingertsberg.

Erdkrümmung visualisiert: Am 50. Breitengrad bei Waldacker

Durch Wald und Wiesen zum Bio-Einkauf oder Baden, vielleicht

Nach der kurzen Querung von **Dietzenbach** sind Sie alsbald im Wald – der lange Trip durch das schattige Grün kann beginnen. Mit dem **Hofgut Patershausen** liegt einer der bekanntesten Biohöfe der Region an der Route. Tipp: Falls Sie die Tour nutzen wollen, um dort einzukaufen, empfehlen wir, als Start- und Zielort den Bahnhof in Nieder-Roden zu nehmen (↗ Service-Adressen). Wie auch immer: Auf dem Weg dorthin laden mit dem **Geschichtspfad Dietzenbach** und dem **50. Breitengrad** zwei

Tourtelegramm Rodgau

Start: Dietzenbach Bhf | Ziel: Dietzenbach Bhf

Dietzenbach – Hofgut Patershausen – Balanciermeile – Geschichtspfad Dietzenbach – 50. Breitengrad – (Strandbad Nieder-Roden) – Nieder-Roden – Rodgauer Kalksandsteinwerk – Babenhausen – Gersprenztal – Hergershausen – Langfeldsmühle – Münster – Bhf Münster – Thomashütte – Urberach – Keltenzug auf der Bulau – Aussichtsturm Wingertsberg – Dietzenbach (Altstadt)

56,70 km | 3:00 Std | Schwierigkeit: ❑❑■ für Familien geeignet

Profil der Tour: Die Runde ist bis auf vier Hügel im Westen von Dietzenbach ultraflach. Sie verläuft zum größten Teil auf Forstpisten, zwischendurch auch immer wieder auf asphaltierten/betonierten Feldwegen. Die Tour eignet sich aufgrund der langen schattigen Waldpassagen für heiße Tage. Selbst dann dürften die beiden höchsten Berge am Schluss der Runde, die Bulau bei Urberach und der Wingertsberg, kein Problem darstellen. Die Beschilderung ist bis auf ein paar Übergangspassagen klar: Man folgt auf längeren Passagen erst dem Rundweg um Dietzenbach, dann der Regionalpark-Rundroute, dem R4 und schließlich dem – relativ jungen – Themenradweg Wassererlebnisband Gersprenz.

Variante: Statt des Bogens nördlich um Dietzenbach können Sie gleich vom S-Bhf nach Osten starten. Die Ober-Rodener Straße führt Sie sofort auf den

hübsche Regionalpark-Projekte zum Verweilen und Sinnieren ein. In **Nieder-Roden** können Sie – dies der zweite Tipp für eine Variante – zum regional bekannten Strandbad, dem *St. Tropez am Baggersee,* abbiegen. Nach der hübschen Altstadt der **„eBike-City Babenhausen“** haben Sie im sanften, weiten Gersprenztal die einzige lange Sonnenpassage vor sich. Die **Thomashütte** im Eppertshäuser Wald lädt ebenso zum Stopp ein wie der Erlebnisbereich auf der **Bulau** mit dem Kunstwerk Keltenzug und dem Nachbau einer römischen Straße. Der Tusch zum Abschluss: Der luftige **Aussichtsturm** über Dietzenbach.

pmv-Kurs und zum Geschichtspfad Dietzenbach. Die Tour führt zudem an den Bhf Nieder-Roden (S1), Münster und Urberach vorbei (Dreieichbahn RB61).

▲ 314 hm

S2 Niedernhausen – Ffm – Offenbach bis Dietzenbach Bhf.

R4, Regionalpark-Rundroute, Wassererlebnisband Gersprenz.

Babenhausen kann man ohne zu Erröten als „eBike-City“ bezeichnen! Die Stadt und mehrere Geschäfte haben öffentliche Ladestellen geschaffen – vorbildlich! An der pmv-Route: das Rathaus und Läden an der Fahrstraße. Außerdem bei Einkehr und auf Anfrage in der Thomashütte und dem Restaurant Panorama auf dem Wingertsberg.

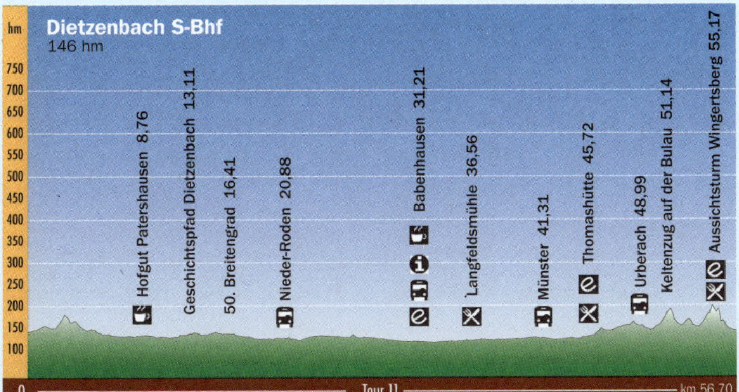

Besichtigungsstopps

Beim Kaffee guckt die Muh zu – Hofgut Patershausen

Das betagte Gebäudeensemble steht an Stelle eines **Benediktiner-**, später **Zisterzienserinnenklosters.** Wann genau die Benediktiner in der *Bieberaue* siedelten, ist nicht überliefert; der Namenszusatz *-hausen* lässt auf karolingische Zeiten schließen, also schon im 8. oder 9. Jahrhundert. Die Benediktiner sind ab 1150 belegt. Die Ländereien waren nicht unbedeutend, Städte wie *Dietzenbach* verdanken dem Kloster die Ersterwähnung. Im frühen 13. Jahrhundert kaufte *Ulrich I. von Hagen-Münzenberg* den Besitz und löste das Kloster auf. Sohn *Ulrich II.* übergab es weiblichen Verwandten, die unter Aufsicht des *Klosters Arnsburg* als Zisterzienserinnen einzogen. Nach der **Reformation** 1556 aufgelöst, versuchten sich ab 1605 noch einmal die Jesuiten, doch 1724 endet die Geschichte des Klosters. 17 Jahre später kaufte Gräfin *Maria Theresia von Schönborn,* ein Geschlecht aus dem Hintertaunus, später in Franken zu Hause, die baufälligen Reste und machte ein **Hofgut** daraus. Bausubstanz aus Klosterzeit ist deshalb kaum vorhanden. Seit 1978 im Besitz der Stadt Heusenstamm, wird der Hof heute als **ökologischer Bauernhof** nach Demeter-Regeln bewirtschaftet.

Lange Öko-Tradition: Hofgut Patershausen

© Rolf Wegst

Schöne Geschichte: Dietzenbacher Geschichtslehrpfad

Dietzenbach hat in der Region seinen Ruf weg: Es steht für Randale und einen sozialen Brennpunkt, der deutschlandweit Schlagzeilen machte. Aber die Stadt nur auf das in den 1980er-Jahren entstandene Neubaugebiet am *Starkenburgring* zu reduzieren, wäre falsch. Dazu haben die historisch gewachsenen Stadtteile *Steinberg* und *Dietzenbach* viel zu viel zu bieten. Und so ist es vielleicht kein Wunder, dass ausgerechnet Dietzenbach so hübsch wie kaum eine andere Kommune der Region seine Geschichte erzählt: mit dem im Jahr 2000 fertig gestellten **Dietzenbacher Geschichtspfad!** Unweit der „Russenhütte" schreitet/fährt man durch neun durchgestaltete Stationen, die ausgesuchte Daten im Werden von *Dicenbah* vorstellen. Beispielhaft etwa die Gründungszeit um 1220: Ein aufbrechendes Ei aus dunkelgrauem Diabas symbolisiert fröhlich den Ursprung. Das kärgliche Feld, umfasst von bröckelndem Feldstein, gemahnt unter dem Titel „Hungersnot und Auswanderungswelle nach Nordamerika" an die Zeit von 1846/47. Ebenfalls ein Schreckensszenario: die Zeit von 1618 bis 1648. Die ruinenartigen Mauern und ein toter Baum stehen für den damaligen 30-jährigen Krieg und die Verwüstungen samt den darauf folgenden zwei Pestepidemien. Ein Stück Gleis mit Schotterbett versinnbildlicht den Anschluss ans Eisenbahnnetz (1898), was schon damals den Fabrik- und Bauarbeitern das Pendeln nach Offenbach und Frankfurt ermöglichte. Die Zeiten mit eigener Industrie, etwa der schon erwähnten „Russenhütte", verdämmerten da langsam. Den seltsamem Namen für die einstige Ziegelei hat der Volksmund übrigens nicht wegen der Belegschaft vergeben: Vielmehr nannte man die mäßig guten Produkte, sprich bröckeligen Ziegel „Rußen" – abgeleitet vom schwarzen Ruß.

Einmal um die Welt nach Waldacker: 50. Breitengrad

Wieder eine dieser hübschen, leicht sinnfreien Installationen des Projekts Regionalpark. Ist es notwendig zu wissen, wo der **50. Breitengrad** verläuft? Zumal er ja um den ganzen Globus zieht und die Installation auch in Rüsselsheim südlich der Opelvillen oder in Mainz am Theater richtig platziert gewesen wäre. Das war den Machern des Regionalparks wohl zu einfach. Deshalb haben sie direkt am Main bei Bischofsheim die informationsreiche **Geodesia-Stele** gesetzt und eben hier die Rödermärker Installation initiiert. Nahe beim winzigen Stadtteil Waldacker gelegen, weitet die Reise rund um die Erdkugel sehr hübsch den Blick und nimmt Orte wie Vancouver Island, Altai-Gebirge, Aleuten oder Mainz und Fichtelgebirge ins Visier.

Alte Schönheit mit neuer Frische: Babenhausens Altstadt

Babenhausen, das Mittelzentrum im Osten des Landkreises Darmstadt-Dieburg, kann mit einem bildhübschen Stadtbild aufwarten inklusive einem Schloss mit Ursprüngen in staufischen Tagen und – als Wahrzeichen – dem Hexenturm. Bevor die Stadt 1236 offiziell in einer Urkunde auftaucht, sind schon Militär und Verwaltung da: Um 1200 legten die *Herren von Hagen-Münzenberg* eine **Wasserburg** an. Der erste Bau am Zusammenfluss von *Gersprenz* und *Ohlebach* legt aufgrund des regelmäßigen Grundrisses südalpine Vorbilder nahe. Er diente nach den Münzenbergern den *Herren von Hanau* und den *Grafen von Hanau-Lichtenberg* als Residenz (ab 1456). Die aber verlegten im 16. Jahrhundert ihren Schwerpunkt ins Elsass – und entsprechend ging es auch mit der zuvor aufblühenden Stadt (Stadtrecht ab 1295) langsam bergab. Verheerend etwa der 30-jährige Krieg, in dem Babenhausen zum Spielball der Politik und mehrfach besetzt wurde; auch die Pest brach aus. Die Burg wurde mehrfach umgestaltet, am prägendsten in der Renaissance. Seit Ende des 19. Jahrhunderts wechselte der vierflügelige Schlossbau mehrfach den Besitzer und befindet sich heute teilweise in restaurierungswürdigem Zustand. Und das bedeutet in der Rhein-Main-Region ... Richtig, ein Investor kommt und will ein Luxushotel draus machen.

Da ist umso bemerkenswerter, wie die Kleinstadt am Rande der Region die **Altstadt** herausgeputzt hat. Neben den Fachwerkhäusern fällt der **Hexenturm** auf. Die Hanauer, 1429 in den Grafenstand erhoben, sicherten bis 1445 den Ort mit einer Stadtmauer. Wie in vielen anderen Städten auch, diente einer der Türme als Gefängnis. Den speziellen Beinamen erhielten diese höchst ungemütlichen Orte in Zeiten der Hexenverfolgung, der nicht nur kräuterkundige Frauen, sondern allgemein „auffällige" Personen zum Opfer fielen. Im Babenhausener Hexenturm wurden Verdächtige gefoltert; wie viele dabei zu Tode kamen, ist nicht bekannt.

Ein Name wie ein Zungenbrecher: Urberach

Für gewöhnlich weisen Namen, die ein bisschen geheimnisvoll klingen und auf *-ach* enden, auf eine uralte Besiedlung des Fleckens schon durch die **Kelten** hin (bekannt ist etwa Bacharach am Rhein). Nicht so bei

Urberach. Das wurde im Lorscher Codex, dem Urkundenbuch des Klosters Lorsch, erstmals 1275 als *Orbruch* erwähnt. Im Laufe der Jahrhunderte machte das sprichwörtliche hessische Schlappmaul in der regionalen Ausprägung daraus Urberach – was heute im Dialekt aber auch wie „Orwisch" ausgesprochen wird. Ansonsten kriegt man beim Blick in die **Geschichte** den Eindruck: Der Ort war ein Wanderpokal, von den Eppsteinern im 13. Jahrhundert über einen Frankfurter Schultheißen, die Hanauer Herren, Kurmainz, Isenburger bis zu den hessischen Großherzögen – alle besaßen den Ort einmal. Der hatte, als letztere ihn dem Kreis Offenbach eingliederten, für die damalige Zeit bemerkenswerte 1200 Einwohner. Die Geschichte des eigenständigen Urberach endete mit dem 1. Januar 1977, als es sich mit *Ober-Roden* zum Ort **Rödermark** zusammenschloss. Ein bedeutungsvoller Name: Die *Röder Mark* tauchte bereits 786 im Lorscher Codex auf. Solche Markgenossenschaften standen in der Regel für einen historisch gewachsenen Siedlungsverband, für den sich ein oder mehrere Dörfer und Einzelhöfe einer gemeinsamen Wirtschafts- und Gerichtsordnung unterwarfen. Charakteristisch dabei ist, dass die Nutzflächen wie Wald, Gewässer, Steinbrüche etc. im gemeinschaftlichen Besitz waren.

Exkurs zu Kelten und Römern: Auf der Bulau

Das Freizeitgelände **Erlebnisstätte auf der Bulau** (181 m) ist ein Ort der Ein- und Aussichten. Die Aussichten auf Spessart und Odenwald sind – zumindest bei gutem Wetter – offenkundig und auf einer Tafel ausgewiesen. Die Einsichten sind historischer Art: Mit viel Liebe zum Detail wird dem Besucher nahegebracht, welche Spuren Kelten und Römer in der Landschaft des Rhein-Main-Gebietes hinterließen.

Das ist schon ein seltsamer Zug, der da von Urberach heraufkommt. Die Figuren von Künstler *Kai Wujanz* sollen einen keltischen Bestattungsritus vorstellen. Aber sie sind ganz löchrig, die Körper nur teilweise ausgearbeitet. Der tragende Stahl wirkt wie ein Knochengerüst und erinnert an jene Skelette, die Archäologen bei Ausgrabungen finden. Aber ein Hingucker ist der **Totenzug** allemal. Und er verleiht dem Ort einen leicht entrückten Charakter. Viel erdiger dagegen kommen die keltischen **Hügel-**

gräber daher. Für gewöhnlich sind es flache Buckel, kaum zu unterscheiden von natürlichen Bodenstrukturen. Hier vermittelt der rekonstruierte, mit Grassoden bedeckte Tumulus einen Eindruck, wie sie wohl aussahen. Erheblich weniger geheimnisvoll ist, was die Römer hinterließen. Ihre staunenswerten, hoch aufragenden Bauwerke kennt wohl jeder. Viel weniger gewürdigt wird die **Straßenbaukunst** der Italiker. Beispielhaft findet sich hier die Rekonstruktion eines Abschnittes einer Straße samt Meilenstein. Die verband ab dem 2. Jahrhundert n. Chr. Dieburg, den römischen Hauptort in Südhessen, dessen Name aber nur bruchstückhaft als „Med“ überliefert ist, mit *Nida,* jener Römerstadt oberhalb der Nidda bei Frankfurt-Heddernheim.

VORTREFFLICH: STRASSENBAU À LA ROM

Wer sich schon immer gefragt hat, wie die Römer vor 2000 Jahren ihr riesiges Imperium erst erobern und dann verwalten konnten – an der **Bulau** findet er die Antwort. Das Geheimnis heißt: **Straßenbau.** Den beherrschten sie perfekt und schufen ein Netz von Schnellstraßen über Tausende von Kilometern! Diese machten die römische Armee erst zu jener perfekten Maschinerie, vor der das übrige Europa kapitulierte.

Sie sind ohne Übertreibung als Meisterwerke der Ingenieurkunst zu bezeichnen – welcher heutige Straßenbauer würde darauf wetten, dass sein Werk noch in 2000 Jahren funktionstüchtig die Landschaft ziert? Der Aufbau der Römerstraße ist – wie das an der Bulau aufgeschüttete Modell zeigt – eigentlich schlicht. Aber sehr aufwändig herzustellen. Mindestens 1 m tief wurde die Erde ausgehoben, dann die Grube schichtweise gefüllt: erst mit grobem Gestein, dann mit Kies und so fort mit immer feinerem Material. Oben auf kam die Pflasterung, leicht gewölbt, sodass Wasser abfließen konnte, an den Seiten mit Randsteinen versehen. In sumpfigem Gelände trieben die Erbauer zudem Holzpfähle zum Abstützen in den Untergrund.

Aber, wird sich nun mancher fragen, wenn die Straßen so dauerhaft gewesen sein sollen, warum finden sich in der Rhein-Main-Region keine mehr? Hier gab es doch mit dem riesigen

Heerlager in *Mogontiacum* (Mainz), der Stadt Nida, der Saalburg reichlich Römisches. Die Antwort: Die Nachfolger überbauten die Trassen einfach. Zu erkennen sind die Römerstraßen oft an einem simplen Konstruktionsmerkmal: Sie verliefen schnurgerade. Das ist weniger dem Ordnungssinn der Italiker geschuldet, sondern hat praktische Gründe. Bereits im Zwölftafelgesetz (eine Art Grundgesetz um 450 v.Chr.) war festgelegt: „Die Wegbreite beträgt bei geraden Stücken 8, bei Biegungen 16 Fuß." Nun, 2,40 oder 4,80 m breit bauen – da lässt auch der fleißigste Römer die Kurve lieber gerade sein. Wer jetzt auf einer Karte nach den Verkehrswegen rund um die Frankfurter **Römerstadt** schaut, sieht sofort: In südwestliche Richtung zielt die *Heerstraße* (!) und in Verlängerung die A66 exakt auf Mainz. Oder die **Königsteiner Straße:** Von den Ziegeleien am Ufer des Mains erklimmt die Schneise kurvenfrei die Taunushöhen.

So federleicht wie Stahl: Wingertsbergturm

Entstanden im Rahmen des Regionalpark-Projektes, darf man den **Turm auf dem Wingertsberg,** mit 198 m der zweithöchsten Erhebung des Kreises Offenbach, getrost als einen optischen und physischen Höhepunkt dieser die Region umspannenden Freizeiteinrichtung bezeichnen. 33 Meter wendelt sich das **Ballett der Bewegung** in den Äther und macht Aussicht zur kunstvollen Inszenierung. Eröffnet wurde der Stahlturm zum Hessentag 2001. Entworfen hat ihn der Frankfurter Architekt *Wolfgang Rang.* Im Erscheinungsbild kommt sein fantastisches Gebilde mit den drei nicht konzentrisch positionierten Radelementen wunderbar leicht daher. Wobei das Ballett in natura locker 50 Tonnen auf die Waage bringt! Einen gewichtigen Teil zum Eindruck leichtfüßiger Beweglichkeit trägt der mittlere Ring bei. Das auskragende Speichenrad in 25 Metern Höhe ist Teil des Seil-Stab-Tragwerks. Den Abschluss bildet das sich drehende Windrad, versehen zudem mit kleinen Strahlern.

Wer nicht oben auf der Plattform in 21 m Höhe war, wird kaum glauben, wie beeindruckend der **Rundumblick** ist. Der Talkessel der Rhein-Main-Ebene gewinnt regelrecht Struktur. Wie in einem Amphitheater gruppieren sich – im Norden beginnend – Vogelsberg, Spessart, Odenwald und Taunus im weiten Rund. Apart auch, wie sich die oberen Stockwerke der Frankfurter Hochhäuser über den Stadtwald erheben. Man ahnt im Wes-

ten den Flughafen, glaubt im Osten den Verlauf des Mains ausmachen zu können … Das **Restaurant Panorama** am Fuße des Turms ist Ihnen am Ende Ihrer Tour vielleicht einen längeren Blick wert.

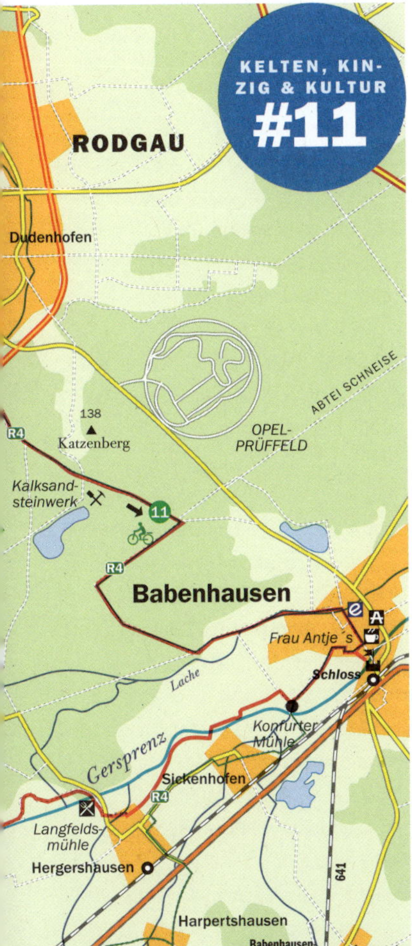

Service-Adressen

eBike-Ladestationen

Bei Einkehr und Anfrage im Ristorante Panorama und in der Thomashütte.

Freizeit & Schwimmen

Strandbad Rodgausee, Jürgen Klein, Rodgau-Ring-Straße, 63110 Rodgau-Nieder-Roden. ✆ 06106/733148 (Badeaufsicht), Handy 0171/8906443 oder 6501558 (Kiosk). www.rodgau.de. S1 Rodgau-Nieder-Roden, Bus OF-99 bis Chemnitzer Straße. Parkplätze für 2000 Autos. Bei 19,87 km links den Radwegschildern vom RMV (Rhein-Main-Vergnügen Route 9) folgen. April – Mitte Sep 8 – 20, letzter Einlass 19.30 Uhr. 3 €, 10er- 25 €, Saisonkarte 50 €; Kinder 4 – 16 Jahre, Schüler, Studenten, FSJ, Schwerbehinderte 1,50 €, 10er- 10 €, Saisonkarte 25 €; ab 18 Uhr 50 %.

Waldschwimmbad Dietzenbach, Offenthaler Straße 85, 63128 Dietzenbach. ✆ 06074/28367, www.dietzenbach.de. Stadtbus OF56, Regiobus OF96 bis Schwimmbad. Parken kostenfrei. Ab Bhf

Dietzenbach über Bahnhof- und Rathenaustraße, videoüberwachter Fahrradparkplatz. Mai – Sep 7 – 19 Uhr, in den Sommerferien bis 20 Uhr. 4,50 €, 10er-Karte 40 €; Kinder ab 5 Jahre, Schüler, Studenten 1 €; Ermäßigungsberechtigte 2,50 €. Sportbecken, separates Spaßbecken mit Rutsche, Sprungturm, Planschbecken, Bistro.

Einkehr & Einkauf

Hofgut Patershausen, Ommert's Biohof, Klaus Ommert, 63150 Heusenstamm. 06104/67963, www.hofgut-patershausen.de. **Hofladen** Do, Fr 15 – 18 März – Okt bis 19 Uhr, Sa 9.30 – 13 Uhr, **Biergarten** März – Okt So 11 – 19 Uhr bei schönem Wetter. Infos: Nur Barzahlung möglich. pmv-Öko-Tipp! Der Demeterbetrieb bietet Fleisch, Wurst, Eier, Obst, Gemüse, Backwaren und Konserven in bester Bioqualität. Außerdem Bio-Limonade und Weine.

Frau Antje's Café & Pfannkuchenhaus, Antje Ritzel, Fahrstraße 39, 64832 Babenhausen. 06073/7477584, https://frau-antjes.de. Mi – So, Fei 9 – 17 Uhr. Vorzüglicher Kaffee und Pfannkuchenvariationen süß und deftig, Salate, Müslis, Mittags ein Gericht. Auch zum Mitnehmen.

Ristorante Panorama, Enver Bayrak, Jungfern-Wingert-Straße 5, 63128 Dietzenbach. 06074/9193120, www.ristorantepanorama.de. So und Fei 11.30 – 22 Uhr, Apr – Okt Mo – Sa 11.30 – 14.30 und 17 – 23 Uhr, Nov – März 11.30 – 14.30 und 11.30 – 22 Uhr. Italienisch-mediterrane Speisen, hausgemachte Pasta, überdachter Biergarten am Wingertsbergturm.

Langfeldsmühle, Thomas Winter, An der Langfeldsmühle, 64832 Babenhausen-Hergershausen. 06073/4346, Handy 0170/9055050. www.langfeldsmuehle.de. Radweg Nr. 5. Mi – Sa ab 15, So ab 11 Uhr, Küche bis 20.30 bzw. So und Fei bis 19 Uhr. Historische Hofreite an der Gersprenz mit Biergarten, regionale Küche sowie Kaffee und selbst gebackene Kuchen.

Thomashütte Erlebnisgutshof, Jens Kleiner, Außerhalb 3, 64859 Eppertshausen. 06071/3912755, www.thomashuette.net. Waldrouten von Bhf Messel, Bhf Eppertshausen, Bhf Münster, Bhf Dieburg und Bhf Offenthal. 11 – 22 Uhr. Beliebtes Ausflugslokal inmitten von Wald und Koppeln. Hessische Küche und Kuchen. pmv-Öko-Tipp!

Tour 11: Rodgau | □■■ | 56,70 km | 314 hm

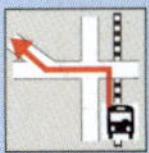
0,00 km
Mit ▲ in **Bahnhofstr.**, dann **Babenhäuser Straße**, durch Kreisel in **Frankfurter Straße**

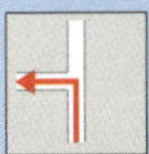
0,75 km
Mit ▲ Richtung **Langen** in **Feldstraße / In der Löcherwiese** bis Ende der Bebauung

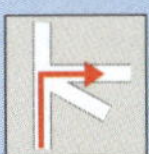
1,40 km
Nach **Frankfurt** und **Neu-Isenburg**, stets am Siedlungsrand; dann in Wald

3,32 km
Richtung **Dietzenbach-Steinberg** und **Rodgau-Hainhausen**

4,69 km
Auf R **RuDi** (Rund um Dietzenbach): stets folgen bis nach **Geschichtspfad**

13,60 km
R **RuDi** verlassen, Radweg an Kreisquerverbindung (später **Ober-Roden**)

14,90 km
Kreisquerverbindung queren (!) mit **7** nach **Rödermark Ober-Roden**

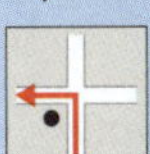
16,36 km
50. Breitengrad; weiter: auf **10** nach **Rodgau Nieder-Roden**

19,75 km
Auf **Heusenstammer Weg** (fakultativ: zum Badesee mit **Rhein-Main-Vergnügen 9**)

20,74 km
Ende **Heusenstammer Weg**: nach **Babenhausen**; ab Bahntunnel durchgehend R4

30,73 km
In Babenhausen: R4 auf **Seligenstädter Straße** und weiter auf **Fahrstraße** in Altstadt

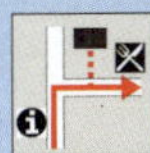
31,27 km
Am **Rathaus** vorbei, in **Schloßgasse** (Abstecher Schloss), dann im **Am Hexenturm**

31,74 km
Amtsgasse: ab da **Wassererlebnisband Gersprenz** bis Münster

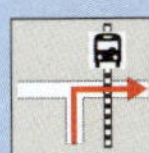
41,31 km
Auf **Bahnhofstraße**, gleich darauf verlassen und geradeaus nach **Eppertshausen**

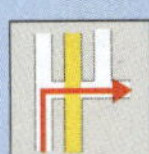
41,73 km
Radweg andere Seite: zur **Thomashütte** (nach 1,7 km rechts unter B45 durch!)

45,72 km
Thomashütte; weiter: nach **Urberach**

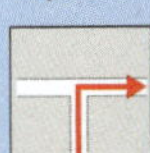
48,79 km
Urberach, Ende **Kreuzgasse**: auf **Darmstädter Straße**

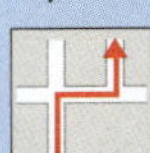
48,99 km
In **Traminer Straße**, dann **Robert-Bloch-Straße**

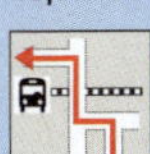
49,44 km
In **Wagnerstraße**, dann **Bahnhofstraße**; hinter Bahn auf **10** parallel zu Gleisen

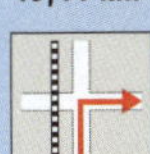
50,49 km
Auf **9** wechseln nach **Dietzenbach**, hoch zum **Keltenzug**, dann stets geradeaus

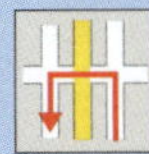
53,52 km
Ampelquerung: Richtung **Langen**; nach Kreuzung **Offenthaler Straße** geradeaus

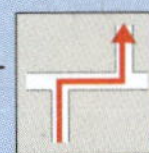
54,43 km
Am Ortsrand Dietzenbach in **Weinbergstraße**

54,68 km
In **Hochstraße**

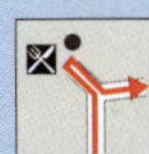
55,09 km
Zu Aussicht **Ballett der Bewegung** und , dann **Jungfernwingertstraße** hinab

55,40 km
Ende **Jungfernwingertstraße**: in **Darmstädter Straße**, dann **Lindenstraße**

55,77 km
In **Brunnengasse**, dann am **Trinkborn** in die **Borngasse**

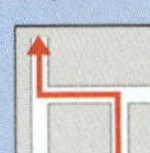
55,95 km
Ende **Borngasse**: in **Darmstädter Straße**, unten **Babenhäuser Straße** zum

SAGENHAFTE GESCHICHTE

#12

PENDELVERKEHR ZUM ALTRHEIN

Ein Blick auf das pmv-Tourtelegramm zeigt: Unterwegs gibt es vergleichsweise wenige Stopps. Doch genau das ist die Idee der großen Runde, die exakt ein Hauptziel hat: den Kühkopf. Dieses einzigartige und größte Naturschutzgebiet Hessens lockt einerseits zum Beobachten von Flora und Fauna. Andererseits vermittelt das spannend gestaltete Natur-Infozentrum im Hofgut Guntershausen viel Wissenswertes über den Altrhein. Nach der Reise zurück durchs Spargelland im Ried setzt das Tourende sozusagen den maximalen Kontrapunkt zur Natur am Rhein: das Kontrollzentrum der europäischen Raumfahrtbehörde ESA.

Zum Sundowner auf dem Kühkopf: Die Stimmung ist zauberhaft

Fliegen unten und Fliegen oben

Gleich beim Weg aus **Darmstadt** hinaus führt die Tour an einem seltsam anmutenden Backsteinkoloss vorbei: dem **Mozartturm,** der aber ursprünglich ein Bunker war. Ein ungewöhnlicher Stopp erwartet Sie kurz vor dem Kühkopf. Das **Philippshospital** ist, etwas flapsig gesagt, das älteste Irrenhaus der Welt. Auf dem **Kühkopf** erwartet Sie zu Beginn die geballte Ladung Naturwissen im Informationszentrum. So gerüstet, können Sie dem pmv-Routenvorschlag folgen – oder auch auf eigenen Wegen bis vor zum **Rheinufer** *cruisen.* In jedem Fall finden Sie auch unterwegs jede Menge Info-Tafeln. Nicht entgehen lassen sollten Sie sich am **Schlappeswörth** die Vogelwelt und kurz vorm Übergang nach Erfelden die geheimnisvollen Weiden-Wälder. Lediglich eine Warnung sei mitgegeben: In „Mückenjahren" sind die Stehgewässer des Kühkopf Brutstätte für Mil-

Tourtelegramm Kühkopf

Start: Darmstadt Hbf | Ziel: Darmstadt Hbf

Darmstadt – Mozartturm – Pfungstadt – Philippshospital – Stockstadt – Kühkopf – Hofgut Guntershausen (Kühkopf-Infozentrum) – Kühkopf-Neurhein – Schlappeswörth – Erfelden – Hof Hayna – Dornheim – Griesheim – ESA/ESOC – Darmstadt

54,42 km | 3:00 Std | Schwierigkeit: ❑■■ für Familien geeignet

Profil der Tour: Die Tour durchs Ried an den Rhein ist flach, um nicht zu sagen: maximal flach. Allerdings sollte man bei der Fahrt durch die praktisch baumlose Landschaft Wetteraspekte wie Wind und Sonnenschein im Blick haben. Zum größten Teil bewegen Sie sich auf gut bis sehr gut befestigtem Grund, lediglich ein paar Abschnitte auf dem Kühkopf und hinter Dornheim haben Feldweg-Charakter. Die Route ist gut zu finden, auch wenn es wenig durchgehende Beschilderungen gibt. Man springt gewissermaßen von Ort zu Ort, von Radweg-Nummer zu Themen-Radweg und zurück.

Achten Sie auf die Jahreszeit – wenn am Rhein im Juni/Juli „Mückenzeit" ist, kann der Kühkopf zum biblischen Plagengebiet werden.

lionen Plagegeister! Nach dem Übergang bei **Erfelden** kurven Sie im weiten Bogen durch die Spargelfelder des Ried. Letzter Stopp unmittelbar vor dem **Darmstädter Hauptbahnhof** ist die **ESA**. Wer dort eine Führung plant, sollte sie an den Anfang des Ausflugs stellen – Zeitdruck im Nacken ist kein angenehmer Begleiter auf so einer langen Tour.

Besichtigungsstopps

Aus zwei mach einen: Darmstadts Hauptbahnhof

Was heute unzweifelhaft ein ausgesprochen attraktiver **Hauptbahnhof** ist, waren einstmals zwei Bahnhöfe. Was einfach an den Eigenheiten der Bahngesellschaften-Struktur Mitte des 19. Jahrhunderts liegt. So errich-

▲ 223 hm

DA ist Fernbahnhof, ICE, IC, RE80, RB66, RB81, S3.

R6, Rheinradweg Veloroute Rhein, Geopark-Radroute Nord, Familien-Radroute LaDaDi, Spargeltour Süd.

Lademöglichkeiteen finden Sie auf dem Kühkopf im Umweltbildungszentrum (wenn Info besetzt) sowie bei Einkehr und auf Anfrage im Hof Hayna.

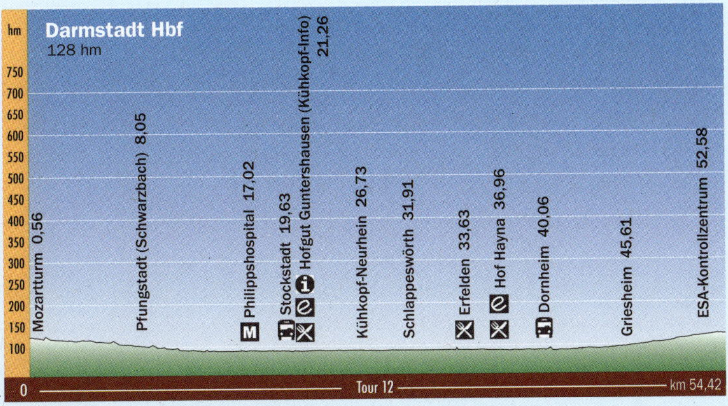

tete sowohl die *Main-Neckar-Bahn* für die Route Frankfurt – Heidelberg einen Durchgangsbahnhof als auch jene Gesellschaft, die die Strecke Mainz – Aschaffenburg bediente, einen **Kopfbahnhof.** Bereits gegen Ende des 19. Jahrhunderts stellte sich das als zunehmend unpraktisch heraus, zumal auch der Straßenverkehr auf der Rheinstraße zunahm. Nach diversen Anläufen einigten sich die *Königlich Preußische und Großherzoglich Hessische Eisenbahnbetriebs- und Finanzgemeinschaft* unter Leitung der *Eisenbahndirection Mainz* und die Stadtverwaltung auf einen Entwurf, der einen Neubau rund 800 m entfernt vom alten Standort vorsah. Dort hatte man Platz, die Stadt gewann weiteren **Raum zur Ausdehnung** und man konnte zugleich die Gleise tiefer legen für einen kreuzungsfreien Verkehr. Beim Architektenwettbewerb klinkte sich Großherzog *Ernst Ludwig Karl Albrecht Wilhelm von Hessen und bei Rhein* ein und setzte sich gegen bauliche Gepflogenheiten durch, die sein Cousin, Kaiser *Wilhelm II.,* ansonsten für „seine" preußischen Prachtbahnhöfe bevorzugte. Was vielleicht ganz gut war. Damals und auch heute wieder nach der großen, denkmalgerechten Sanierung von 1998 bis 2002 erfreuen die **Jugendstilelemente** den Betrachter. Der Entwurf geht auf *Friedrich Pützer* zurück, der eher im Kirchenbau ein führender Kopf war. Weshalb er seinen Entwurf mit dem ebenfalls von der Jury ausgezeichneten Plan von *Fritz Klingholz,* einem Spezialisten für Bahnhofsgebäude, vereinte: Aus zwei mach eins.

Erst Granaten, dann Symphonien: Mozartturm

Mit Mozart und einer musikalischen Vergangenheit hat dieser Turm nichts zu tun – eher schon mit donnernden Geschützen und dunkelster Vergangenheit. Der heute **Mozartturm** genannte auffällige Rundbau war 1939 als **Hochbunker** errichtet worden. Mit dem auf der Rundkanzel montierten Geschütz war er zugleich Flakturm. Vor allem der Hauptbahnhof sollte von dort gegen die von Westen anfliegende Anti-Hitler-Koalition verteidigt werden. Seine Besonderheit: Die Form geht auf eine patentierte Bauweise des Ingenieurs *Paul Zombeck* zurück. Um den Zylinderkern ist spiralförmig eine stufenlose Rampe angelegt, dadurch konnten in verhältnismäßig kurzer Zeit viele Menschen in den Turm gelangen.

Ein Grund, weshalb diese Art Hochbunker oft in der Nähe von Verkehrsknotenpunkten standen. Die innere Struktur gleicht einem Schneckenhaus, innenliegend befanden sich sanitäre Einrichtungen. Angeblich wurde bei Kriegsende in dem seinerzeit noch sogenannten „Richthofenbunker" die Kapitulation der Darmstädter Garnison gegenüber den anrückenden Alliierten unterzeichnet. In den **Nachkriegsjahren** nutzte man ihn als Obdachlosenheim. Als die Diakonie Ende der 60er-Jahre auszog, ging er in Privatbesitz über. Der neue Eigentümer richtete dort ein **Mozartarchiv** samt Tonstudio und Veranstaltungsraum ein.

Alles andere als ein spinnerter Landesherr: Fürst Philipp und das Hospital

Das von der *Vitos Riedstadt* betriebene Klinikum **Philippshospital** gehört zu den ältesten psychiatrischen Krankenhäusern der Welt. Es wurde 1533 von Landgraf *Philipp der Großmütige* gegründet, der ähnliche Gründungen bereits in den Klöstern Haina und Merxhausen veranlasst hatte. Als Stifter ist Landgraf Philipp (1504 – 1567) neben diesen, den *Hohen Stammhospitälern,* vor allem für die Gründung der Universität Marburg bekannt.

Psychiatriemuseum Riedstadt ↗ Service-Adressen.

Ein Kloster war das ursprünglich „Hofheim" genannte Hospital nahe dem Kühkopf übrigens nie; es gab dort lediglich eine katholische Pfarrei. Die Patientenzahl steigerte sich von der Eröffnung mit rund 100 bis Anfang des 20. Jahrhunderts auf 1600. Unfassbare Zustände – und ausgerechnet in jene Zeit fiel 1904 die Umbenennung in *Philippshospital.* Wie viele größere psychiatrische Krankenhäuser war auch das Philippshospital fast autark: Es versorgte sich selbst mit eigener Landwirtschaft, Bäckerei, Schlosserei, sogar eine Brauerei zählte zu den hospitaleigenen Betrieben. Viele Patienten waren früher auf dem eigenen Gutshof eingesetzt, der die zum Krankenhaus gehörenden Ländereien bewirtschaftete. Auch heute gehören die umliegenden Ländereien noch zur Klinik. Sie sind verpachtet.

Ohne Rhein … nix los: Der einstige Fischerort Stockstadt

Während die Begradigung und Regulierung des Rheins seit Beginn des 19. Jahrhunderts sonst zumeist als Segen empfunden wurde, sahen die Stockstädter das ganz anders. Ein Achtel der Bevölkerung von rund 800 Häuptern verließ bis 1850 gar den Ort. Der Grund ist logisch: Die im Lorscher Codex um 840 erstmals erwähnte Gemeinde *Stochestat* hatte sich unter wechselnden Herrschaften zu einem florierenden **Hafen** entwickelt. Sowohl die Mainzer Erzbischöfe als auch die Klöster Lorsch und Eberbach kassierten hier ebenso wie später in hessischen Zeiten die Landgrafen gerne Steuern. Doch nach dem **Rheindurchstich** *Am Geyer* versiegte die für viele Bewohner wichtigste Einnahmequelle: Der Rhein, der hier bis zu 400 Meter breit werden konnte, hatte ihnen mit Güterhandel und Fischerei ein gutes Auskommen beschert.

Heute können die Stockstädter mit dem entrückten Fluss entspannt umgehen: Der Ort mit rund 6000 Einwohnern ist gewissermaßen das **Tor zum Kühkopf,** einem weit über die Region hinaus bekannten Naturschutzgebiet, das auch über touristische Anziehungskraft verfügt.

Wie viele Pferdeköpfe gehen auf einen Kühkopf?

Der **Kühkopf** ist zusammen mit der nördlich gelegenen **Knoblochsaue** das größte Naturschutzgebiet Hessens. Die ausgedehnte Sumpf- und Auenlandschaft mit viel Gras und Schilf beherbergt zahlreiche Vogelarten. Schon 1952 unter Schutz gestellt, ist es mittlerweile „Europareservat" und „Fauna-Flora-Habitat". Das 24 qkm große Areal entstand bei der Rheinregulierung 1829. Die Guntersblumer Bauern als Besitzer beackerten es auch danach weiter – obwohl sie dafür über den Rhein mussten. Erst 1983, nach einem Dammbruch, endete die systematische Bewirtschaftung. Das Land wurde der Natur – und damit auch den **Hochwassern** – überlassen.

Im **Ausstellungsbereich des Infozentrums** kann man per Knopfdruck ein solches simulieren. Spannendes gibt es auch aus der **Geschichte** der heutigen Insel: So errichteten die Nazis 1943 eine Pappkopie der Mannheimer Innenstadt, um die alliierten Bomberpiloten irrezuführen. Bis 1994 förderte man dort um Stockstadt **Erdöl,** insgesamt rund eine Million Tonnen. Eine typische Pumpe, ein *Pferdekopf,* steht am Bohrloch 38 deshalb noch heute. Das liegt beim **Hofgut Guntershausen,** das bis 2015 zu einem Besucher- und Infozentrum ausgebaut wurde. In dem vom Förderverein betriebenen **Museum der Gemeinde,** das sich im ehemaligen Verwalterhaus des Hofgutes befindet, werden Aspekte aus der Stockstädter Ortsgeschichte und der Region um den Kühkopf aufgegriffen.

Ähnelt einem Pferdekopf: Bohrpumpe 38
© Alexander Kraft

Interessante naturkundliche Informationen rund um das *Europareservat Kühkopf-Knoblochsaue* erhält man im **Umweltbildungszentrum Schatzinsel Kühkopf,** das im Nordflügel des Hofgutes eingerichtet ist. Dort wird in modernem Umfeld umfassend der Lebensraum Aue mit den speziellen Tier- und Pflanzenarten dargestellt. Im Außenbereich kann man das auf dem 2 km langen, interaktiven **Erlebnispfad Draußen im Fluss** an 14 Stationen vertiefen oder auf dem insgesamt etwa 60 km langen **Rad- und Fußwegenetz** selbst erforschen.

Von Hightech zum Vollschrott: ESA/ESOC

Alle paar Jahre wieder flimmern diese Bilder über den Bildschirm: Jubelnde Wissenschaftler, die sich um den Hals fallen, ein Chef, der leicht aufgelöst vom Erfolg einer Mission schwärmt – und alles passiert hier in Hessen, genauer im Darmstädter Europaviertel: Das **Europäische Raumflugkontrollzentrum** (ESOC, *European Space Operations Centre)* ist seit 1967 eines der Operationszentren der **Europäischen Weltraumorganisation** (ESA, *European Space Agency).* Im ESOC werden die meisten Weltraumprojekte der ESA kontrolliert, so etwa 2004 – 2016 die *Rosetta-Mission,* bei der der Ursprung des Lebens erforscht wurde. Mit seinen rund

900 Mitarbeitern betreut es ein gutes Dutzend Vorhaben gleichzeitig. Hoch vernetzt mit der NASA und anderen Weltraumorganisationen, übernehmen die Darmstädter auch die Kontrolle oder Planung von Projekten außerhalb Europas. Eines ihrer neuesten, aber immer wichtiger werdenden Themenfelder ist die Überwachung des Weltraumschrotts – warum sollte es jenem Teil des Alls, das der Mensch erobert hat, besser gehen als dem Planeten? Nun ja, vielleicht sagen es uns eines Tages ein paar Außerirdische. Die fallen dann wohl, ähnlich wie Meteoriten, Asteroiden und himmlische Strahlungen, in eines der jüngsten Programme: Für die Weltraumlageerfassung wurde im April 2022 das *Space Safety Centre* als eigenes Büro der ESOC eröffnet.

Service-Adressen

eBike-Ladestationen

e Im Umweltbildungszentrum während Öffnungszeiten und wenn Info besetzt. Bei Einkehr und auf Anfrage im Hof Hayna.

Freizeit & Sehenswertes

Umweltbildungszentrum Schatzinsel Kühkopf, Gehört zum Forstamt Groß-Gerau, Ralph Baumgärtel, Hofgut Guntershausen, 64589 Stockstadt am Rhein. ✆ 06158/1886039, www.schatzinsel-kuehkopf.de. April – Okt Di – Fr 14 – 18 Uhr, Sa, So und Fei 10 – 18 Uhr, Nov – März Di – Fr 14 – 17 Uhr, Sa, So, Fei 9 – 17 Uhr. Eintritt frei. Infos: Interessante naturkundliche Veranstaltungen, Exkursionen etc. Das Umweltbildungszentrum „Schatzinsel Kühkopf“ mit den Dauerausstellungen *Mitten im Fluss, Geschichte im Fluss* und *Welt im Fluss* wird betrieben von HessenForst. Sie machen mit den zahlreichen erstaunlichen Naturschätzen auf dem Kühkopf bekannt. Es gibt Objekte zum Anfassen, Ausprobieren, Hineinhorchen und Endecken. Ein **Café** mit Biergarten-Sitzbänken bietet bis in den Abend hinein Getränke und Imbiss.

M **Museum der Gemeinde Stockstadt am Rhein,** Förderverein Hofgut Guntershausen im Naturschutzgebiet Kühkopf-Knoblochsaue, Jörg Hartung, Außerhalb 27, Hofgut Guntershausen, 64589 Stockstadt am Rhein. ✆ 06158/828739, www.hofgut-guntershausen.de. März – Okt Sa, So, Fei 13 – 17 Uhr. Eintritt frei. Dokumentiert wird anhand von Modellen und Möbeln die Geschichte des Hofgutes, darunter auch ein „Nobel-WC“ des Freiherrn von Heyl zu

Herrnsheim. Weitere Themen sind die Goldsuche und Erdölförderung auf dem Kühkopf. Wechselnde Kunstausstellungen.

M **ESA/ESOC,** Robert-Bosch-Straße 5, 64293 Darmstadt. www.esa.int/ESA. € Führung 10 € Person, private Gruppenführung 95 €. Infos: Führungen extrem schnell ausgebucht und seit Corona nur in kleineren Gruppen (bis 15 Personen). Nur buchbar über Darmstadt Marketing GmbH, Shop Luisencenter, Luisenplatz 5, 64283 Darmstadt, ✆ 06151/1345-11, -13, www.darmstadt-tourismus.de, touristikmarketing@darmstadt.de.

M **Psychiatriemuseum Riedstadt,** Peter Gomes, Haus 8, 64560 Riedstadt. ✆ 06158/183729, www.vitos.de/gesellschaften/vitos-suedhessen/historie/psychiatriemuseum. 🕒 Termine nach Vereinbarung.
Der Gründer Philippshospitals (und der Philipps-Universität Marburg) war Philipp I., der Großmütige (1504 – 1567), der im Heiligen Römischen Reich einer der wichtigsten Landesfürsten war. Die Besichtigung des privat zusammengetragenen Museums gleicht einem Spaziergang durch die Geschichte des Spitals und lässt einen an die heutige Zeit glauben.

Einkehr

Ristorante Attilio's Mare Monti, Attilio Valvason, Dornheimer Weg 72, 64293 Darmstadt. ✆ 06151/8606991, https://ristorante-maremonti.de. 🕒 Si – Sa 11.30 – 14.30 und 17.30 – 23 Uhr, So 11.30 – 22.30 Uhr.
Stilechte italienische Gastlichkeit, wechselndes Mittagsmenü, schöne Terrasse.

Haynas Restaurant & Lounge, Stefano Margherita, Landgut Hof Hayna, 64560 Riedstadt. ✆ 06158/8283811, Handy 0171/3621885. https://haynas-restaurant.eatbu.com. 🕒 Di – So 11.30 – 22 Uhr.

Altrheinschänke, Rheinallee 16, 64560 Riedstadt-Erfelden. ✆ 06158/2223, https://altrheinschaenke.business.site. 🕒 Mi – Fr 12 – 14 und 17 – 22 Uhr, Sa 17 – 23 Uhr, So 11 – 14 und 17 – 21.30 Uhr.
Rustikales Gasthaus an der Kühkopfbrücke, draußen Selbstbedienung, kleine, preiswerte Gerichte und Getränke.

Tour 12: Kühkopf | ❑■■ | 54,42 km | 223 hm

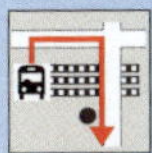
0,00 km
Aus **Hauptbahnhof** zur **Rheinstraße**, am **Mozartturm** vorbei **20** nach **Griesheim**

1,18 km
An Haltestelle **Maria-Goeppert-Straße** auf Brücke hoch und auf **Eifelring** über A672

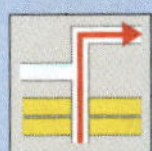
1,39 km
Eifelring verlassen und geradeaus in Forstpiste

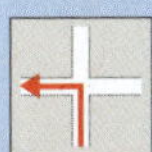
2,03 km
Auf **19** nach **Pfungstadt**

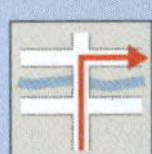
8,05 km
Kurz vor Pfungstadt: Am **Sandbach** entlang mit WZ ●

9,27 km
Am Umspannwerk auf Radweg neben L3303, dann über A67

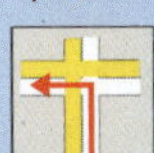
10,50 km
Auf **22** (Richtung Eschollbrücken)

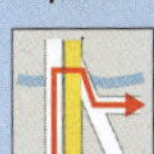
11,55 km
Sandbach-Brücke: weiter **22** nach **Stockstadt am Rhein**

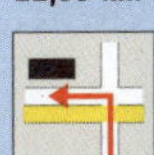
16,64 km
Auf **25** weiter **Stockstadt**, am **Philippshospital** vorbei, dann **24** nach **Stockstadt**

19,40 km
Nach Bahnunterführung in **Lindenstraße** Richtung **Stockstadt-Mitte**

19,92 km
In Rheinstraße mit **24** zum **Kühkopf Hofgut**

20,94 km
Nach Altrheinbrücke zum **Kühkopf Hofgut** (✕ und ℹ); dann **24** zum **Neurhein**

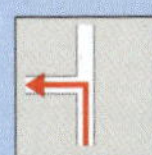
21,80 km
Mit **24** und **22** zum **Neurhein** (oder geradeaus: Abkürzung mit R6 nach **Erfelden**)

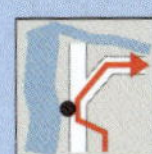
26,73 km
Fähre: selber Weg zurück oder rauer Naturweg: erst WZ ③, dann ① und ② bis R6

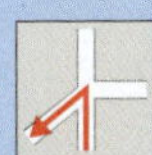
33,10 km
WZ ① ② ③ treffen auf R6, weiter nach **Erfelden**

33,56 km
Nach Altrheinbrücke: in **Rheinstraße** und mit **27** über ✕ **Hof Hayna** nach **Dornheim**

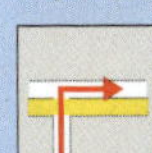
38,00 km
Nach Golfplatz: **27**, **18** nach **Dornheim**; ab da **Spargelroute Süd** und **18** nach **Griesheim**

43,12 km
Bachbrücke: re., weiter nach **Griesheim**, dann **18** nach **Darmstadt-Nord** (und **Weiterstadt**)

51,15 km
Stadtrand Darmstadt: Richtung **Darmstadt-City**

51,70 km
Von **Am Harras** auf **Michaelisstraße** wechseln, dann weiter in **Wedekindweg**

52,35 km
In **Traubenweg**, dann **Rabenaustraße**

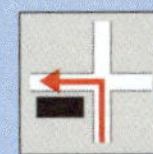
52,85 km
In **Robert-Bosch-Straße** an **ESA** vorbei

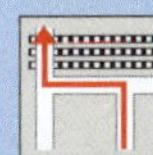
53,34 km
In **Zweifalltorweg** und auf **Bismarckstraße** über Gleisfeld

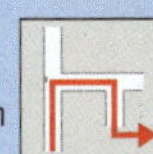
54,06 km
Auf **Göbelstraße** und **Poststraße** zum 🚌

SAGENHAFTE GESCHICHTE

#13

SO VERSCHIEDEN IST WELTERBE

Die kürzeste Tour des Buches hat die höchste Dichte an höchst unterschiedlichen Besuchsstopps! Im Schnelldurchlauf reisen die Radler vom mittlerweile zum Welt*kultur*erbe erhobenen Jugendstil auf der Darmstädter Mathildenhöhe in landgräfliche Jagdgefilde und von da in die Urzeit. Auch die ist Welterbe, allerdings firmiert die Grube Messel als Welt*natur*erbe. Baden gefällig? Oder ein Hauch von Stonehenge? Kein Problem, der Osten Darmstadts hat's in sich. Sogar mit einer „Wunderstute" kann er aufwarten!

Weltberühmt: „Fünf-Finger"- bzw. Hochzeitsturm und Russische Kapelle des Weltkulturerbes Mathildenhöhe

Knackiger Kultur-Kanter im Osten

Schon der kurze Kringel zu Beginn am **Großen Woog** vorbei und über das Zentrum des Darmstädter Jugendstils, die **Mathildenhöhe,** lässt einen mehr stehen und schauen als radeln. Angesichts der weiteren Zwischenstopps wird man eher geneigt sein, das beliebte Ausflugsziel **Steinbrücker Teich** rechts liegen zu lassen, um mehr Zeit für das **Jagdschloss Kranichstein** samt Museum zu haben. Zumal der Hochkaräter der Tour, die **Grube Messel** ansteht. Nach so viel Wissen – schadet ein kurzer Halt zum Baden an der **Grube Prinz von Homburg** gewiss nicht. Nach dem Halt mit Überraschungspotenzial an der **Menhiranlage** an der Scheftheimer Wiese folgt eine längere Radelpassage, die zur urigen Einkehr **Fischerhütte** führt. Wer sich den Hunger noch ein wenig aufspart, guckt erst beim **Vivarium** vorbei und stattet dann stilvoll dem Bio-Hofgut **Oberfelder Hof** einen Besuch ab. Aber selbst die letzten Meter bis zum Ausgangspunkt versprechen mit der **Rosenhöhe** nochmals ein Highlight.

Tourtelegramm Messel

Start: Darmstadt-Ost Bhf | Ziel: Darmstadt-Ost Bhf

Darmstadt-Ost – Großer Woog – Mathildenhöhe – Steinbrücker Teich – Jagdschloss Kranichstein – Diana-Tempel – Gaststätte Kalkofen – Messel – Grube Messel – Badesee Prinz von Hessen – Scheftheimer Wiesen – Menhiranlage – Hofgut Dippelshof – Traisa – Fischerhütte – Vivarium – Oberfelder Hof – Rosenhöhe – Darmstadt-Ost

36,22 km | 2:05 Std | Schwierigkeit: ❑❑❑ für Familien geeignet

Profil der Tour: Die Tour ist nicht nur kurz, sie ist auch sonst sehr pflegeleicht. Die Wege sind in der Regel sehr gut befestigte Forststraßen, die gut beschildert zu den jeweils nächsten Zielen führen. Der einzige etwas längere Anstieg steht Ihnen auf dem Weg nach Traisa bevor. Die langen Passagen im Wald und die Bade- sowie Rastmöglichkeiten unterwegs laden zu dieser Runde auch an heißen Tagen ein.

Besichtigungsstopps

Wenn Adelige bauen (lassen): Mathildenhöhe

Darmstadt führt den Beinamen **„Jugendstilstadt"**. Der Ruf gründet auf der leicht exzentrischen Bebauung der **Mathildenhöhe,** des höchsten Hügels der Innenstadt. Wohl an keinem anderen Ort ist der verspielt-melancholische, dennoch strenge Stil der Jahrhundertwende so großartig in Architektur umgesetzt worden. Folgerichtig haben sich die Darmstädter bei der UNESCO darum beworben, mit dieser Einzigartigkeit ins Weltkulturerbe aufgenommen zu werden. Und das ist geglückt! Die Urkunde datiert vom 24. Juli 2021. Herausragend in jedem Sinne ist der **Hochzeitsturm,** das Wahrzeichen der Stadt. Gestaltet wurde der 1908 fertiggestellte 48,5 m hohe Turm mit der markanten Backsteinfassade aus Torfbrand-Klinkern von *Joseph Maria Olbrich* im Auftrag der Stadt Darmstadt. Als Geschenk der Stadt erinnert er an die Hochzeit des Großherzogs *Ernst*

▲ 294 hm

RE80, 85, RB81, 82, 86 Odenwaldbahn nach Eberbach.

R8, Die Bergstraße Natur.

Im Infozentrum der Grube Messel – nur begrenzte Lademöglichkeiten.

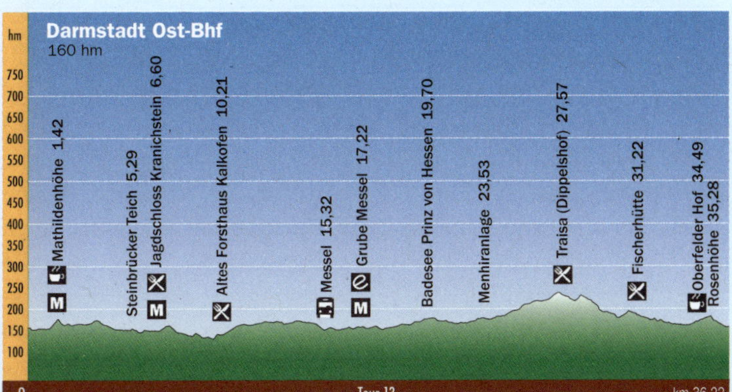

Ludwig mit Prinzessin *Eleonore zu Solms-Hohensolms-Lich* 1905. Der Besucher sollte aber nicht nur auf das berühmte Ensemble mit „Fünffingerturm" und **Ausstellungshalle** (1908) sowie der schon 1899 eingeweihten **Russischen Kapelle** achten. Die hatte Zar *Nikolaus II.* auf importierter russischer Erde erbauen lassen. Er wollte bei Besuchen in der Heimat seiner Gemahlin, Zarin *Alexandra* (geborene *Alix von Hessen-Darmstadt),* Ritus-gerecht die orthodoxen Gottesdienste besuchen. Ebenso spannend sind die **Villen** am Südhang des Hügels. Die Mathildenhöhe war 1833 zunächst für die großherzogliche Gemahlin Ludwigs III., *Mathilde Karoline Friederike von Wittelsbach,* als englischer Garten gestaltet worden. Über dem dort bis 1880 eingelassenen gigantischen Wassertank siedelte Großherzog Ernst Ludwig ab 1899 eine **Künstlerkolonie** an, die dem Quartier sein prägendes Aussehen verlieh.

Höchst museal auf der Pirsch: Jagdschloss Kranichstein

Edel, wie sich *Joschka Fischer* einst trauen ließ. Ist aber auch nicht verwunderlich: Bald 350 Jahre haben die hessischen Landgrafen an dem Jagdschloss Kranichstein gebaut und es sich für glanzvolle Feste herrichten lassen. Die sind, siehe Ex-Außenminister, noch heute möglich. Landgraf *Georg I.* betraute 1578 *Jakob Kesselhuth* mit der Aufgabe, einen dreiflügeligen Renaissancebau in den Wald zu setzen. Die Glanzzeiten erlebte **Kranichstein** unter den jagdnärrischen Landgrafen *Ernst Ludwig* (1667 – 1739) und *Ludwig VIII.* (1691 – 1768). Für ihre aufwändigen Parforcejagden sollte es ein entsprechendes Gebäude sein. Zu dem barock aufgemöbelten Bau gehört unter anderem der kleine **Rondell-Anbau:** Dessen Fensterachsen richten sich exakt an den fünf in den Wald geschlagenen Schneisen aus. Der *Kranichsteiner Schneisenfächer* ist heute auf Karten noch gut zu erkennen, in natura haben die Umbauten ab dem 19. Jahrhundert zum englischen Landschaftspark die klaren Strukturen aufgelöst. Ebenfalls nur noch in Andeutung vorhanden: Um die blaublütigen Gesellschaften angemessen zu amüsieren, gab es rund um den **Backhausteich** Kanäle, auf denen die Herrschaft herumgondelte. Mit dem letzten Darmstädter Großherzog, *Ernst Ludwig* (1868 – 1937), änderte sich der Charakter grundlegend: Er ließ 1917 das gesamte Jagdgerät des

> Hinter dem Jagdschloss lockt der idyllische **Backhaus-Teich** zu einem Spaziergang. Etwa 2 Stunden braucht man zu Fuß für den 8 km langen **jagdkundlichen Lehrpfad,** der mit seinen breiten, geraden Wegen auch eine schöne Radstrecke abgibt. Er beginnt am Jagdschloss oder am Jagdzeughaus und ist ausgeschildert. Auf vielen Infotafeln ist alles rund um die Jagd zu erfahren.

Hauses dort zusammentragen und legte damit den Grundstein für das heutige **Jagdmuseum.** Dessen Geschichte begann 1952, als die *Stiftung Hessischer Jägerhof* den Bau übernahm. Nach umfassender Sanierung Mitte der 90er-Jahre zeigt das Museum im Erdgeschoss heute die Geschichte der Jagd von den Anfängen bis in die Barockzeit. Schwerpunkte sind höfische Repräsentation und Jagdmethoden im 18. Jahrhundert. Zu denen gehörte damals auch die Parforcejagd, bei der das Wild mit 400 und mehr Hunden sowie zu Pferde solange die Jagdschneisen entlang gehetzt wurde, bis die adligen Jäger es mühelos erlegen konnten (heute zumindest in Deutschland verboten).

Forschung vs. Müll: Grube Messel

Immerhin drei Weltnaturerbe-Stätten kann das doch ziemlich durchzivilisierte Deutschland für sich reklamieren. Die **Grube Messel** erhielt 1995 als erste diesen Status. Als zweites kam 2009 das *Wattenmeer* hinzu und 2011 die *Buchenurwälder* wie zum Beispiel im *Naturpark Kellerwald-Edersee* (womit Hessen gleich zwei dieser auch touristisch heiß begehrten Siegel vorweist). Hält man sich die Geschichte in Messel vor Augen, grenzt es fast an ein Wunder, dass der Grube überhaupt noch Natur ist. Mitte des 19. Jahrhunderts zufällig entdeckt, baute die Industrie dort Braunkohle und Ölschiefer über Tage ab. Als das 1971 zu Ende ging, sollte eine gigantische **Mülldeponie** daraus werden. Im Laufe der 70er-Jahre setzten sich die Wissenschaftler des Frankfurter *Senckenberg-Instituts* immer vehementer für den Erhalt der Grube ein. Der Paläontologe *Jens Franzen* bescheinigte den Messel-Fossilien 1976 eine herausragende Bedeutung. Zu Beginn der 80er ließen die Grünen nicht locker und erwirkten einen Baustopp für die Müllpläne. Den kippte die 1987 ins Amt gekommene CDU-Regierung – und nur wegen eines Formfehlers in einem Antrag kam es letztlich nicht zum Ausbau.

Heute ist die Grube Messel als prominentes Ausflugsziel der Region gar nicht mehr wegzudenken. Sie gilt als weltweit größte **Fossilienfundstätte,** 1500 bis 2000 Stücke fördern die Wissenschaftler jährlich zu Tage. Und das könnten sie noch 800.000 weitere Jahre tun, so viel schlummert im ehemaligen Vulkansee. Allerdings keine Dinosaurier, wie viele annehmen! Was einfach daran liegt, dass die um die Kleinigkeit von 20 Millionen Jahren früher ausgestorben sind. Wie aber aus dem vor 47 Millionen Jahren explodierten Feuerspeier erst ein See wurde, der allmählich verlandete und wegen der sauerstoffarmen tiefen Wasserschichten zum perfekten Aufbewahrungsort wurde für Urpferdchen, Krokodile und *Ida,* den ältesten bekannten Affen, kann man seit 2010 im neuen **Besucherzentrum** en detail erfahren. Mit Film, Fundstücken und Führung kriegen die Gäste plastisch Historie und den einzigartigen Rang jenes einst so unscheinbaren Erdlochs erläutert – und nebenbei auch, weshalb eine zwei Meter lange Schlange nach dem Ex-Außenminister *Joschka Fischer* benannt wurde.

Odenwald mit Kindern enthält schöne Touren durch die Region und zur Grube Messel speziell für Familien mit Kindern 3 – 13 Jahren. ISBN 978-3-89859-456-1, pmv.

Obelix kann auch Kleinformat: Menhire im Naturschutzgebiet

Was die Frankfurter können, können die Darmstädter schon lange. In dem Fall: übertreiben. Denn die **Menhiranlage** an der Hirtenwiese als „Hessisches Stonehenge" zu bezeichnen, dafür braucht es schon reichlich Fantasie (oder Met). Gewiss, die auf engem Raum verteilten 14 Hinkelsteine sind eindrucksvoll. Doch weder sind die Wacker aus Granitporphyr besonders groß (eher hüfthoch), noch atemberaubend angeordnet oder gar dramatisch aufeinander gestapelt. Entdeckt hat sie der Roßdorfer Heimatforscher *Heinrich Gunkel,* der seinen Fund gleich auch als jungsteinzeitliche Steinkreisanlage einordnete. Seit 1993 ist das Ensemble Teil des

Obelix'ens Würfelspiel: Menhire auf den Scheftheimer Wiesen
© Alexander Kraft

Naturschutzgebietes Scheftheimer Wiesen und kann seit dem Brückenschlag über den *Ruthsenbach* 2011 auch wieder betreten werden.

Tierisch was los im Oberfeld: Das Hofgut Oberfeld

Der – wahrscheinlich – berühmteste Bewohner des **Oberfelder Hofs** hatte vier Beine: ein **Pferd,** das deutsche (Sport-)Geschichte schrieb. *Halla,* „die Wunderstute", kam hier zu Welt und fraß bis 1979 ihr Gnadenbrot auf dem von Domänenpächter *Gustav Vierling* betriebenen Gut. Auf Halla errang Springreiter *Hans Günter Winkler* in den 50er- und 60er-Jahren mehrere olympische Goldmedaillen – und wie die Fußballweltmeister von 1954 prägten sich diese Erfolge tief ins kollektive Gedächtnis Nachkriegsdeutschlands ein. Nettes Apercu (jedenfalls für Pferdefans): Hallas Vater, ein Traberhengst, hatte einen Stammbaum, die Mutter dagegen war ein französisches Beutepferd unbekannter Herkunft. Das Hofgut Oberfeld war vormals eine Hofmeierei, nämlich erst die Hofdomäne der Großherzöge von Hessen-Darmstadt und später Staatsdomäne des Landes. Die Anfänge des Landwirtschaftens der Darmstädter Herrscher liegen dort allerdings nicht. Die Anlagen, die zur alten Darm-

städter *Fürstl. Brau und Mayerey* gehörten wie Mühle, Brauerei, Brennerei, Marstall, Zehntscheuer, Hühnerhof und weitere, befanden sich zunächst südlich des Residenzschlosses, später im Bereich Herrngarten.
In die Nachbarschaft der **Dreibrunnenanlage,** dem ältesten Darmstädter Brunnen, gelangte die Meierei erst ab 1892. Heute stehen die Wirtschaftsgebäude an der Erbacher Straße unter Denkmalschutz. Und sind auch keine Domäne mehr. Nachdem die Familie Vierling 2006 ausgezogen war, sorgte der Verein *Initiative Domäne Oberfeld* mit politischer und städtischer Unterstützung für ein ganze neues Konzept. Schließlich zog ein **Demeter-Betrieb** mit Milchvieh, Saatgutvermehrung, Gärtnerei, Bäckerei, Käserei sowie Direktvermarktung ein. Hinzu kamen eine Arbeitsstätte für Menschen mit Behinderung *(Projekt Lebensweg)* und der *Lernort Bauernhof.* Für viele, und nicht nur Darmstädter, ist das Oberfeld mit den Öko-Produkten, dem Hofcafé, dem frei laufenden Federvieh, den diversen Vierbeinern und Angeboten wie Frühlingsfest, historischer Landarbeitstag, Erntedankfest, Weihnachtsmarkt zum beliebten Ausflugsort geworden.

Gut gebrüllt, Ernst Ludwig: Die Rosenhöhe

Die **Rosenhöhe** geht auf Großherzogin *Wilhelmine* zurück. Die wollte 1810 eine „Gartenkomposition, die den freien, edlen Geist landschaftlicher Natur atmet". Großherzog *Ernst Ludwig* formte 90 Jahre später das Gelände um, da er einen Rosengarten schaffen wollte, „wie ihn in Deutschland keiner kannte". Herzstück ist das **Rosarium** samt Rosendom. Dort blühen mehr als 200, meist einheimische Rosenarten. Noch imposanter ist gewiss das **Löwentor,** durch das man die Parklandschaft betritt (oder verlässt). Das stiftete Ernst Ludwig zum 25-jährigen Bestehen der Künstlerkolonie. Die sechs Klinkerpfeiler hat der Architekt und Kunstprofessor *Albin Müller* entworfen, bis zur Fertigstellung 1927 kamen dann die bereits 1914 erschaffenen sechs expressionistischen Löwenplastiken von *Bernhard Hoetger* als krönender Abschluss hinzu. Erwähnt seien noch die beiden **Mausoleen,** in denen mehrere Mitglieder der großherzoglichen Familie ruhen.

Service-Adressen

eBike-Ladestationen

Im Infozentrum der Grube Messel auf Anfrage.

Freizeit & Sehenswertes

Institution Mathildenhöhe, Museum Künstlerkolonie, Olbrichweg 15, 64287 Darmstadt-Mathildenhöhe. ✆ 06151/133385, www.mathildenhoehe.eu. Bus F bis Mathildenhöhe/Lucasweg. Di – So 11 – 18 Uhr, Fei teilweise Sonderöffnungen. 5 €; Kinder bis 18 Jahre frei. Infos: Öffentliche Führung So 13 Uhr, jeden 1. Sa im Monat 15 Uhr Kinderführung, 3 € pro Pers.

★ **Jagdschloss Kranichstein und Jagdmuseum,** Stiftung Hessischer Jägerhof, Kranichsteiner Straße 261, 64289 Darmstadt-Kranichstein. ✆ 06151/97111888, www.jagdschloss-kranichstein.de. RB75 DA – Aschaffenburg bis Bhf Messel (barrierefrei), zu Fuß ca. 1,5 km südöstlich. Straba 4, 5 bis Siemensstraße, 20 Min Fußweg; Bus H bis Kesselhutweg, 15 Min antlang Kranichsteiner Straße oder Bus F bis Oberwaldhaus, 15 Min Fußweg durch den Wald. Vom Großen Woog via Fiedler- und Seitersweg zum Bernard-Sälzer-Platz, dann 1,7 km auf R8 entlang den Bahngleisen nach Norden, nach rechts in den Wald und auf den R18 abbiegen, der nach 2,6 km zum Jagdschloss Kranichstein führt. **Bioversum:** Di – Fr 11 – 17, April – Sep Sa, So, Fei 10 – 18 Uhr, Okt – März 10 – 17 Uhr; Jagdschloss Mi – Fr 13 – 17, Sa, So, Fei 10 – 17 Uhr. 7 €; Kinder 4 – 16 Jahre 5 €, Kindergärten, Schulklassen 2 € pro Pers; Schüler, Studenten, Behinderte 5 €, Familie klein (1 Erw, 4 Kinder oder 2 Erw, 1 Kind bzw. Enkel) 14 €, groß (2 Erw, 4 Kinder oder Enkel) 17 €, Jahreskarte 35 €. Infos: Veranstaltungskalender ↗ Internet, auch Jagdkundlicher Lehrpfad.

★ **Welterbe Grube Messel gGmbH,** Roßdörfer Straße 108, 64409 Messel. ✆ 06159/717590, www.grube-messel.de. Bus F/U bis Oberwaldhaus, dann knapp 2 km immer die Dieburger Straße entlang stadtauswärts. Kleiner Parkplatz. Vom Bhf Darmstadt-Ost 7 km per Radroute (verschiedene Markierungen). Besucherzentrum täglich 10 – 17 Uhr (geschlossen 14. – 26. und 31. Dez sowie 1. Jan), Familienführung nach Absprache Sa 14, So 11 Uhr, in den Ferien öfter. Besucherzentrum 10 €, mit Führung 14 €, Führung Grube 1 Std 7 €/Pers, 2 Std 9 €/Pers, Besucherzentrum und 1 Std Führung Grube Messel 14 €;

Kinder 7 – 18 Jahre Besucherzentrum 8 €, mit Führung 12 €, Besucherzentrum und 1 Std Führung Grube 12 €; Kinderexpedition 8 – 12 Jahre 8,50 €, 2,5 Std, 13 – 20 Kinder, Geowerkstatt 7 – 12 Jahre, 8 €; Ferienprogramm 8 – 12 Jahre 9 € (Termine ↗ Webseite); Familien (min. 1 Kind unter 18) Führung Besucherzentrum und 1 Std Grube 11 €, Familienführung Kinder 6 – 10 Jahre 7 €; Fledermausführung Abendtermine im Sep 17 €/Pers. Infos: Buchungen unter ✆ 06159/717590; weitere Angebote für Kinder und Erw auf der ↗ Internetseite. Bistro z.Zt. geschlossen. pmv-Öko-Tipp!

✶🚶 **Grube Prinz von Hessen,** Bornschneise, 64287 Darmstadt. ✆ 06151/132900, www.darmstadt.de. 🚌 Busse 671 – 673, 682, 684, 693, K55, K56, K85 bis Woog. 🚲 Vom Hbf ostwärts über Goebel-, Rhein- und Landgraf-Georg-Straße. 🕒 frei zugänglich. Infos: Grillen verboten, Hunde im Wasser nicht erlaubt. Vorsicht: Die Stiftung Warentest stufte das Wasser der Grube Prinz von Hessen aufgrund von Keimen und Algen mehrfach als gesundheitsgefährdend ein.

Naturfreibad Großer Woog, Landgraf-Georg-Straße 121, 64287 Darmstadt. ✆ 06151/132393, www.darmstadt.de. 🕒 Mitte Mai – Mitte Sep Mo, Sa, So 9 – 20, Di – Fr 8 – 20 Uhr. € 3,50 €, ab 18 Uhr 2,10 €, 10er-Karte 28,30 €, Saisonkarte 92 €; Kinder 6 – 17 Jahre, Schüler, Studenten und Ermäßigungsberechtigte 1,70 €, ab 18 Uhr 1 €, 10er-Karte 14,70 €, Saisonkarte 69 €, Ferienkarte 17,20 €; kleine Familienkarte 6,20 €, große 7,80 €. Infos: Bootsverleih an der Westseite, 1/2 Std 2, 1 Std 3 €. pmv-Öko-Tipp!

✶🚶 **Park Rosenhöhe,** Förderverein Park Rosenhöhe e.V., Seitersweg/Wolfskehlstraße (Eingang Löwentor), 64287 Darmstadt-Mathildenhöhe. ✆ 06154/6294784 (Förderverein), www.park-rosenhoehe.info. 🚌 RE80, RB81, RB82 bis DA Ost, Bus F bis Spessartring. 🚲 Beschilderung Mathildenhöhe/Rosenhöhe bis zum Löwentor folgen. 🕒 ganzjährig geöffnet. € Eintritt frei, Führungen teilweise frei, sonst 5 – 6 €. Infos: Förderverein Park Rosenhöhe e.V., Ludwig-Engel-Weg 12, Gerd Blecher (Vorstand Förderverein). Führungen und Pflanzlisten ↗ Webseite.

Unterkunft & Einkehr

Hofgut Oberfeld Landwirtschaft AG, Café und Hofladen, Kathrin Göbel, Erbacher Straße 125, 64287 Darmstadt. ✆ 06151/9504860, www.landwirtschaft-oberfeld.de.

Bus RH, GB und MO1 bis Hofgut Oberfeld. Café Mo – Fr 9 – 19, Sa, So 9 – 18 und Fei 14 – 18 Uhr; Hofladen Mo – Fr 9 – 19, Sa 9 – 16 Uhr; Brötchentheke Mo – So ab 8 Uhr. Frühstücken und anschließend einkaufen – perfekter Start in den Tag. pmv-Öko-Tipp!

Café ForstLove, Jugendhof Bessunger Forst e.V., Torsten Jahr (Vorstand), Aschaffenburger Straße 183 – 187, 64287 DA-Bessungen. https://jugendhof.org/forstlove-cafe. Café Frühling und Sommer bei gutem Wetter 12 – 17 Uhr. Ü im Zelt 8,50, im DZ 24 €, Frühstück 10 €; KiGa – Jugendliche im Zelt 6,60 €, F 4,50 €. https://woodiversum.org. Das Waldcafé bietet hausgemachte Kuchen- und Grill-Leckereien. Betrieben wird es von der selbstverwalteten Naturbildungsstätte Jugendhof Bessunger Forst. Auf dem großen, idyllischen Wald- und Wiesengelände finden Kinder- und Erwachsenengruppen, Familien, Vereine oder Initiativen jede Menge Platz zum Lernen, Herumtoben, Spielen, Entspannen, Begegnen, Entwickeln oder einfach nur draußen und zusammen sein. Vielseitiges Veranstaltungsprogramm!

Café Mathildenhöhe Unter den Platanen, Mouad Moudden, Mathildenhöhe, Sabaisplatz, 64287 Darmstadt. Handy 0172/3236231. www.mathildenhoehe.eu/information/gastronomie. Di – So 10 – 18 Uhr.

Gut gebrüllt Radler: Löwentor an der Rosenhöhe
© Alexander Kraft

Hofgut Dippelshof, Jens Huthmann (Küchenchef), Am Dippelshof 1, 64367 Mühltal-Traisa. R65 Odenwaldbahn bis TU-Lichtwiese Bhf. Nicht über Kuhfalltor und nicht über Alte Darmstädter Straße, Navi-Hinweise ↗ Webseite. ✆ 06151/917188, https://dippelshof.de. Do – Sa 17 – 23 Uhr, So, Fei 12 – 23 Uhr (Küche bis 21 Uhr), Hotel täglich 7 – 23 Uhr. EZ ab 100 €, DZ ab 140 € mit Frühstück.
Kleinod des Jugendstils. Edelrestaurant mit französischer und regionaler

Küche, exklusiv. Hochzeits- und Eventlocation mit Standesamt.

☒ **Fischerhütte,** Georg Ruck, An den Fischteichen, 64287 Darmstadt. ✆ 06151/48601, www.fischerhuette-darmstadt.de. 🕒 April – Mai 10 – 19 Uhr, Juni – Sep 10 – 20, Okt – März 10 – 18 Uhr, jeweils Mi – So, Fei. Schmackhafte und preiswerte Fleisch- und Fischgerichte mit Blick auf den See.

SAGENHAFTE GESCHICHTE #13

Tour 13: Messel | ❑❑❑ | 36,22 km | 294 hm

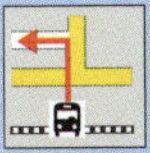
0,00 km – Vom Bhf DA-Ost auf R8 Richtung **TU Lichtwiese**

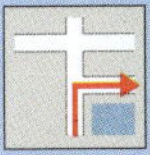
0,54 km – R8 verlassen, zum **Woog** und **DA City**, dann um **Woog** herum

1,05 km – Auf **Beckstraße**, dann auf **Eugen-Bracht-Straße** hoch zur Mathildenhöhe

1,43 km – Kreuzung mit **Nicolaiweg**: zur **Mathildenhöhe**, dann in **Olbrichweg** geradeaus

1,87 km – Ende **Olbrichweg**: über Bahnbrücke in **Seitersweg**, dann R8 nach **Dieburg**

5,08 km – Abstecher Steinbrücker Teich, dann R8 weiter zum **Jagdschloss Kranichstein**

6,44 km – Abzweig zum **Jagdschloss Kranichstein**, am Ende von Teich auf R8 nach **Messel**

10,21 km – Kreuzung am **Forsthaus Kalkofen: 14** nach **Messel** und **Dieburg**

13,50 km – Kreuzung in Messel: auf **Roßdörfer Straße** Richtung **Darmstadt** und **Messel**

16,66 km – Abzweig zur **Grube Messel**, dann auf 🚲 weiter

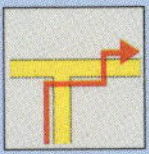
18,00 km – An **Dieburger Straße** auf **18** zur **Grube Prinz von Hessen**

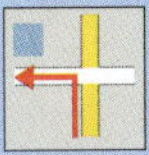
19,33 km – Auf **11** nach **Roßdorf** und **Darmstadt** an Badesee Prinz von Hessen vorbei

21,61 km – Zuerst **11** nach **Roßdorf**, dann WZ (Da4) und (2) folgen

23,28 km – WZ (Da4) (WZ (2) geradeaus)

23,36 km – Abstecher zur **Menhiranlage**

24,23 km – An der **Bernhardsackerschneise** nach **Mühltal Traisa**

27,38 km – Oberhalb Dippelshof: Auf **22** nach **Darmstadt**

29,29 km – Auf R8 Richtung **DA-Ost**

30,37 km – R8 verlassen und zur **Fischerhütte**

30,71 km – Zwischen Teichen hoch zu Fischerhütte, dann mit WZ (2) zurück

31,78 km – Richtung **DA-Ost** und **Vivarium**; kurz darauf wieder R8, auf dem bis Vivarium

33,61 km – Kurz nach **Vivarium**: R8 verlassen und in **Schnittspahnstraße**

33,87 km – Über zwei Bahngleise, Weg mit WZ ✕ folgen

34,35 km – Auf **Erbacher Straße** zu **Oberfelder Hof**, dann weiter zur **Rosenhöhe**

34,64 km – Ende Hofreite: Auf **Zuckmayerweg** zur **Rosenhöhe**

35,00 km – **Rosenhöhe**, Hauptweg (**Ludwig-Engel-Weg**) immer abwärts zum Löwentor

35,80 km – Nach Löwentor: über Bahnbrücke (wie bei 1,87 km), dann **Seitersweg** geradeaus

36,00 km – In **Erbacher Straße** zum **DA-Ost**

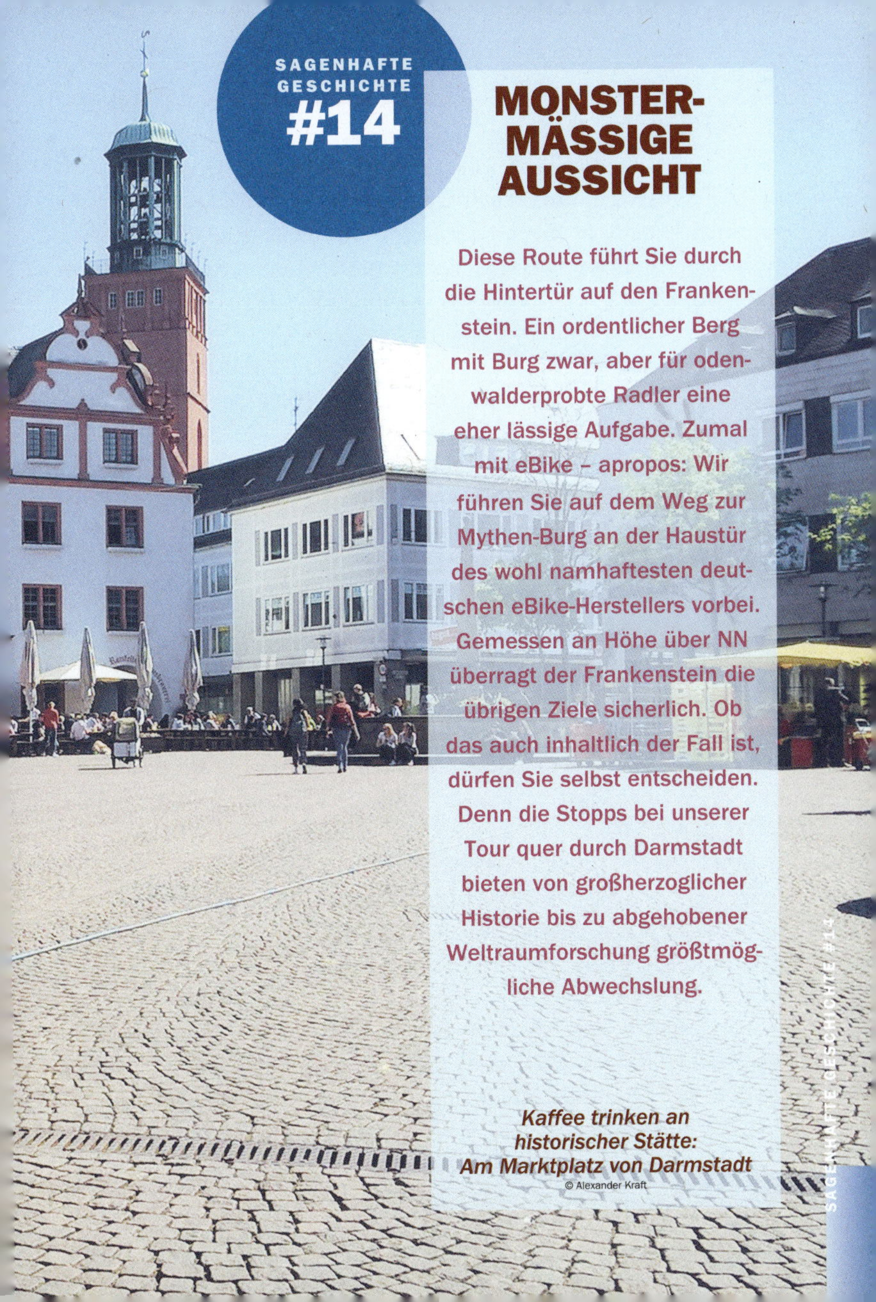

SAGENHAFTE GESCHICHTE

#14

MONSTER-MÄSSIGE AUSSICHT

Diese Route führt Sie durch die Hintertür auf den Frankenstein. Ein ordentlicher Berg mit Burg zwar, aber für odenwalderprobte Radler eine eher lässige Aufgabe. Zumal mit eBike – apropos: Wir führen Sie auf dem Weg zur Mythen-Burg an der Haustür des wohl namhaftesten deutschen eBike-Herstellers vorbei. Gemessen an Höhe über NN überragt der Frankenstein die übrigen Ziele sicherlich. Ob das auch inhaltlich der Fall ist, dürfen Sie selbst entscheiden. Denn die Stopps bei unserer Tour quer durch Darmstadt bieten von großherzoglicher Historie bis zu abgehobener Weltraumforschung größtmögliche Abwechslung.

Kaffee trinken an historischer Stätte: Am Marktplatz von Darmstadt

Fast wie Ferien daheim: Badewanne und Balkon

Sobald man die Riesen-Kreuzung mit der Rheinstraße hinter sich hat, wird die Passage mitten durch **Darmstadt** selbst für einen Radler annehmbar. Am **Residenzschloss** geht es vorbei, gleich gefolgt von **Marktplatz** und **Altem Rathaus** sowie der **Stadtkirche.** Das reine Radelvergnügen beginnt aber erst, sobald die Darmstädter Badewanne, der **Große Woog** in Sicht kommt. Mit **Botanischem Garten** und **Vivarium** folgen sogleich die nächsten hübschen Etappenziele. Der kleine Anstieg auf die **Ludwigshöhe** lohnt, der Blick vom Aussichtsbalkon der Darmstädter entschädigt unbedingt. Wer dann schon immer mal wissen wollte, wo die beliebten eBikes von **Riese & Müller** herkommen – hier fährt er direkt an

Tourtelegramm Frankenstein

Start: Darmstadt Hbf | Ziel: Darmstadt Hbf

Darmstadt – Residenzschloss – Marktplatz – Großer Woog – Botanischer Garten – Vivarium – TU Darmstadt (Lichtwiese) – Böllenfalltor – Ludwigshöhe – Mühltal – Papiermühle – Riese & Müller – Sonnenhof – Waldmühle – Nieder-Beerbach – Burg Frankenstein – Malchen – Seeheim – Pfungstadt – ESA – Darmstadt

43,23 km | 2:30 Std | Schwierigkeit: ❑■■

Profil der Tour: Die Passage durch Darmstadt ist, nun ja, Radeln in der Großstadt eben. Verglichen mit vielen Wegen in Frankfurt aber kommt man ganz passabel und ohne allzu viel Autostress durch. Der Radweg *Die Bergstraße Natur* führt danach im ziemlich grünen Bereich in die ersten Odenwaldhügel. Die sind oft kurz und tückisch steil, das vermeidet die pmv-Route beim Abstecher auf die Ludwigshöhe und den Schleifen um die Hügel bis Mühltal. Auch der erste Teil der Anreise zum Frankenstein verläuft auf breiten Forstpisten mit wassergebundener Decke. Der letzte Teil ebenso wie die Abfahrt führen auf eine kleine Verkehrsstraße. Danach geht es nur noch flach mit klaren Wegweisern durch den Wald und Pfungstadt, wo aber der Verkehr überschaubar bleibt.

Variante: Start am Bhf Darmstadt-Ost: bis Großer Woog wie ↗ Tour 13.

der neuen, 2019 eröffneten Produktionshalle vorbei. Hoch hinaus ist dann auch das Motto für den Ritt auf **Burg Frankenstein** mit der monstermäßigen Aussicht und allerlei touristischer Bespaßung. Vom – fakultativen – Besuch in der **Pfungstädter Brauerei** abgesehen, rollen Sie das letzte Drittel der Tour flach und schattig durch die alten Wälder des hessischen Ried. Einen Höhepunkt aber gibt es noch: Die **ESA-Zentrale,** die man, bei entsprechender Planung und Buchung, besuchen kann.

Vorbildlich: Radweg in Darmstadt

© Alexander Kraft

▲ 598 hm

DA ist Fernbahnhof, ICE, IC, außerdem RE80, RB66, RB81, S3.

Die Bergstraße, Die Bergstraße natur, R8, Familien-Radroute LaDaDi

Tipp für die Anreise Frankenstein: Mehr Verkehr, weniger steil: Wer hinter Nieder-Beerbach auf der Straße bleibt und die ausgeschilderte Zufahrt nimmt, umgeht den kraftraubenden Feldweg.

Bei Einkehr im Pfungstädter Brauereigasthof sowie in der Ludwigsklause.

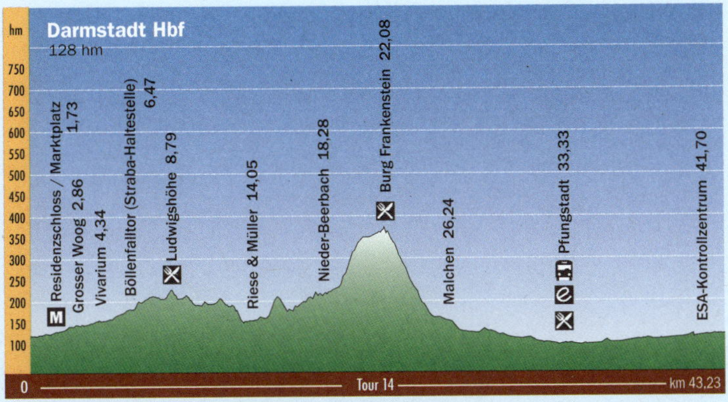

Besichtigungsstopps

Darmstadt – c'est moi (oder auch nicht)

Eines vorweg: Original ist kaum mehr etwas am **Darmstädter Schloss,** jenem Bau, um den Darmstadt kreist. Es brannte in den Bombardements im September 1944 bis auf die Außenmauern ab, so wie der Großteil des alten Darmstadt. 20 Jahre dauerte die Rekonstruktion. Klar ist, dass über die Jahrzehnte mit dem Einzug diverser Institutionen (wie TU Darmstadt, Deutsches Polen-Institut und Schlossmuseum) auch die Nutzung eine völlig andere wurde, als zu Zeiten der Hessischen Landgrafen und Großherzöge. Der S-förmige Bau, der in den 2020er-Jahren komplett saniert sein soll, besteht aus zwei Flügeln, deutlich zu unterscheiden sind die Entstehungsepochen Barock und Renaissance. In letzterer entstand auch der charakteristische 39 m hohe *Glockenturm.*

Über einen derart dominanten Bau an solch zentraler Stelle ließen sich, zumal sich die wichtigsten Teile der **Darmstädter Geschichte** damit untrennbar verbunden sind, ganze Bücher schreiben – aber wer will so etwas zum Start einer ambitionierten Radtour schon? Deshalb ganz knapp: Der Ort wurde in fränkischen Zeiten gegründet, erstmals erwähnt als *Darmundestat* aber erst Ende des 11. Jahrhunderts im Zusammenhang mit Zinsabgaben. Mehrere Bistümer wechselten sich als Herrschaft ab, bis Mitte des 13. Jahrhunderts die *Grafen von Katzenelnbogen* auf den Plan traten und bei Darmstadt eine **Wasserburg** errichteten. Mit den 1330 vom Kaiser verliehenen Stadtrechten begann ein erster Aufschwung. Das Aussterben der Katzenelnbogener 1479 und damit der Übergang an die hessischen Landgrafen – *Heinrich III. von Hessen-Marburg* (1440 – 1483) war mit der Katzenelnbogener Erbtochter *Anna* verheiratet –, sorgte für einen wirtschaftlichen Niedergang. Denn Heinrich III. konzentrierte sich auf die

> *Die* **Grafschaft Katzenelnbogen** *war eine reichsunmittelbare Grafschaft und bestand 1095 – 1479, ab da übernahmen die Landgrafen von Hessen Besitzund Titel, der bis heute existiert. Katzenelnbogen liegt im Rhein-Lahn-Kreis und war lange Sitz des pmv.*

Verschönerung Kassels und presste dafür auch Geld aus Darmstadt heraus. Das änderte sich 1518 grundlegend mit dem Regierungsantritt von **Landgraf Philipp dem Großmütigen** (1504 – 1567). Seine Zeit ist geprägt von gewaltigen religiösen und politischen Umwälzungen im Zuge der Reformation. Mehr als einmal wurde das Schloss zerstört in den gnadenlosen Auseinandersetzungen – das (vorläufige) Ende mit dem Westfälischen Frieden 1648 war da noch weit. Landgraf *Georg I.* (1547 – 1596) machte 1567 Darmstadt zu Residenz und Verwaltungssitz der Landgrafschaft Hessen-Darmstadt. Er sicherte das erheblich erweiterte Schloss mit Graben und Bastionen ab. Nach und nach kamen weitere Bauteile hinzu, so der Glockenturm 1663 – 1671 nach Plänen des Architekten *Johann Wilhelm Pfannmüller.* 1715 begann Landgraf *Ernst Ludwig* ein neues Barockschloss mit vier großen Flügeln zu planen, um das alte komplett zu ersetzen. Wegen Geldmangels – schließlich werkelte man auch an ↗ **Schloss Kranichstein** und anderen teuren Projekten – wurden bis 1726 allerdings nur zwei Flügel fertiggestellt.

Zentrum mit Bewegungsdrang: Darmstadts Mitte

Eigentlich ist der **Marktplatz** einer Stadt der große zentrale Platz. Das war auch in Darmstadt so, wo ab 1330 die Wochenmärkte abgehalten wurden und andere große Ereignisse stattfanden. Doch das änderte sich im 19. Jahrhundert: Immer stärker wirkte sich die Präsenz des neu angelegten **Luisenplatzes** in die Stadt hinein aus. Das 39 m hohe *Ludwigsmonument* mit der Aussichtsplattform in 30 m Höhe spricht für sich. Im Unterschied zu den vom Volk nicht unbedingt geliebten Landgrafen kamen die Großherzöge und ihr Staat besser an und dieser Platz wurde zum Mittelpunkt des gesellschaftlichen Lebens. Das im Zweiten Weltkrieg stark zerstörte, aber wieder aufgebaute **Alte Rathaus** datiert auf den Beginn des 17. Jahrhunderts. Es prägt zusammen mit der **Stadtkirche** den Blick über den Marktplatz. Die Kirche steht vermutlich an der Stelle des ältesten Sakralbaus, der schon zu Zeiten von *Darmundestat* entstanden sein dürfte. Die Baugeschichte ist aufgrund zahlloser An- und Ausbauten erst ab der Barockzeit gut nachvollziehbar. Spannend: Trotz der Weltkriegszerstörungen blieben viele der gräflichen Grabdenkmale im Altarraum erhalten.

Botanischer Garten: Alter Eingang
© Thomas GP

Wanderfreudige Flora: Botanischer Garten

Wie so viele Einrichtungen, die in Darmstadt auf die Landgrafen und Großherzöge zurückgehen, ist auch der **Botanische Garten** mehr als einmal umgezogen. Im ersten Stadium 1814 wurde der Garten direkt ums *Residenzschloss* angelegt – als Ersatz für den zugeschütteten Wassergraben, der im Sommer pestilenzmäßig gestunken haben muss. Doch mit dem Standort war die ausgepflanzte, eher krautige einheimische Botanik nicht *d'accord*. Also übersiedelte man sie 15 Jahre später in den *Herrngarten*. Doch Pflanzen, und manchmal auch ihre Gärtner, sind heikel: So veränderte man sich unter Hofgärtner *Georg Friedrich Schnittspahn* (1810 – 1865) im Jahr 1838 (Landeswaisenanstalt Nähe Kleiner Woog), 1849 (Großherzoglicher Lustgarten am Wilhelminenplatz) und 1864 (Meiereipark an der Frankfurter Straße). Aber auch ohne Schnittspahn ging das Grünzeug auf Wanderschaft: 1874 wurzelte es östlich des Woog – und da blieb es, zumal der Garten 1897 der TH angegliedert wurde. Heute ist es, wenn geöffnet, ein Ort, der zum Verweilen und leicht arkadischen Gefühlsanwandlungen einlädt: Bei Alpinum, kleinen Wasser- und Sumpfflächen mit entsprechendem Bewuchs kann einem das Herz aufgehen.

Klein, aber Zo-ho: Das Vivarium

Das Darmstädter Vivarium als echten **Zoo** zu bezeichnen, ist vielleicht ein wenig zu hoch gegriffen. Aber immerhin leben auf 5 ha 2000 **exotische und einheimische Tiere** in 190 Arten. Viele dieser Tierarten werden, so der Betreiber *EAD Darmstadt,* mit großem Erfolg gezüchtet, etwa die stark bedrohten Schopfmakaken. Als Welterstzucht gelang es, die Kroko-

Vivarium: Kleines Bennett-Känguru
© Vivarium Darmstadt

dilschwanz-Höckerechse zu vermehren, und als Zoo-Welterstzucht dem Kleinen Vasapapageien zu Nachwuchs zu verhelfen. Man sieht (und hört): In den naturnah gestalteten Gehegen, Terrarien und Aquarien tummeln sich lautstarke Affen, farbenprächtige Vögel, tropische Fische und exotische Reptilien. Entstanden ist das Vivarium aus einem **Schulvivarium** (1956). Aber erst mit der Gründung des Vereins *Kaupiana* 1961 nahm die Sache Fahrt auf, sodass 1965 als Eröffnungsdatum gilt.

Guckst du, Frankfurter!

Man kann sagen: 90 m höher – und schon sieht die Welt ganz anders aus! Wer aus Darmstadt heraus die Spritztour auf die **Ludwigshöhe** antritt, wird das kaum bereuen. Die ganze Stadt, ja das Rhein-Main-Gebiet breiten sich wie ein Prospekt aus. Das reizvolle an der Perspektive: Anders als auf den Gipfeln der Mittelgebirge ist man hier „ganz nah dran". Dabei blickt die Ludwigshöhe auf eine wechselvolle Geschichte zurück. Vor knapp 200 Jahren wird der *Milch-* oder *Kirchberg* als Ausflugsziel entdeckt. Großherzog *Ludewig I.* erlaubt, diesen reizvollen Flecken im Bessunger Forst auszubauen. Diverse Hütten, Sitzarrangements und Wetter-Tempel entstehen – und brennen auch wieder ab. Das macht die Sache eher noch mehr zur Herzensangelegenheit der Residenzstädter. Nur als Beispiel: Dem ersten Wirt dort, *Faust,* wird im „Nationalepos" der Darmstädter, dem „Datterich", ein kleines literarisches Denkmal gesetzt. Am 24. September 1882 wird der **Ludwigsturm** eröffnet und Anfang des 20. Jahrhunderts hat sich auf dem Hausberg der Bessunger ein Hotel-Restaurant etabliert. Der selbsternannte **„Luftkurort Ludwigshöhe"** mausert sich mit Bobbahn und Skisprungschanze (sic!) zu einem beliebten Ausflugsort im Deutschen Reich. Ab 1940 nimmt die Wehrmacht das Gelände in Beschlag. Als sie im März 1945 abzieht, sprengt sie das Hotel. Die Jahrzehnte in bundesrepublikanischer Zeit dokumentieren einen ungebrochenen Bürgerwillen, den **„Balkon von Darmstadt"** wieder zu einem stadtnahen Kleinod herauszuputzen.

Der Doktor unter den Burgen: Burg Frankenstein

Ein Name wie Gänsehaut, ein Klassiker der Gruselliteratur und des Gruselfilms. Und auf dieser **Burg** begann die Geschichte. Angeblich jedenfalls. Denn was im Landstrich südlich von Darmstadt gern kolportiert wird, hält einer harten wissenschaftlichen Überprüfung nicht stand. Das muss den Besucher nicht anfechten, steuert er doch mit der Burg auf dem *Langenberg* ein Ziel an, das keine Wünsche übrig lässt – abgesehen vielleicht von den 150 m Höhendifferenz. Gleich neben der malerischen Ruine liegt ein **Ausflugsrestaurant** (nicht ganz so malerisch). Aber egal ob Terrasse oder Burgturm: Weit dehnt sich das Rheintal aus. Mit halbwegs klarer Sicht reicht der Blick im Norden über Darmstadt bis Frankfurt. Taunus und Rheingau sind fast immer mühelos auszumachen. Unterhalb der Anlage wandert das Auge über das Hessische Ried. Im Westen – auf der Pfälzer Seite des Stromes – erhebt sich imposant der Donnersberg.

Wann genau die Burg erbaut wurde, ist unklar. Nach Schätzungen könnte es sogar schon zuzeiten des Frankenreichs eine Wehreinrichtung gegeben haben. Erstmalig genannt wird sie 1252 in einer Urkunde von *Konrad Reiz von Breuberg,* der von einem „super castro in frangenstein" schreibt. Er nutzte die Höhenburg, um seinen Herrschaftsbereich in der Rheinebene und an der Bergstraße zu sichern. Im 15. und 16. Jahrhundert wurde sie erweitert, nachdem sich die Familie in mehrere Linien verzweigt hatte. Im späten 17. Jahrhundert ging der Bau in den Besitz der Landgrafen von Hessen-Darmstadt über. Invalide und Gefangene wurden dorthin verschleppt.

Im 19. Jahrhundert verfiel das Gemäuer zusehends, doch die Ruine wurde mehrfach gesichert. Vielleicht hat das mit dem illustren Namen zu tun. 1816 war es, als die junge Schriftstellerin **Mary Shelley** (1797 – 1851) jenen Roman verfasste, der Frankenstein weltberühmt machte. Angeblich übernachtete sie dort. Nach anderen „Quellen" nahm sie den Frankenstein zumindest in Augenschein und ließ sich von seiner Geschichte inspirieren: Im Mittelalter soll ein Vampir die Bewohner heimgesucht haben – man munkelte von Leichen ohne Blut. 1673 kam in der Burg *Johann Konrad Dippel* zur Welt. Er wurde Alchimist. Da das seinerzeit keine genau festgelegte Berufsbezeichnung war, versuchte er sich in allerlei. Angeblich auch in Experimenten mit Blut und Knochen. Dem Geheimnis des Le-

Burg mit Gruselfaktor: Torturm der Ruine Frankenstein

© Jens Czarny

bens wollte er auf die Spur kommen. Wie es sich wirklich zugetragen hat? Und was die junge Dichterin so beeindruckte, dass sie aus der Burg einen Doktor machte und die blutige Mär von **Frankensteins Monster** dichtete? Wer weiß. Die behauptete Visite der fantasievollen jungen Engländerin auf dem Bergrücken oberhalb des Örtchens **Malchen** lässt sich jedenfalls nicht nachweisen. Das würde heute auch keiner offiziell behaupten – aber kokettieren kann man damit.

Service-Adressen

eBike-Ladestationen

Bei Einkehr und auf Anfrage in der Ludwigsklause und im Pfungstädter Brauereigasthof.

Freizeit & Sehenswertes

Schlossmuseum Darmstadt, Marktplatz 15, 64283 Darmstadt. ✆ 06151/24035, www.schloss-museum-darmstadt.de. Fr – So 10 – 17 Uhr. 5 €, für Gruppen diverse Themen- und Szenische Führungen, ab 50 €, Kombikarte Schloss und Porzellanmuseum 6 €; Kinder 6 – 18 Jahre 3 €, Kombikarte 4 €; Schüler, Studenten, Azubis, Schwerbehinderte, Gruppen ab 10 Pers 2,50 €, Kombikarte 4 €. Infos: Öffentliche Führungen Fr – So durch die Epochenräume im 90-Minuten-Takt. Achtung: Zugang zum Museum bis auf Weiteres nur vom Karolinenplatz über die Wallbrücke.

★ **Botanischer Garten der TU Darmstadt,** PD Dr. Simon Poppinga, Schnittspahnstraße 2, 64287 Darmstadt. ✆ 06151/16-22320, www.bio.tu-darmstadt.de/botanischergarten. Vom Hbf Bus K Richtung TU-Lichtwiese bis Botanischer Garten/Vivarium. Vom Großen Woog Radweg 13. Freigelände Mo – Fr 7.30 – 19 und Sa 9 – 19 Uhr, zusätzlich Mai – Okt jeder 1. So im Monat 9 – 18 Uhr, Gewächshäuser z.Zt. geschlossen. Eintritt frei. pmv-Öko-Tipp!

✪★ **Zoo Vivarium Darmstadt,** Schnampelweg 5, 64287 Darmstadt. ✆ 06151/1346900, https://zoo-vivarium.de. täglich geöffnet, März, Okt 9 – 18 Uhr, April – Sep 9 – 19 Uhr, Nov – Feb 9 – 17 Uhr, Streichelzoo täglich ab 10 Uhr, täglich wechselnde Fütterungszeiten. 8 €; Kinder 2 – 18 Jahre, Schüler, Schwerbehinderte 3 €; Studenten, Gruppen ab 15 Pers, Rentner 6,50 €, Familienkarte (2 Erw, 2 – 4 Kinder) 17 €. Infos:

Interessante Vorträge, Themenführungen und Sonderveranstaltungen. pmv-Öko-Tipp!

Freizeit & Einkehr

Café Eulenpick, Schnampelweg 4, 64287 Darmstadt. ✆ 06151/ 1593364, www.cafe-eulenpick.de. bei schönem Wetter täglich 10 – 19, Fr – So bis 22 Uhr geöffnet. Idyllischer Biergarten am Zoo Vivarium mit reichhaltiger Speisekarte.

Ludwigsklause, Christian Eichwald, Auf der Ludwigshöhe 200, 64285 Darmstadt-Bessungen. ✆ 06151/52416, www.bessunger-ludwigshöhe.de. Mi – Sa 12 – 20, So, Fei 11 – 19. **Turm:** Öffnungszeiten wie Ludwigsklause, Eintritt 1 €; Tür wird per Fernbedienung geöffnet. Sehr rustikale Ausflugswirtschaft, ein bisschen wie ein zu groß geratener Kiosk – aber höchst charmantes Ambiente durch das weitläufige Freiluftgelände um den Aussichtsturm.

Pfungstädter Brauereigasthof, Lazhar Ben Mohammed Saad, Mühlstraße 1, 64319 Pfungstadt. ✆ 06157/955591, www.pfungstaedter-brauereigasthof.de. Mo – Fr 11 – 15 und 17 – 24 Uhr, Sa 17 – 23 Uhr, So und Fei 11 – 15 und 17 – 22 Uhr.

Die Pfungstädter Brauerei wurde 1831 von Justus Hildebrand im (heutigen) Stadtteil Hahn gegründet. Der Erfolg machte 1846 den Umzug nach Pfungstadt notwendig – und damit kam auch das Hufeisen aus dem Stadtwappen ins Firmenlogo.

Burg Frankenstein Event und Restaurant GmbH, Ralph Eberhardt, 64367 Mühltal-Nieder-Beerbach. ✆ 06151/501501, www.frankenstein-restaurant.de, www.frankenstein-halloween.de. Straba 6, 8 bis Eberstadt, weiter von Eberstadt-Wartehalle Bus NB bis Frankenberger Mühle im Kühlen Grund, dort Einstieg in die sehr steile Himmelsleiter oder gemächlicher über Fahrweg (Herrnweg, Roter Querbalken). Parkplatz Sommergrund, Navi: DA-Josephsweg, Wanderweg B, an der L3098 im Kühlen Grund kein Parkplatz. Von Eberstadt Richtung Mühltal, kurz vor Mühltal rechts ab, Aufstieg durch den Wald zur Burg. Restaurant Mi – Fr 17 – 22, Sa, So 12 – 22 Uhr, Burg-Kiosk mit Imbiss täglich 11 – 18 Uhr (wetterabhängig), Burgruine täglich ab 11 Uhr bis Sonnenuntergang. Grusel- und Eventdinner, Halloween-Wochenenden im Okt. Preise Halloween-Fest: Kinder ab 15 €, VIP (mit Essen am Familienbuffet) 41 € gilt auch für Erwachsene. Infos: Nach Vereinbarung sind individuelle Burgführungen und -feste möglich.

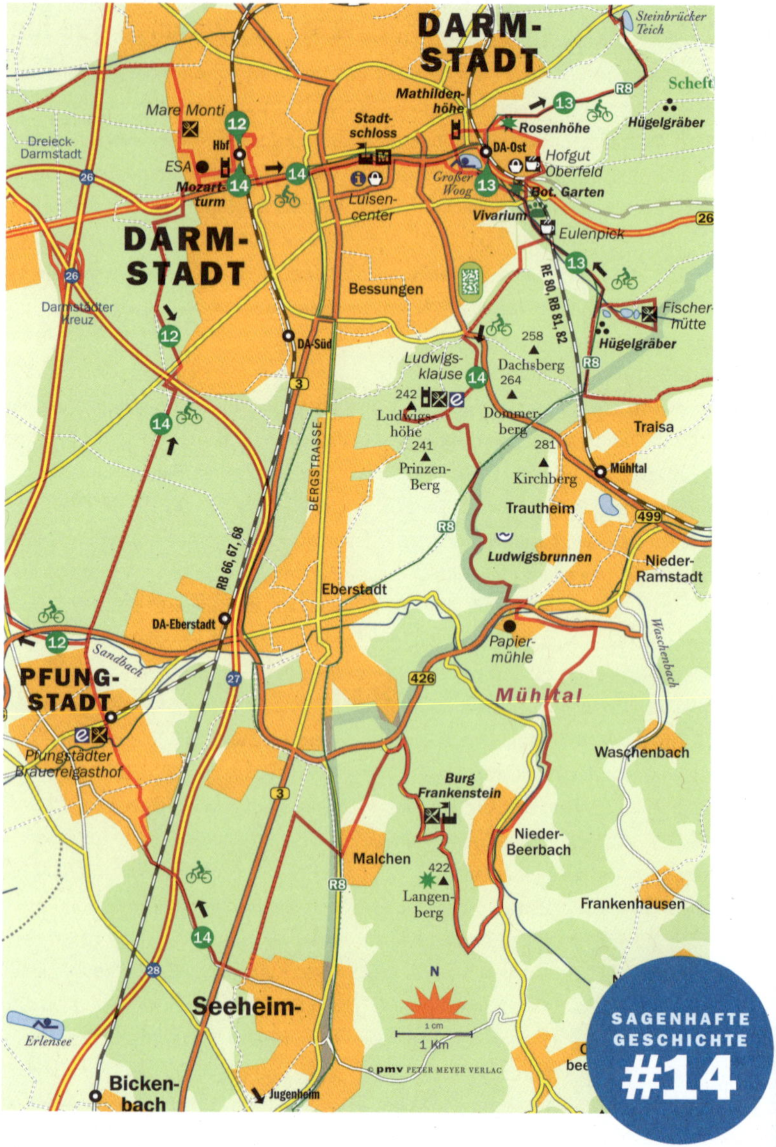

DARM-
STADT
Steinbrücker Teich
Mathildenhöhe
Stadtschloss
Mare Monti
Rosenhöhe
Hügelgräber
Hbf
DA-Ost
Hofgut Oberfeld
ESA
Mozartturm
Luisencenter
Großer Woog
Bot. Garten
Vivarium
Eulenpick
Dreieck-Darmstadt
DARM-
STADT
Bessungen
Darmstädter Kreuz
RE 80, RB 81, 82
Fischerhütte
DA-Süd
Ludwigsklause
Dachsberg
Ludwigshöhe
Dommerberg
Prinzen-Berg
Kirchberg
Traisa
Mühltal
BERGSTRASSE
Trautheim
RB 66, 67, 68
Ludwigsbrunnen
Nieder-Ramstadt
Eberstadt
DA-Eberstadt
Sandbach
Papiermühle
PFUNG-
STADT
Waschenbach
Mühltal
Pfungstädter Brauereigasthof
Waschenbach
Burg Frankenstein
Malchen
Nieder-Beerbach
Langenberg
Frankenhausen
Seeheim-
Erlensee
Bicken-
bach
Jugenheim
1 cm
1 Km
© pmv PETER MEYER VERLAC
SAGENHAFTE
GESCHICHTE
#14

Tour 14: Frankenstein | ❑■■ | 43,23 km | 598 hm

0,00 km – Zur Kreuzung mit der Rheinstraße: auf andere Seite, dann 20 in die City

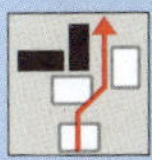
1,58 km – **Luisenplatz**, Schloss, **(Ernst-Ludwig-Platz)** Marktplatz; weiter 20 und ▬ zum Woog

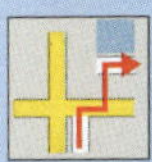
2,83 km – Am Woog: weiter die Bergstraße Natur zu Vivarium, Botan.Garten; stets ▬ folgen!

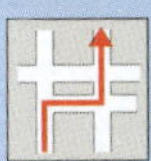
4,80 km – Mit ▬ auf Uni-Campus, **Otto-Berndt-Str.** zum Wald; weiter ▬ nach **Ober-Ramstadt**

8,00 km – ▬ links (Pfungstadt DA-Eberstadt): zunächst weiter geradeaus zur Ludwigshöhe

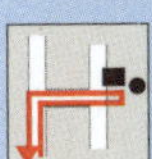
8,58 km – Auf Teerstraße hoch zur Ludwigshöhe; dann zurück zu ▬ Richtung Pfungstadt

10,54 km – R8 quert: Geradeaus weiter mit dem schon vorher sichtbaren WZ ② (▬ verlassen!)

10,69 km – WZ ② verlassen; mit WZ ▬ weiter; nach 1,1 km WZ ▬ in Pfad: auf Hauptweg bleiben!

12,88 km – Mit WZ ▬ aus dem Wald bergab, dann WZ ▬ über **Rheinstraße** (B426) folgen

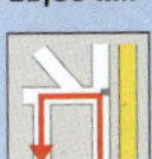
13,44 km – **An der Papiermühle An der Schillertanne** hoch: im **Alten Graben** stets geradeaus

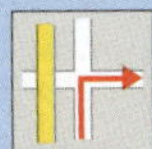
14,70 km – WZ (Mt1) bergauf, über Sattel; nach Abfahrt ebenem Hauptweg am Waldrand folgen

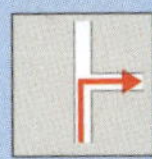
17,14 km – Am Waldrand (li. ein großer Metallzylinder): Teerweg hinab nach Nieder-Beerbach

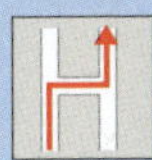
18,17 km – Von **Hintergasse** in **Ludwig-Bauer-Str.**, dann **Mühlstraße** zu **Burg Frankenstein**

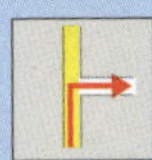
19,38 km – Mit WZ A hoch Richtung **Burg Frankenstein**

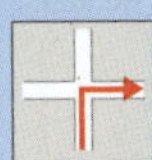
20,14 km – Kleine Straße quert (WZ A geradeaus): auf Straße und immer hoch zur Burg

21,79 km – Zur Burg Frankenstein; dann zurück zur Straße und hinunter nach Malchen

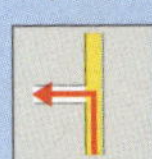
24,83 km – In Rechtskurve: Straße verlassen und mit WZ ① in den Wald; kurz vor Malchen auch ▬

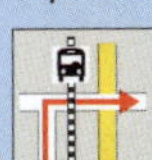
26,24 km – Malchen (Ende **Dieburger Str.**): mit die Bergstraße Natur ▬ bis Ortsrand Seeheim

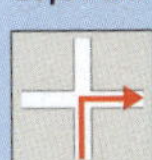
29,13 km – ▬ verlassen: nach Pfungstadt; kurz darauf auch Familien-Radroute

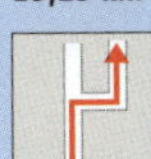
31,61 km – Mit durch Pfungstadt (**Müller-Guttenbrunn-Straße** bis **Heinrich-Heine-Str.**)

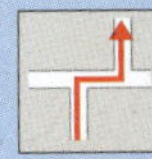
32,28 km – In **Mühlstr.** (am Ende ⊠), dann stets geradeaus: **Bahnhofstr.**, 19 nach Darmstadt

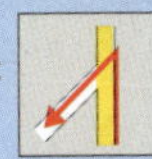
38,49 km – Kurz nach Querung A5: 19 Richtung Griesheim und Weiterstadt durch den Wald

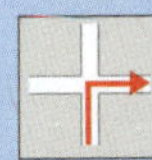
40,53 km – 19 verlassen, auf Hauptweg bleiben und auf **Eifelring** über Autobahn

41,31 km – Nach Autobahn: von **Eifelring** runter auf Radweg, dann Richtung Weiterstadt

41,66 km – Auf **Robert-Bosch-Straße**, am Eingang ESA vorbei

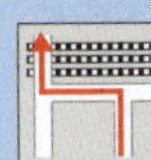
42,15 km – In **Zweifalltorweg** und auf **Bismarckstraße** über Gleisfeld

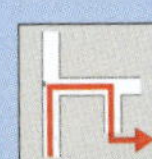
42,90 km – Auf **Göbelstraße** und **Poststraße** zum 🚌

REGISTER DER ORTE, SEHENSWÜRDIGKEITEN, GASTRONOMIE, STICHWORTE UND PERSONEN

I – J

K

L

S

T

Zeichenerklärung

- eBike-Tour
- Tourstart/-ende
- eBike-Ladestation
- Tourlänge, Tourdauer
- Schwierigkeitsgrad
- Höhenmeter (Tour)
- Hess. Fernradwege, Regionalparkrundtour
- Limes, Limesradweg
- Gipfel mit hm
- Campingplatz
- Hotel, Gästehaus, Jugendherberge
- Aussicht
- Laden, Buchhandlung
- Museum
- Turm, Sender
- Archäolog. Fundstätte
- Denkmal
- Kirche, Kloster, Kapelle
- Burg, Schloss, Burgruine
- Ruine
- Stadion, Sportplatz
- Bergwerk, Steinbruch
- Museumsbahn
- Quelle, Brunnen
- Zoo
- Vogel-, Wildtierpark
- Umweltinfo, Lehrpfad
- Natursehenswürdigkeit
- Golfplatz
- Frei-/Hallenbad
- Badestelle
- Altstadt
- Höhle
- Industrie, Betriebsbesichtigung

Urlaub & Freizeit umweltfreundlich

Von der Ostseeküste bis zum Chiemsee, von Hamburg bis zum Bodensee greifen Familien mit Kindern nur noch zu den ökologischen Reiseführern von pmv, um mit Spaß die Heimat zu entdecken.

mit Kindern genießen